◇ 21世纪高职高专教材·市场营销系列

客户关系管理
（第2版）

李黎红　编著

清华大学出版社
北京交通大学出版社
·北京·

内容简介

本教材摒弃了以往学科知识叙述型教材的编写模式，依据企业客户关系管理岗位对客户关系管理知识、技能的需要，遵从"项目导向""任务驱动""教、学、做一体化"等教学思路，设计内容。从整体框架上，按照企业客户关系管理活动的逻辑顺序，将岗位主要工作内容整合为5个模块：客户关系管理岗位工作认知、客户关系的建立、客户关系的维护与管理、客户关系的破裂与挽救、客户关系管理系统，共11个项目、28个任务。从具体内容的选取上，既保证了理论知识的必需、够用、实用，又突出了岗位技能训练，还穿插了大量企业的真实案例及思考题，重在培养客户关系管理岗位的技能和素质。本教材可作为高等职业院校、成人高等院校、本科院校开办的二级职业技术学院等客户关系管理和市场营销等相关专业的教学用书，也可作为社会相关从业人士的业务参考用书、培训用书和自学用书。

本书封面贴有清华大学出版社防伪标签，无标签者不得销售。

版权所有，侵权必究。侵权举报电话：010-62782989 13501256678 13801310933

图书在版编目（CIP）数据

客户关系管理/李黎红编著．—2版．—北京：北京交通大学出版社：清华大学出版社，2022.6

21世纪高职高专教材．市场营销系列

ISBN 978-7-5121-4741-6

Ⅰ.①客… Ⅱ.①李… Ⅲ.①企业管理-供销管理-高等职业教育-教材 Ⅳ.①F274

中国版本图书馆CIP数据核字（2022）第098830号

客户关系管理
KEHU GUANXI GUANLI

策划编辑：吴嫦娥　　责任编辑：刘　蕊

出版发行： 清 华 大 学 出 版 社　邮编：100084　电话：010-62776969
　　　　　 北京交通大学出版社　　邮编：100044　电话：010-51686414
印　刷　者：北京时代华都印刷有限公司
经　　销：全国新华书店
开　　本：185 mm×260 mm　　印张：15　　字数：374千字
版 印 次：2022年6月第2版　2022年6月第1次印刷
印　　数：1～2 500册　　定价：42.00元

本书如有质量问题，请向北京交通大学出版社质监组反映。对您的意见和批评，我们表示欢迎和感谢。
投诉电话：010-51686043，51686008；传真：010-62225406；E-mail：press@bjtu.edu.cn。

前　言

编写本教材的原始动因有以下三个。

第一，在给市场营销类专业的高职学生讲授"客户关系管理"时没有找到特别适合高职学生的教材，现有相关教材过于偏重管理软件技术操作，而忽略了技术操作背后决定和支撑技术变现的管理理念和意图的揭示。学生们往往由于缺乏客户关系管理底层逻辑的指引，从而在处理具体客户关系的问题时，会因为现代管理理念和逻辑的欠缺导致创新不足而僵化教条，不能灵活掌握处理问题的方法。

第二，现有相关教材与现实中以客户为核心的企业管理关键行为脱节，联系不够紧密，实用性不强，很难帮助高职学生在今后的相关岗位上获得长远的突破和发展。

第三，在与企业界朋友的交往中，得知他们也非常需要一本简明扼要，通俗易懂，能够指导客户关系管理实践的、兼具理论性和实用性的教材，方便他们自学，提升岗位素质。

在这样的背景下，编者博采众长，吸收了国内外最新的客户关系管理理论及实践经验，在借鉴成功企业实践和中外学者研究成果的基础上编写了本教材。

本教材第1版自2014年由清华大学出版社和北京交通大学出版社联合出版至今，已历时8年，先后6次印刷，发行量超过1万册，赢得了众多兄弟高校及社会各界的广泛支持和高度评价，但遗憾的是由于时间原因一直未能及时更新。在各位高校同行和社会各界朋友的鼓励与期待中，编者总结了过去几年的"客户关系管理"教学经验，补充了数字经济时代，在移动互联网、大数据、人工智能、新媒体等时代背景下，企业客户关系管理实践活动不断更新、发展、升级变迁等内容，完善了移动互联网、数字经济时代企业客户关系管理的新理念、新技术、新手段和新方法，终于完成了《客户关系管理》（第2版）。

本教材在内容和形式上都力求有所突破，总体来说，主要具有以下特点：

1. 简明扼要，易懂易学

本教材摒弃了以往传统的学科知识叙述型教材的编写模式。在本教材编写过程中，依据企业客户关系管理岗位对客户关系管理知识、技能的需要，遵从"项目导向""任务驱动""教、学、做一体化"等教学思路，设计内容。从整体框架上，按照企业客户关系管理活动的逻辑顺序和核心工作内容，整合为5个模块、11个项目。从具体内容的选取上，既保证了理论知识的必需、够用、实用，又突出了岗位技能训练，重在培养客户关系管理岗位的技能和素质。

本教材在编写过程中力求理论知识简明扼要、通俗易懂，技能训练场景化。还穿插了大量企业的真实案例、趣味性的小案例和思考题，大大增强了教材的故事性、趣味性和可读性。

2. 理实合一，注重实践

本教材突出案例教学和模拟实训的情景设计与组织。在教学内容安排上更贴近于企业客户关系管理岗位的实践活动。根据企业客户关系管理岗位职责和工作内容的要求，将相关知识和技能进行整合，把理论教学内容与课堂模拟实训、校外实践训练结合起来，并在实训设计中明确训练目标、实施流程、实训结果展示和实训考核方式等内容，凸显理论与实践的有机结合。

3. 引导学习，体例新颖

本教材在教学目的和方法上，力求以引导为主、辅导为辅。为方便读者自主学习，每个项目开始之前都有明确的知识目标、技能目标，每个项目中都设立了引导案例、主要工作任务、小案例、项目小结、复习思考题、案例分析、实训设计等内容。

每个项目开篇首先说明该项目的【学习目标】（包括"知识目标"和"能力目标"），使学生能够在学习过程中目标明确、有的放矢。通过【引导案例】的导入，帮助学生快速进入客户关系管理人员的身份，面对现实问题，思考岗位工作中遇到的问题与障碍，进而引导学生进一步探究解决问题所需要的知识与技能，并通过【项目小结】【复习思考题】【案例分析】【实训设计】等安排，引导学生检验学习效果。本教材帮助学生在工作任务中学习，在学习中理解岗位工作任务，以达到主动学习、自主建构知识体系、模拟实践和强化技能的目的。

本教材可作为高职院校及成人高校经管、营销、客户服务、国际贸易等专业的教学用书，也可作为其他专业学生和企业客户关系管理人员的培训教材，对我国目前高等教育中的高职学生和社会企业中的客户关系管理相关岗位工作人员作为自学教材也尤为适宜。

在编写本教材的过程中，编者走访了国内很多企业的相关工作人员，参阅了大量国内外同类教材，参考和借鉴了国内外同行的有关论著和研究成果。参阅、引用的资料和信息已尽可能在参考文献中列举，如有遗漏在此深表歉意，并向各位作者致谢！同时，在编写本教材的过程中，得到北京交通大学出版社吴嫦娥主任和清华大学出版社的大力支持与建议，在此一并致以由衷的感谢！

在本教材的编写过程中，编者致力于探索高职院校工学结合的人才培养模式，并以此来设计教材内容，但是限于编者的水平和能力，本教材难免还有疏漏之处，恳请同行及读者提出宝贵意见和批评指正，将不胜感激。意见与建议请发至 bjlilihong@163.com，期待读者的反馈。

李黎红
2022 年 4 月于北京

目 录

模块一 客户关系管理岗位工作认知

项目一 客户关系管理岗位工作的意义 ·· 3
- ◇ 学习目标 ·· 3
- ◇ 引导案例 ·· 3
- 任务一 准确理解"客户"与"客户关系管理" ·· 3
- 任务二 客户关系管理岗位工作对企业的价值 ·· 10
- ◇ 项目小结 ·· 15
- ◇ 案例分析 ·· 15
- ◇ 实训设计 ·· 18

项目二 客户关系管理岗位职责及素质要求 ···································· 19
- ◇ 学习目标 ·· 19
- ◇ 引导案例 ·· 19
- 任务一 客户关系管理岗位的工作内容与岗位职责 ···································· 19
- 任务二 客户关系管理人员能力素质要求 ·· 26
- ◇ 项目小结 ·· 34
- ◇ 案例分析 ·· 34
- ◇ 实训设计 ·· 36

模块一复习思考题 ·· 37

模块二 客户关系的建立

项目三 客户选择 ·· 41
- ◇ 学习目标 ·· 41
- ◇ 引导案例 ·· 41
- 任务一 不同类型客户及客户关系认知 ·· 42
- 任务二 "好客户"的特征及选择标准 ··· 47
- ◇ 项目小结 ·· 55
- ◇ 案例分析 ·· 56
- ◇ 实训设计 ·· 57

项目四 潜在客户开发 ·· 58
- ◇ 学习目标 ·· 58
- ◇ 引导案例 ·· 58

任务一　潜在客户的特征 58
　　任务二　寻找潜在客户的途径和方法 61
　　任务三　接近潜在客户的策略 77
　　◇　项目小结 84
　　◇　案例分析 85
　　◇　实训设计 88
模块二复习思考题 89

模块三　客户关系的维护与管理

项目五　客户信息的收集与管理 93
　　◇　学习目标 93
　　◇　引导案例 93
　　任务一　客户信息收集的内容 93
　　任务二　客户信息收集的渠道 95
　　任务三　客户信息的管理与使用 101
　　◇　项目小结 110
　　◇　案例分析 111
　　◇　实训设计 113
项目六　客户满意度管理 115
　　◇　学习目标 115
　　◇　引导案例 115
　　任务一　客户满意的衡量指标 115
　　任务二　影响客户满意度的因素 117
　　任务三　提高客户满意度的策略 121
　　◇　项目小结 128
　　◇　案例分析 128
　　◇　实训设计 131
项目七　客户忠诚度管理 133
　　◇　学习目标 133
　　◇　引导案例 133
　　任务一　客户忠诚度的衡量 133
　　任务二　影响客户忠诚度的因素 136
　　任务三　实现客户忠诚的策略 141
　　◇　项目小结 151
　　◇　案例分析 152
　　◇　实训设计 158
模块三复习思考题 158

模块四　客户关系的破裂与挽救

项目八　客户抱怨与投诉 163

◇ 学习目标 ·· 163
◇ 引导案例 ·· 163
任务一　正确看待客户抱怨与投诉 ······················· 163
任务二　客户抱怨与投诉的原因 ··························· 166
任务三　解决客户抱怨与投诉的对策 ······················ 169
◇ 项目小结 ·· 175
◇ 案例分析 ·· 175
◇ 实训设计 ·· 177

项目九　客户流失 ·· 180
◇ 学习目标 ·· 180
◇ 引导案例 ·· 180
任务一　如何看待客户流失 ································ 180
任务二　客户流失的原因 ·································· 182
任务三　流失客户的挽回策略 ······························ 185
◇ 项目小结 ·· 188
◇ 案例分析 ·· 188
◇ 实训设计 ·· 191

模块四复习思考题 ··· 191

模块五　客户关系管理系统

项目十　客户关系管理系统概况 ······················· 195
◇ 学习目标 ·· 195
◇ 引导案例 ·· 195
任务一　CRM 系统的主要功能 ···························· 196
任务二　主要的 CRM 产品介绍 ···························· 203
◇ 项目小结 ·· 204
◇ 案例分析 ·· 205
◇ 实训设计 ·· 206

项目十一　企业 CRM 系统的选择与实施 ·············· 207
◇ 学习目标 ·· 207
◇ 引导案例 ·· 207
任务一　企业如何选择 CRM 系统 ························· 208
任务二　企业如何实施 CRM 系统 ························· 212
◇ 项目小结 ·· 214
◇ 案例分析 ·· 215
◇ 实训设计 ·· 218

模块五复习思考题 ··· 218
附录 A　模拟试卷 ··· 220
参考文献 ·· 229

Ⅲ

模块一
客户关系管理岗位工作认知

项目一　客户关系管理岗位工作的意义
项目二　客户关系管理岗位职责及素质要求

项目一 客户关系管理岗位工作的意义

【学习目标】

知识目标

1. 理解客户与客户关系管理的含义。
2. 了解客户关系管理对于企业的价值和意义。
3. 理解现代电子商务环境中企业客户及客户关系管理的新特征。

能力目标

1. 能够准确理解客户关系管理在企业发展中的地位和作用。
2. 能够根据电子商务时代客户的特点,初步完成现代客户关系管理岗位工作计划与设想。

【引导案例】

你家门口小吃店的老板通常都会努力记住你喜欢吃辣这种信息,当你要一份炒面时,他会征询你的意见,要不要加辣椒。但如果你到一个大型的快餐店(例如,这家店有300个座位)时,你就不可能得到这种待遇了。一个最重要的原因是,快餐店的服务人员不可能识别和记住每个客户的特征与需求。如果要识别每个客户,快餐店要搜集和处理的客户信息量是小吃店的 n 倍,远远超出了其信息搜集和处理的能力。那么拥有众多客户的企业如何才能做到像小吃店老板那样的贴心周到服务呢?

思考题:具有一定规模的现代企业如何才能发现和得到客户的信息?作为企业应该怎样做才能够了解、掌握并满足不断变化的不同客户的需求,从而赢得更多的客户,实现企业的价值?

任务一 准确理解"客户"与"客户关系管理"

近年来,随着市场竞争的加剧,人们越来越深刻地认识到,市场竞争就是企业争夺客户的竞争,企业要实现盈利必须依赖客户,要想在激烈的市场竞争中保持优势,保持长期稳定的发展,就必须重视客户关系。

目前,我国许多企业都把工作重心放在不断开发新客户上,不惜花费大量资源和代价去争夺新客户,但却在客户关系管理方面缺乏系统的规划和必要的手段,也缺乏保留客户和实现客户忠诚的策略，因此开发出来的客户很快就流失了，即使是对忠诚的客户也不善于进一步挖掘其价值，这些都给企业带来了很大的损失。

如果企业能够把握原有的客户，不断提高其满意度和忠诚度，巩固客户队伍，并伺机开发新客户，不断发展和壮大客户队伍，就能够保持竞争优势，获得长期的可持续发展。由此可见，客户关系已经成为现代企业成功的关键因素，成为企业竞争优势的重要源泉。

1. 客户的概念

1）客户的含义

"客户"是指愿意以适当的价格购买产品或服务的人或组织。

与客户相似的词语还有消费者、顾客、买家等。他们都是购买企业产品的人或组织，这是人们的普遍认识。例如，消费者到某超市购买日用品，那么这些终端消费者就可以被称为该超市的"顾客"或"客户"。尽管顾客和客户指的是同一个群体，但在现代社会，称呼不同蕴涵着巨大的理念差别。

过去，在"产品导向"的市场营销理念中，顾客被企业视为"没有名字的一张脸"，即使是优秀的企业也不会留有顾客的信息作为继续服务的基础，而通常只对来到企业现场的人群提供服务。

但是，在市场营销环境由"产品导向""市场导向"到"社会导向"再到"关系导向"的变化过程中，企业开始有意识地记录顾客信息，进而将顾客的资料详尽地保存在企业的信息库中，作为提供高效、优质服务的基础。此时，在企业的经营策略中"顾客"就演变为"客户"。

在营销过程中，现代企业强调的一个非常重要的理念就是将"顾客"视为"客户"。

2）客户的种类

（1）按客户对企业产品或服务的需求目的不同划分

按对企业产品或服务的需求目的不同，客户可以分为以下4类。

① 消费客户。消费客户也称为终端消费者客户，是指以消费为目的的购买企业终端产品或服务的客户，通常是个人或家庭。

② B2B客户。B2B客户也称为供应链客户，是指购买企业的产品或服务，并在其企业内部将购买的产品附加到自己的产品上，再销售给其他客户或企业以赢取利润或获得服务的客户。

③ 渠道、分销商、代销商客户。此类客户购买制造企业的产品用于销售，或者作为该产品在该地区的代表或代理处。他们是不直接为制造企业工作的个人或机构，通常无须制造企业支付工资。例如，制造商将产品通过大型批发市场卖到小的零售商店，再通过随处可见的小零售商店最终卖到消费者手里。

④ 内部客户。企业内部上下工序间、不同部门的工作人员通常被看作同事关系，淡化了服务意识，结果往往会造成企业服务的内外脱节或不能落到实处。其实，企业内部的下一道工序就是上一道工序的客户，上一道工序的工作必须要以满足下一道工序的需求为目标，这就是人们通常所说的内部客户。在市场竞争日趋激烈的今天，企业要在市场竞争中占有一席之地，就必须作为一个整体高效运转，内部客户的概念也越来越受到企业的重视。

例如，研发部门需要增加新员工，必须委托人力资源部门招聘相关人员，而人力资源部门遴选的新员工若能满足研发部门的需要，就说明人力资源部门提供了优质服务；反之，人力资源部门应该检查自己的工作程序是否有需要改进的地方。

(2) 从企业客户的价值定位角度划分

从企业客户的价值定位角度，客户可以分为以下3类。

① 重视产品本身的客户。企业尽量降低成本和简化功能，即企业降低产品成本，做到因不断降低成本而获得利润。

② 重视产品增值的客户。通过销售的努力带给用户产品之外新的价值，即企业为客户增加利益，进而实现企业因增值服务带来利润。

③ 重视战略合作关系的客户。为少数大客户建立特别的价值，即企业为客户增加利益，实现客户关系因素带来企业持续的利润增长。

特别要提出的是，现代商业竞争中大客户不断被关注、被强化，新的管理趋势显示2/3的企业正在与所选择的供应商建立战略联盟关系，1/2的企业正在更多地与供应商建立单一供应的关系，这一趋势是建立大客户牢固关系的证明。为此，涌现出4种类型的客户关系：卖主、优先考虑的供应商、合作伙伴和战略联盟，他们与企业的紧密程度是逐级递增的。

小案例

联想公司在产品营销（分销）业务模式下关于客户的一种细分，主要是将客户分为销售渠道客户和终端用户两种（具体结构如图1-1所示）。渠道客户又分为分销商、区域分销商、代理商、经销商、专卖店；终端用户又分为商用客户和消费客户（个人或家庭客户）等。

其中，商用客户又分为订单客户、商机客户、线索客户和一次性客户。订单客户再细分为直接的指名大客户、间接（渠道）的指名大客户和区域大客户。

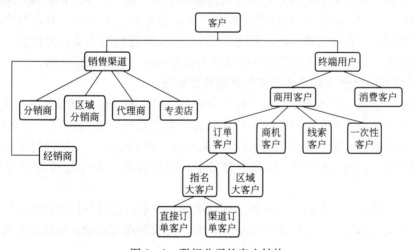

图1-1 联想公司的客户结构

2. 客户关系管理概述

早在客户关系管理作为管理概念被学术界提出之前，就有众多聪明的经营者运用了客户关系管理的理念。例如，杂货店老板意识到必须关注那些具有销售前景和利润潜力的重要客户，必须为重要客户提供更高质量的产品和热情周到的服务，以赢得这些客户的长期光顾。

成功的企业经营者在经营过程中总会有意识地给予购买者一些关心、额外的优惠措施和开展人际往来活动，以保持与这些购买者之间的长期合作关系。随着市场经济环境的不断深入和完善，客户在企业经营中的地位不断上升，客户关系管理也随之作为一门管理科学而被关注和研究。

客户关系管理（customer relationship management，CRM）是指经营者收集和分析客户信息，把握客户需求特征和行为偏好，积累和共享客户知识，有针对性地为客户提供产品或服务，发展和管理与客户之间的关系，从而培养客户的长期忠诚度，以实现客户价值最大化和企业收益最大化之间的平衡的一种企业总体战略。

其实，客户关系是企业与客户之间的关系，其实质还是人与人之间的关系。但是，客户关系又不同于一般的人与人之间的"人际关系"，客户关系必须是建立在坚实的利益基础上的。企业通过为客户创造价值来实现自己的价值，从而获得双赢的一种企业与客户之间的人与人的关系。

企业与客户之间表面上是买卖关系，实际上是利益关系、伙伴关系，双方互为客户关系。好的客户关系可以给企业带来利润，为企业创造实实在在的价值。所以，企业要想在激烈的市场竞争中保持优势，就必须积极培养和建立客户关系，就必须巩固和发展客户关系，要把客户关系当作一项资产来经营。

目前，学术界和企业界对于客户关系管理的理解和表述有所不同，但一般都认同客户关系管理是一种先进的管理理念，需要现代信息技术的支持。

本书主要从人文管理的角度来诠释客户关系管理，侧重分析建立、维持和增进客户关系的现代理念和做法，并以各类企业为载体，重点讨论收集客户数据、客户分类、客户日常服务管理、处理客户反馈和强化客户忠诚方法的具体应用。软件技术层面的客户关系管理不是本书讨论的重点。CRM 系统软件作为实现客户关系管理理念的重要工具，虽然还未被大多数企业有效使用，但企业引进 CRM 系统、提高客户关系管理的效率已经成为一种趋势。因而，在本书模块五中对 CRM 系统软件的功能与选择方法进行了简要介绍。

3. 电子商务时代企业客户及客户关系管理的特征

电子商务包括两个基本要素：电子技术和商务活动。但其核心仍然是商务活动，互联网只是交易平台。网络上的交易行为更多地依赖客户的主动性，所以客户具有更大的主动权。企业必须首先获得客户的"注意力"，才有可能获得一种蕴涵的、持久的财富。所以，有人说，电子商务是"注意力经济"。在这种背景下，客户和客户关系管理都呈现出一些新的特征。

随着移动互联网、大数据、云计算、区块链等新技术的出现及社交媒体的兴起和蓬勃发展，客户的购买行为发生了不可逆转的变化，客户关系管理也开始升级转化为新型客户关系管理。

1）客户的变化

移动互联网的发展改变了消费者的购买方式，越来越多的消费者选择在手机终端完成从商品或服务的信息搜索到购买支付这一过程，整个社会迎来了一个全新的"指尖上的消费王国"。网上支付、网络购物、网上外卖、在线旅游预订等商务交易类及网络游戏、网络音乐、网络文学等休闲类手机互联网服务应用用户规模的迅猛增长，无不揭示着消费者购买方式的巨大变化。

图1-2展示了2008—2018年中国手机网民规模与比例。

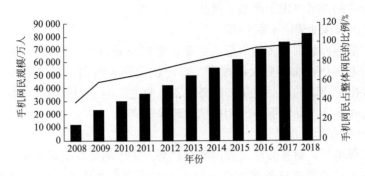

图1-2 2008—2018年中国手机网民规模与比例

(1) 客户购买行为模式发生变化

在移动互联网时代背景下，消费者的行为特征主要发生了以下三个方面的变化：一是，全天候，即消费者可以随时做出购买决策并完成购买行为；二是，全渠道，即消费者可以在任何地方完成购买行为，如线下实体店、线上虚拟商城、微信小程序等。同时，消费者既可以选择单一渠道，也可以将不同渠道进行自由整合，完成跨渠道乃至全渠道的消费采购；三是，个性化，即面对时间和空间的不受限及选择的增多，消费者在作出购买决策时，更为看重自己的独特需求是否能够得到满足，追求消费购买个性化的极致体验。

移动互联网时代，客户购买行为模式发生了不可逆转的变化，从AIDMA模式，到AISAS模式，再到ISMAS模式，又到SAISAS模式演变，如图1-3所示。

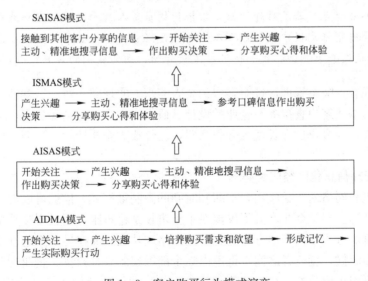

图1-3 客户购买行为模式演变

(2) 客户的品牌忠诚度降低

电子商务双向、直接、交互的特点拉近了企业与客户的距离，企业产品的规格、性能、服务，甚至外观都将一览无余地展示在网站上，几乎所有企业都站在网络平台上接受客户的检阅和挑选，客户可以通过网络直接参观、浏览或联系企业。客户选择有利于自己的商家的范围骤然扩大，只要动动鼠标就可以轻松地选择和考察自己中意的商家，客户忠诚度逐渐淡漠。这些都给企业的发展提出了严峻的挑战。

(3) 客户的需求和期望值不断提高

网络使客户能够接触到更多的信息，企业在客户面前趋于"透明"，客户的选择趋于理性，这为企业争取客户增加了更大的难度。客户经验的成熟化、客户需求的多样化和个性化，也为企业提出了更高的产品质量和服务要求。总之，电子商务时代，客户的需求变得越来越难以琢磨，对企业产品和服务的期望值也越来越高。

2) 企业客户关系管理的变化

在电子商务环境下，商务活动呈现出两个趋势：①市场经营由以企业为中心转化为以客户为中心，而且客户的需求日益多元化，层次也在不断提高；②企业管理由"内视型"向"外视型"转化，企业在内部资源管理的同时，也开始将目光投向外部资源的整合，现代企业竞争的焦点已经由产品竞争转向品牌竞争、服务竞争和客户竞争。客户资源已经被视为企业发展的重要资源。

因此，企业越来越意识到客户的重要性和客户管理的难度。在这种趋势下，客户关系管理的发展呈现出以下3个特征。

(1) 最大限度地满足客户需求是现代企业生存和发展的基础

在电子商务环境下，企业在市场中获取所需要素组合，如价格、人力、资源、资本和信息等，都可以很快被竞争对手复制。唯有良好的客户关系是竞争对手复制不了的。

小案例

在美国"9·11"事件中，世贸中心大楼被摧毁。在其间办公的一家知名银行，两个星期后即在新的办公地点开始了对外营业。该银行的负责人表示，他们完整地备份了所有客户的资料，客户资料完好无损才使他们可以快速恢复经营。微软公司的创办人比尔·盖茨也曾经说过："即使我失去了一切，我一样可以重新开始，因为我们的客户还在那里。"

因此，实践客户关系管理，针对客户的个人需求，实现"一对一"营销、交叉销售、追加销售，通过网络让客户直接参与企业的设计、研发、生产、营销等各个环节，最大限度地满足客户的需要，与客户建立长期的合作联盟，已经成为企业持续、长期、稳定发展的重要条件。

(2) 客户管理信息化已经成为必然

随着计算机和网络的广泛应用，空间和时间的限制被打破。信息可以无止境地、无限制地传递并瞬间到达。同类企业产品不仅要在本土市场站稳脚跟，而且要接受全球化市场的冲击和考验。竞争的方式在一个地方可能是产品价格或功能，而在另一个地方可能就变成品质或服务，但更多时候，竞争者之间不得不面临全部因素的综合较量。企业管理变得越来越复杂，企业不得不引进成熟的信息系统管理软件，如企业资源计划系统（ERP）、供应链管理系统（SCM）、客户关系管理系统（CRM），以实现对企业人、财、物、供、产、销的高效管理。

企业现代客户关系管理系统的功能如图1-4所示。

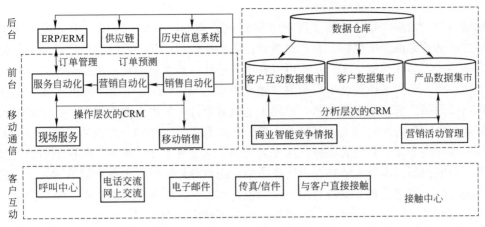

图 1-4 企业现代客户关系管理系统的功能

小案例

很多企业主动积累的客户数据越来越多，而且通过各种渠道反馈而来的各种市场信息也开始呈爆炸性的增长。但大部分企业对这些信息的利用十分有限。CRM 管理软件可以在一定程度上帮助企业更好地利用这些信息。网络和信息技术为 CRM 管理软件功能的实现提供了强有力的技术支持。CRM 管理软件采用适当的建模技术或数据挖掘技术对客户历史数据进行分析，识别客户可能购买的产品类型，从而有效地识别交叉销售和扩展销售的机会，使客户购买的产品种类更广、数量更多，增加客户生命周期内为公司创造的价值。呼叫中心（call center）和分布式代理（agent）为企业与客户的互动提供了高度集成化的交流渠道，CRM 管理软件为电子商务环境下企业管理客户提供了有效的工具。

表 1-1 列举了移动互联网时代社交化客户关系管理与传统客户关系管理的区别。

表 1-1 移动互联网时代社交化客户关系管理与传统客户关系管理的区别

核心指标	社交化 CRM	传统 CRM
管理目标	以客户互致力为中心，客户需求就是企业的目标	以企业利益和营销管理为导向，客户需求仅为其中的一部分
参与人员	全员参与	特定部门
企业与客户关系	合作且互动	多为主从关系
客户关系维护	着重于企业与客户比较维度及业务伙伴之间的所有互动关系	着重于企业和客户的关系
沟通渠道	基于客户的全渠道，灵活多变	基于业务的定制渠道
沟通方式	企业与客户的双向、互动式沟通，客户之间彼此相关，密切互动并形成关联	单向沟通，客户之间相关独立
使用工具	整合社群媒体工具至系统当中	内部系统
客户数据和增长	动态且持续丰富；可自发扩散	静态；无自发性增长

（3）企业对客户的争夺日趋激烈

网络科技的发展大幅度改善了客户获取资讯的能力，改变了人们的消费观念和购买行为，通过电话按键或点击鼠标，客户在数秒内就能比较出产品的价格和特质，随心所欲地选择各式各样的产品和服务。客户几乎可以在世界的任一角落查阅数不清的资讯来源并与其他买主交换心得。客户正由受制于厂商的"被动消费"，转为通过理性的分析比较来选择真正适合自己的商品。客户越来越成熟，也越来越具有个性，使得企业赢得客户的难度加大。

目前，全球经济面临的主要问题是大部分产业都处于生产能力过剩的窘境，市场上并不缺乏各式各样的产品，只是大多数产品无人问津。问题并不在于供给，而在于需求，这就导致了所有商家都不得不卷入争夺客户的竞争中，而且日趋激烈。企业不得不进入"以客户为中心"的时代。著名管理专家迈克尔·哈默说："说一不二的不再是专家，而是买家，是客户在决定着要什么、什么时候要、如何要，以及愿意出多少钱。"

由此可见，在电子商务环境下，由客户决定着企业的生存状况已经成为不争的事实。企业为了盈利和提高企业核心竞争力，就必须"以客户为中心"，了解客户需求、赢得客户满意，而以达到客户利益和企业利益双赢为目的的 CRM 战略无疑成为赢得客户的最有效手段。

图 1-5 为基于大数据的客户关系管理战略的基本框架。

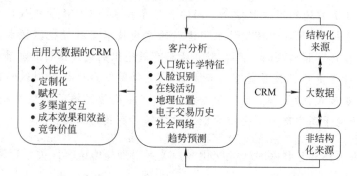

图 1-5　基于大数据的客户关系管理战略的基本框架

要想在新时代获得更多的忠诚客户和长久的盈利，企业就必须拥抱互联网、拥抱大数据等信息技术，并借此对其客户关系管理实践进行创新和变革。因此，企业客户关系管理必须向新型客户关系管理发展。企业要了解新型客户关系管理的内涵、特征及新型客户关系管理在未来发展中所面临的机遇和挑战。

任务二　客户关系管理岗位工作对企业的价值

1. 现代客户关系管理的重要性

对那些成功地实现客户关系管理的企业的调查结果表明，93%的 CEO 认为，客户管理是企业成功和更富竞争力的最重要的因素；2/3 的客户离开是因为其供应商对客户关怀不够；一个非常满意的客户购买意愿将六倍于一个满意的客户，如果客户满意度有了5%的提高，那么企业的利润将加倍。

企业现代客户关系管理能够为企业带来的价值主要表现在以下 4 个方面。

1）有利于提高企业效率

企业通过现代信息技术进行客户管理，提高业务处理流程的自动化程度，可以增加企业与客户的双向沟通，使企业掌握第一手资料，第一时间发现客户需求或潜在需求的变化，从而及时推出广大客户喜爱的新产品，缩短新产品的开发周期。

同时，客户关系管理还能实现企业内部的信息共享，整合企业对客户服务的各种资源，使"各自为战"的市场调研人员、营销人员、推广人员、销售人员、客服人员等协调合作。例如，任何与客户打交道的员工都能全面了解客户，根据客户需求进行交易，了解如何对客户进行纵向和横向销售，记录自己获得的客户信息等，从而提高企业员工的工作效能，使企业内部能够更高效的运转。

小案例

客户关系关系企业产品的生命。IBM 公司是具有强大技术与经济实力的公司，曾经在短短两年时间内花掉几千万美元的广告与促销费用，终于在 1983 年 11 月 1 日推出了业界期待已久的家用计算机 PC Jr.。但是，由于当时 IBM 公司没有得到其客户——零售商的支持，家用计算机 PC Jr. 没有在市场上获得认可，不得不在 1985 年 3 月 19 日宣布停产。

2）有利于拓展市场，为企业带来丰厚利润

传统的管理理念乃至现行的财务制度中，只有厂房、设备、资金、股票、债券等是资产，后来又把技术、人才也视为企业的资产。如今，人们逐渐认识到，虽然"客户"和"客户关系"不具备实物形态，但也是企业的重要资产，也能为企业带来实实在在的利润。

现代客户关系管理可以使企业通过网络等新的业务模式，拓展、延伸、扩大企业的经营活动范围，及时把握新的市场机会，占有更多的市场份额，更好地维护客户关系。

研究表明，维持客户忠诚可以使该客户为公司带来的利润增加 25%～85%。了解客户及其需求偏好可以确保客户的忠诚，而无须增加额外的成本。作为客户关系管理的一项重要内容，发展和维持与客户的长期关系不仅仅是营销部门的事，企业必须精心管理每一个与客户接触的部门，实现与客户的良好沟通，发展与客户之间"一对一"的长期关系。研究表明，吸引一个新客户的成本是挽留一个老客户成本的 5～10 倍。

小案例

中国最具影响力的通信设备制造厂商——华为公司，现如今的年销售额达到 400 多亿元，产品销往世界各地，分布在全世界的员工有 4 万多名。这样一个国际化的中国民营企业，在成立之初只有 6 名员工。在 1994 年以前华为公司并没有自己的客户关系网，总裁任正非那时只是单纯地带领研究人员开发产品。他们认为，只要有好的产品，自然就会有买家上门。但实际情况是，当时的国内市场基本被西门子、思科、爱立信等国际巨头的产品把持，像电信局这样的大客户往往倾向长期合作的供应商，因而华为公司那时生产的产品基本无人问津。

任总裁这时才认识到客户关系网建立的必要性。他选择了"农村包围城市"的战略，把所有的销售人员派往中、小城市，因为那里是国际巨头的盲区。华为公司的销售人员在公司战略的指引下，硬是在几乎没有任何希望的一条路上把和各地客户的关系做成了全国乃至全世界最扎实的客户关系网。客户关系管理在公司内部已经被总结为"一五一工程"，即一支队伍（高素质的客服人员队伍）、五个手段（参观公司、参观样板点、现场会、技术交流、管理和经营研究会）、一个客户资料库。

当然，华为公司的客户关系管理远不止"一五一工程"听起来那么简单，公司销售人员在构建客户关系网的实践中总结了4条经验。

（1）出手绝对大方。华为公司的定位是做世界级的通信厂商，如果对自己的客户都显得小家子气，是不可能有大作为的。

（2）投客户之所好。华为公司的每一个销售人员对自己客户的情况都了如指掌。只要是客户喜欢的，公司的销售人员都会竭尽所能地满足客户。很多时候，华为公司与客户的关系，不像是生意关系，更像是朋友关系。

（3）替客户排忧解难。客户在经营方面有了自己无法解决的问题时，华为公司就会动用自己的技术人员和关系网在最短时间内为客户提供一套完善的解决方案。这让客户切实地感受到销售人员的为人和公司的诚意，从而大部分客户都与华为公司建立了长期的合作伙伴关系。

（4）坚持普遍客户原则。华为公司的销售人员在建立关系网时，会把所有与项目有关的人都视为自己的客户，奉为上宾，而不只是几个关键人物。他们认为，华为公司的客户关系网是战略性的、全局性的，眼光不能短浅。

贴近了客户以后，华为人逐渐发现自己可以在一定程度上影响客户的选择。于是华为公司开始向客户推销自己的技术，展示自己的产品，提升在客户心目中的形象，使客户对公司的技术水平和产品有了认同后再去销售。

华为公司的客户关系管理真正做到了每层每级都贴近客户，不放弃任何一个潜在的客户，使公司的形象和产品档次迅速升级，与其他竞争对手拉开了距离，留住了自己的客户，走向了世界。

同时，良好的客户关系还可以使客户交叉购买（客户购买该企业生产的其他产品或拓展与企业的业务范围）的可能性增大。例如，购买海尔冰箱的客户，当需要购买电视、洗衣机、手机、计算机时，就比较容易接受海尔公司推出的相关产品或新服务。

小案例

一位客户在银行办理了活期存款账户，而活期存款账户通常是不赚钱的，但银行仍然为他提供了良好的服务。后来，这位客户申请了一个定期存款账户，后来又申请了汽车消费贷款，再后来又申请了购房贷款……总之，这位客户持续不断地给银行带来越来越多的利润。显然，这些利润不是活期存款账户带来的，给银行带来利润的是银行与这位客户建立的良好关系。

3）有利于减少企业的经营风险

在当今快速发展和高度竞争的市场空间中，产品不断更新换代，新产品层出不穷，单纯依靠产品已很难延续持久的竞争优势，而忠诚的客户关系却具有相对稳定性，能够消除环境变化给企业带来的冲击，因此许多企业开始将客户关系管理作为一项长期的战略任务，以寻求新的差别化竞争优势。企业不再把客户看作创造利润的一台机器，他们开始希望与每个客户都保持一种更亲密的、个性化的关系。

市场研究表明，如果企业与客户之间发展了更亲密的关系，不仅能够稳定销售、提高销售、扩大市场占有率，给企业带来源源不断的利润，还能使客户对企业抱有好感，从而降低对企业产品或服务价格的敏感度，并在一定程度上愿意容忍企业的某些失误，从而降低了企业的经营风险。

2. 有利于降低企业与客户交易的成本

企业进行现代客户关系管理，可以为客户提供快速获取企业信息，找到满足自己需要的企业产品或服务，主动与企业进行交流的机会。例如，客户可以通过电话、传真、网络等访问企业，进行业务往来等，这些都有利于企业的客户满意度的提高，可以帮助企业吸引更多的新客户，留住老客户。

如果企业与客户保持良好、稳定的关系，则客户对企业及其产品或服务就会有一个比较全面的了解和信任，使企业和客户之间较易形成合作伙伴关系和信用关系，这样交易就容易实现，并且由过去逐次逐项的谈判交易发展成为例行的程序化交易，从而大大降低搜寻成本、谈判成本和履约成本，最终降低企业与客户的整体交易成本。

另外，企业可以对这些稳定的老客户开展"一对一"的营销，且营销措施可以更准确、更到位，成功率也会更高，并节省大量向老客户进行宣传、促销等活动的营销费用，做到事半功倍。

此外，好的客户关系会使老客户主动为企业进行有利的宣传，企业通过老客户的口碑效应能更有效地吸引新客户加盟，从而减少企业为吸引新客户所需支出的费用，降低开发新客户的成本。

> **小案例**
>
> 可口可乐公司曾经扬言，如果工厂今天被一把火烧了，公司第二天就可以另起炉灶，接着生产，继续供应可口可乐。可口可乐为什么这么"牛"，因为它有着数以亿计的忠诚客户在翘首期盼可口可乐。
>
> 美国柯达公司为打开南美市场，曾斥资500万美元与以色列的鸡蛋公司签订协议，要求在其出口南美的鸡蛋上印上"柯达"商标——柯达看中的是以色列鸡蛋公司拥有的庞大的、忠诚的客户群，而以色列鸡蛋公司由于善于将其"客户关系"作为一项资产来经营，从而将500万美元尽收腰包。
>
> 同样，国际足联也是利用了其拥有的"客户关系"——亿万球迷，而大发横财。
>
> SAS航空公司的前首席执行官Jan Carlson认为，在公司资产负债表的资产栏记录了价值几十亿元的飞机，这是不对的，应该在资产栏里记录企业拥有多少忠诚的客户，因为企业唯一的资产是对企业的服务满意并且愿意再次成为客户的客户。

3. 现代客户关系管理的必然性

1) 技术的发展推动现代客户关系管理的实现

客户信息是客户关系管理的基础。近年来，数据库技术的发展和应用突飞猛进，数据仓库、商业智能等技术的发展，使搜集、整理、加工和利用客户信息的质量大大提高。信息技术和互联网成为日渐成熟的商业手段和工具，越来越广泛地应用于金融、证券、电信、电力、商业机构等各个行业领域的信息系统构建，应用种类也从传统的办公事务处理发展到在线分析、决策支持、互联网内容管理、应用开发等。计算机、通信技术、网络应用的飞速发展使企业收集和掌握大量客户信息的愿望不再停留在梦想阶段，这些先进技术的支持使实现CRM成为可能。

同时，电子商务在全球范围内开展得如火如荼，正在改变着企业做生意的方式。企业通过Internet，可以开展营销活动，向客户销售产品，提供售后服务，收集客户信息。并且，这一切的成本都很低。

小案例

美国思科系统公司（Cisco System）的成功是世人有目共睹的。思科系统公司在客户服务领域全面实施了CRM，这不仅帮助思科系统公司顺利地将客户服务业务搬到Internet上，使通过Internet的在线支持服务占了全部支持服务的70%，还使思科系统公司能够及时和妥善地回应、处理、分析每一个通过Web、电话或其他方式来访的客户要求。实施CRM使思科系统公司创造了两个奇迹，一个是公司每年节省了3.6亿美元的客户服务费用；另一个是公司的客户满意度由原先的3.4提高到现在的4.17，在这项满分为5的调查中，IT企业的满意度几乎没有能达到4的。先进的CRM系统为思科系统公司创造了极大的商业价值：在Internet上的销售额达到了每天2 700万美元，占到全美国Internet销售额的一半以上；发货时间由3周减少到3天；在新增员工不到1%的情况下，利润增长了500%。

2）顺应管理理念的更新趋势

现在是一个变革的时代、创新的时代。互联网带来的不仅仅是一种手段，更重要的是它触发了企业组织架构、工作流程的重组，以及整个社会管理思想的变革。

经过20多年的发展，市场经济的观念已经深入人心。客户关系管理来源于营销管理理念。在历史上，企业营销的观念先后经历了从生产观念、产品观念、推销观念、营销观念再到整合营销观念的重大转变，最新的营销尝试还包括关系营销、数据库直销等。营销观念每前进一步，客户在企业的经营管理活动中所处的地位都会得到相应的提高。市场营销理论从4P（产品product、价格price、渠道place、促销promotion）到4C（客户需求和欲望customer wants and needs、成本cost、便利convenient、沟通communication）再到4R（关联relevancy、反应responses、关系relation、回报return）的演变，真实地反映了以客户为中心的发展趋势。

大量实证研究也表明，贴近客户、以客户为中心是优秀企业的主要特征之一。以高度重视客户关系，致力于提高客户满意度与忠诚度为标志，企业经营管理已经进入了以客户为中心的时代。

当前，一些先进企业的重点正在经历着从以产品为中心向以客户为中心的转移。有人还提出了客户联盟的概念，也就是与客户建立共同获利的关系，达到双赢的结果，而不是传统的千方百计地从客户身上谋取自身利益的传统思路。

项目小结

本项目主要介绍了企业客户和客户关系管理的含义、电子商务时代企业客户关系的新特征、企业客户关系管理的意义和客户关系管理岗位的主要工作内容。

电子商务时代，客户的品牌忠诚度降低、客户的需求和期望值不断提高，导致企业客户关系管理的难度加大。最大限度地满足客户需求是现代企业生存和发展的基础，客户管理信息化已经成为趋势和必然，企业对客户的争夺日趋激烈。

企业客户关系管理的意义是：良好的客户关系能降低企业维系老客户和开发新客户的成本，能降低企业与客户的交易成本，能促进增量购买和交叉购买，能给企业带来源源不断的利润。因此，企业应当把客户关系作为一项资产来经营。

案例分析

星巴克公司的客户关系管理

星巴克公司是一个奇迹，其可能是过去10年里成长最快的公司之一，而且增长势头没有丝毫减缓的迹象。自1992年在纳斯达克公开上市以来，星巴克公司的销售额平均每年增长20%以上。在过去10年里，星巴克公司的股价上涨了2 200%。星巴克公司也是世界上增长最快的品牌之一，它是《商业周刊》"全球品牌100强"最佳品牌之一，其品牌价值与上年相比增长了12%，是为数不多的在如此恶劣的经济环境下仍能保持品牌价值增长的公司。

不过，星巴克品牌引人注目的并不是它的增长速度，而是它的广告支出之少。星巴克公司每年的广告支出仅为3 000万美元，约为营业收入的1%，这些广告费用通常用于推广新口味咖啡饮品和店内新服务，如店内无线上网服务等。与之形成鲜明对比的是，同等规模的消费品公司的广告支出通常高达3亿美元。

星巴克公司成功的重要因素是公司视"关系"为关键资产，公司董事长舒尔茨一再强调，星巴克公司的产品不是咖啡，而是"咖啡体验"。与客户建立关系是星巴克公司战略的核心部分，它特别强调的是客户与"咖啡大师傅"的关系。舒尔茨认识到，"咖啡大师傅"是为客户创造舒适、稳定和轻松的环境中的关键角色，那些站在咖啡店吧台后面直接与每一位客户交流的吧台师傅决定了咖啡店的氛围。为此，每个"咖啡大师傅"都要接受培训，培训内容包括客户服务、零售基本技巧和咖啡知识等。"咖啡大师傅"还要预测客户的需求，并在解释不同的咖啡风味时与客户进行目光交流。

另外，客户在星巴克店里消费的时候，收银员除了品名、价格以外，还要在收银机输入客户的性别和年龄段，否则收银机就打不开。所以，公司可以很快知道客户消费的时间、消费了什么、金额多少、客户的性别和年龄段等，除此之外，公司每年还会请专业公司做市场调查。

星巴克公司也通过反馈来增强与客户的关系。每周，星巴克公司的管理团队都要阅读原始的、未经任何处理的客户意见卡。一位主管说："有些时候我们会被客户所说的吓一跳，但是这使我们能够与客户进行直接的交流。在公司层面上，我们非常容易失去与客户的联系。"

认识到员工是向客户推广品牌的关键，星巴克公司采取与市场营销基本原理完全不同的品牌管理方式。星巴克公司将在其他公司可能被用于广告的费用投资于员工福利和培训。1988年，星巴克公司成为第一家为兼职员工提供完全医疗保险的公司。1991年，它又成为第一家为兼职员工提供股票期权的公司，星巴克公司的股票期权被称为"豆股票"（Bean Stock）。在舒尔茨的自传《星巴克咖啡王国传奇》中，他写道："'豆股票'及信任感使得职员自动、自发地以最大热忱对待客人，这就是星巴克的竞争优势。"星巴克的所有员工，无论职位高低，都被称为"合伙人"，因为他们都拥有公司的股份。

星巴克公司鼓励授权、沟通和合作。星巴克公司总部的名字为"星巴克支持中心"，这表示对于那些在星巴克店里工作的"咖啡大师傅"们来说，公司管理层的角色是为他们提供信息与支持。星巴克公司鼓励分散化决策，并将大量的决策放到地区层面，这给员工很大的激励。许多关键决策都是在地区层面完成的，每个地区的员工就新店开发与总部密切合作，帮助识别和选定目标人群，他们与总部一起完成最终的新店计划，保证新店设计能与当地社区文化一致。星巴克的经验显示，在公司范围内沟通文化、价值和最佳实践是建立关系资产的关键部分。

星巴克公司将其关系模型拓展到供应商环节。现在，许多公司都将非核心业务剥离，这使得其与供应商的关系变得极其关键，特别是涉及关键部件的供应商。有些公司把所有完成的交易都视为关系，但是真正优秀的公司都认识到，在商业交易和真正的关系之间存在着巨大的差别，即是否存在信任，这些公司都投入大量的资源去培养与供应链上的合作伙伴之间的信任。

星巴克公司倾向于建立长期关系，愿意通过与供应商一起合作来控制价格，而不仅仅是从外部监控价格，公司投入大量的时间与金钱来培育供应商。在星巴克公司看来，失去一个供应商就像失去一名员工，因为损失了培育他们的投资。星巴克公司对合作伙伴的选择可以说非常挑剔，但一旦选择过程结束，公司就非常努力地与供应商建立良好的合作关系。第一年，两家公司的高层主管代表通常会进行3~4次会面，之后，每年或每半年进行战略性业务回顾，以评估这种合作关系。产品和产品的领域越重要，参与的主管级别就越高。

资料来源：http://it.21cn.com/itnews/newsit/2002-10-14/797095.htm。

问题分析

星巴克是怎样管理客户关系的？在激烈的市场竞争中，特别是在消费品市场中，消费者对企业的满意度直接影响企业的销售量。维系客户关系不能仅仅停留在良好的态度上，请结合上述案例谈谈你对现代客户关系管理的认识。

爱尔康公司的社交化客户关系管理——会员管理

爱尔康公司（Alcon Laboratories）成立于1947年，是全球最大的眼科医疗器械与药品专业公司，经营范围涉及眼科手术设备装置、眼部医药品、隐形眼镜护理等相关产品的研发、生产和销售。目前，爱尔康在全球拥有 15 000 多名员工，产品销售覆盖了 180 多个国家和地区。

一、爱尔康公司的经营困境

爱尔康公司采取供应商对企业、企业对消费者（B2B2C）的商业模式。由于中间环节的经销商掌握着消费者的相关信息，这在很大程度上隔断了供应商企业与消费者之间的交流和沟通。同时，传统的营销沟通方式也已经无法有效地触达客户了。即使能够接触到会员用户，也存在数据相对分散化、碎片化、关联性低等问题，结果导致了爱尔康公司的线上、线下会员未能有效地整合起来，现有系统的所有应用都难以有效地实现连接和互通。因此，爱尔康公司希望通过制定和实施更有效的营销策略来掌握客户的真实信息。同时，通过建立并运营完整的会员体系，尽可能深入地挖掘会员的商业价值。

二、爱尔康公司的新营销策略

为此，爱尔康公司调整并制定了新的营销策略，主要内容如下。

第一，创立线下和线上营销矩阵，相互配合拉动会员增长。一方面，通过对线下渠道的管理，激励越来越多的会员在线上进行注册；另一方面，凭借做好线上会员的运营服务工作，促进线下会员数量和产品购买数量的增加，实现线上与线下渠道的互补与协同。

第二，以会员体系为核心运营客户。一方面，整合线上与线下的所有会员数据，通过对用户行为数据的密切跟踪与深度挖掘，刻画出 360 度的用户画像；另一方面，通过对会员体系和积分体系进行优化，使会员的满意度和活跃度得以提升。

第三，借助大数据分析功能，充分挖掘会员的潜在商业价值。在这里，数据分析的对象主要是会员的社交和购买行为，然后通过相关策略的制定促进销售转化和销售提升。

三、搭建完整的会员体系

在上述营销战略实施的过程中，爱尔康公司还特别致力于搭建完整的会员体系。为此，爱尔康公司从会员数量增长、会员数据整合、会员忠诚度提升及销售转化提升四个方面展开了相关工作。

第一，促进会员数量增长。首先对爱尔康公司的客户群进行细分，并依据不同层级进行渗透和转化，具体包括以下三个层级：①借助 SCRM 的筛选功能，筛选出尚未绑定企业微信公众号的老会员，鼓励其完成微信公众号绑定，实现老客户的激活；②为新会员创建全渠道的营销生态系统，提升新会员的沟通渠道使用频次。

第二，整合会员数据。在这方面，爱尔康公司先是对既有数据进行精准挖掘和匹配，以便尽可能地完善老会员的数据更新；同时，爱尔康公司还将线下客户关系管理的会员数据和线上官网的数据整合到其社交化客户关系管理系统当中，完成数据的统一整合。

第三，提升会员忠诚度。爱尔康公司对已有会员体制进行革新，在降低会员注册门槛的同时，结合会员类型重新设计了新的会员积分机制，使积分更加合理。此外，爱尔康公司还为会员提供更加便利的物流查询、积分实时推送及会员卡升级等客户关怀服务，不断优化客户体验，以提升忠诚度。

第四，提升销售转化率。一方面，爱尔康公司向会员推送特定门店的活动卡券，将线上会员引导到线下实体门店中进行体验和消费；另一方面，爱尔康公司面向线下会员，通过 LBS（基于位置的服务）技术，实现附近门店位置和活动信息的实时推送和查询，以增加门店的潜在客流。

通过上述措施，爱尔康公司的会员数量增长了两倍有余，并一度从原有的 6 万会员增长到现在的 20 万会员。同时，会员的活跃度也从以前的 20%提升到现在的 78%。此外，会员的购买频率及竞品转化率也都实现了大幅度的提高。

问题分析

爱尔康公司是如何通过社交化客户关系管理实现会员体系良好运转的？在这一过程中，大数据分析发挥了怎样的作用？

实 训 设 计

【实训目标】通过角色扮演，了解企业与客户保持良好关系的重要意义。

【实训内容】某小区居民王大妈新买的电磁炉，其使用效果没有厂家现场销售时宣传的好，于是来厂家投诉。请小组同学进行角色扮演，模拟厂家接待人员来应对王大妈的投诉，尽可能多地模拟几种不同的接待方式（如爱答不理的、敷衍的、粗鲁的、态度友善但不解决问题的、真心解决实际问题的……），观察王大妈的不同反应。

【实训时间】90 分钟。

【操作步骤】

1. 以小组为单位，挑选成员分别扮演企业客服人员和王大妈进行模拟演练。
2. 其他小组成员注意观察双方的沟通情况、关系进展及结果等。
3. 教师总结。

【成果形式】小组实训报告：维持良好客户关系的重要性。

【实训考核】

1. 实训报告的质量（翔实性、价值性）：50 分。
2. 小组代表模拟表演的质量（逼真程度、语言等）：30 分。
3. 附加分（团队协作、报告形式等）：20 分。

项目二 客户关系管理岗位职责及素质要求

【学习目标】

知识目标

1. 了解客户关系管理岗位的主要工作内容。
2. 熟悉客户关系管理岗位的工作职责。
3. 熟悉客户关系管理人员的素质和能力要求。

能力目标

1. 能够明确客户关系管理岗位的工作内容、工作职责和升迁途径。
2. 能够根据客户关系管理人员的素质要求锻炼自己、提高素质。

【引导案例】

刘伟是市场营销专业三年级的学生，经朋友介绍获得了一个暑期工作岗位：太阳岛度假村客户服务部的客户信息专员。对于从来没有过相关工作经验的刘伟来说，下周就要上岗了，他突然感到一丝迷茫……摆在他面前的问题是：这个岗位的主要工作内容、工作职责是什么？这个岗位的工作人员应该掌握哪些基本知识、具备哪些基本素质？自己已有的知识技能能否胜任和做好这份工作？这个客户信息专员岗位工作的升迁途径是什么？还需要具有哪些素质特征才能得到升迁？

为了能迅速地进入角色，适应这个岗位的工作，刘伟赶紧翻开了这本书，找到了下面的内容……

任务一 客户关系管理岗位的工作内容与岗位职责

1. 客户关系管理岗位的工作内容

1）客户关系管理岗位的总体工作内容与要求

客户关系管理岗位的工作内容主要是负责企业产品或服务的售前咨询、售中引导、售后服务等。

（1）售前阶段

售前阶段主要是收集客户信息，全面掌握客户信息，联系客户，识别客户，了解客户的需求。例如，采集客户的有关信息，将更多的客户名输入到数据库中，验证并更新客户信息，删除过时信息等。

（2）售中阶段

售中阶段主要是引导客户完成消费，为客户讲解企业的产品和服务。在此过程中，客户关系管理人员应尽最大努力满足客户的合理要求，提高客户的满意度，增强客户对客服人员的信任，从而促成交易，并增加客户的重复购买率，提高客户的忠诚度。同时，还要在与客户交流的过程中，了解分析客户对产品或服务的需求情况，做好记录并交到有关部门。

（3）售后阶段

售后阶段是客户关系管理部门的工作重点。企业之间的竞争越来越多地转向了售后服务的竞争，售后服务的好坏直接关系客户的下次购买行为及企业的信誉。售后阶段的工作职责可以概括为以下3个方面。

① 建立客户档案。建立客户档案的目的是与客户保持长期的联系。通过这种方式，一方面可以跟踪客户所购买商品的使用和维修状况，及时主动地给予相应的指导，以确保产品的使用寿命；另一方面还可以了解客户的喜好，在开发新产品后，及时地向可能感兴趣的客户推荐。除此之外，企业还可以利用客户档案，以上门拜访、打电话、寄贺年卡等形式，与客户保持长期的联络，提高客户的重复购买率。

同时，要对客户进行差异分析和分级管理。例如，关注哪些客户导致了企业成本的发生，企业本年度最想和哪些企业建立商业关系，上年度有哪些大客户对企业的产品或服务多次提出了抱怨，去年最大的客户是否今年也订购不少的产品，根据客户对于本企业的价值（如市场花费、销售收入、与本公司有业务交往的年限等），把客户分为A、B、C 3类，并识别企业的"金牌"客户等。

② 售后回访。客户购买企业产品后，企业应按一定频率以打电话或派专人上门服务的形式进行回访，及时了解客户使用产品的情况，解答客户的疑问，帮助客户解决使用过程中存在的问题，为客户提供满意的解决方案。例如，为客户提供指导和咨询，帮助客户掌握使用方法和简单的维修方法等。

通过售后回访，企业可以了解客户对企业产品或服务是否满意，如果不满意，问题在什么地方，是产品的问题还是服务的问题。如果是服务的问题，应该怎样让客户满意；如果是产品的问题，应该将客户意见递交到哪个部门。只有让客户对企业的产品或服务感到满意，才能促使客户的二次或多次消费，这也是客户关系管理部门存在的意义。

③ 妥善处理客户投诉。企业所有人员的工作都不希望遭到客户投诉，但有时无论企业的销售和服务工作做得如何尽善尽美，都难免会招致一些客户投诉。在遇到客户投诉时，就需要客户关系管理人员运用各种方法和技巧，妥善处理，尽量使客户由不满意转变为满意，从而挽留住客户。

2）客户关系管理具体岗位的工作内容与要求

在企业内，与客户关系管理相关的岗位有客户关系专员、客户关系主管、客户关系经理、售后技术支持等。每个企业由于企业文化不同，这些岗位的称谓也会随之变化，但工作内容的实质是相同的。

（1）客户关系专员

客户关系专员一般负责售前咨询和售后服务的工作，所做的一切事务是通过客户关系的维护让客户能够感受到来自企业的支持，从而建立客户对于企业的信任与情感，促进企业销售。

该岗位对于人员的要求通常包括：沟通、应变能力强；具有较强的服务意识；熟悉计算机操作和互联网应用；善于发现客户需求并能加以引导；善于处理客户投诉；具有较强的产品专业知识；熟悉服务流程和服务工作的改进。

（2）客户关系主管

客户关系主管一般负责企业产品或服务的售前和售中工作，所做的一切工作是通过开发与维护客户关系，将企业的产品和服务销售出去。他们的工作压力主要来源于企业给销售人员制定的业绩目标。

该岗位对于人员的要求通常包括拥有丰富的客户资源；有较强的公关能力和销售意识；善于与客户沟通和维护良好的业务关系；能撰写客户问题解决方案；能制定整体营销战略。

（3）客户关系经理

客户关系经理是客服岗位的管理层级，这类岗位的工作压力主要来源于需要面对形色各异的客户和处理各种各样不同的客户要求。

该岗位对人员的要求是具有管理经验；能够建立完善的服务标准和服务体系；能处理棘手的客户问题。

小案例

2020年某日16：05，某市某加油站正值加油高峰期，突然加油机联网的中控系统出现了故障，4台加油机均停止发油，加油站挤满了车辆……正在现场值班的主管果断地对现场危机进行了处置。

主管立即组织服务人员迅速检查加油机、感应器网络和电源，并将加油机和中控系统脱离，采取脱机加油。16：10加油机依然没有恢复正常工作。加油站现场挤满了车辆，进出较为困难，司机们的怀疑声和不满声不断地响起，部分定点加油的老客户也对刚挂牌的"星级站"加不出油来表示不理解。

这时，主管等人果断招集站内所有服务人员，按照平时的演习方案，将服务人员分成3组。

第一组，负责维持现场秩序，做好客户解释工作，同时注意加油站安全，防止出现意外情况。该组服务人员有1人在主车道引导车辆进出，另外几名服务人员则做好解释和安全防范工作，向客户真诚道歉并解释原因，请客户稍后进站加油或到就近加油站去加油，并主动登记好客户资料。

第二组，负责进出口礼品发放。该组服务人员主要负责为进出客户发放报纸和矿泉水，凡是进站客户均可得到一份礼品，并做好解释工作，减少客户心理影响，争取得到客户理解。

第三组，及时联系加油机厂家和系统售后服务商，将现场情况及时上报上级公司，同时与加油站经理取得联系。

随后，3个小组的组长各自带队投入紧张的工作。第一小组的服务人员以标准的手势一边引导车辆有序离开，一边登记有关资料。第二小组服务人员身着迎宾绶带，用真诚的微笑、温馨的礼品，赢得客户理解。而第三小组成员则做好外部联系工作。这时，外援开始进驻加油站。

16:25分公司主管人员到场;16:30维修人员进站;17:00整加油站恢复正常营业。在不到1小时的时间里,这个加油站迎来了数百名客户,但却没有收到客户的投诉。最可贵的是,很多客户一直等到系统维修好了才过来加油。事后,加油站经理及时制订了客户回访计划,赠送给部分客户电影票,同时亲自给当天进站的每个客户打电话。第二天,该加油站销量不仅没有下降,反而略有回升。

这次"突发事件"提高了该加油站服务人员在计算机系统出现故障后的处理能力,也显示了该加油站现场应急和客户服务意识的管理水平。

这是一个应对突发事件的案例。该加油站面对突然出现的技术故障,没有慌乱无序,而是果断决策,指挥有方,最终成功地解除危机,并实现了成功的营销。在预防管理方面,该加油站对突发事件的预防工作比较到位,有一套完整的应急预案。突发事件发生时,管理者能镇定自如,果断处理。在服务补救方面,该加油站做到了现场补救与事后回访,维护了其"星级站"的荣誉。

2. 客户关系管理岗位设计与岗位职责

1) 客户关系管理岗位的总体职责

客户关系管理岗位的工作职责必须遵循企业管理客户关系的逻辑。首先,没有客户关系时,企业要努力去建立关系;其次,有了客户关系时,要努力去维护这来之不易的关系;最后,当出现客户关系破裂时,要努力去修补、恢复关系。其主要工作内容都围绕着如何建立客户关系、如何维护客户关系、如何在客户关系破裂的情况下恢复客户关系等展开。

(1) 建立客户关系

客户关系的建立是要让潜在客户和目标客户产生购买欲望并付诸行动,促使他们尽快成为企业的现实客户。

(2) 维护客户关系

客户关系的维护是企业通过努力来巩固及进一步发展与客户长期、稳定关系的动态过程和策略。客户关系维护的目标是要实现客户的忠诚,特别是要避免优质客户的流失,实现优质客户的忠诚。关系的维护不只是现有关系水平的维持,而且是一个驱动客户关系水平不断升级发展的过程。

(3) 恢复客户关系

当出现客户关系破裂时,企业应当及时、努力去修补和恢复关系,努力挽回已经流失的客户。这是因为客户关系的建立阶段和维护阶段都可能发生客户流失,即出现客户关系的夭折和终止。企业如果不能尽快及时地恢复客户关系,就可能造成客户的永远流失。相反,如果企业能够及时地采取有效措施就有可能使破裂的关系得到恢复。

2) 客户关系管理岗位设计及具体岗位职责

根据企业的规模,客户关系管理部门的组织结构会有所差异。但通常企业都会参照客户关系管理岗位设计模板(见图2-1),并依据自己企业需要服务的客户群规模和业务量大小来设置客户关系管理部门的人员数量和层级。

客户关系管理人员的岗位职责多种多样,不同企业制定的职责也不尽相同,下面仅对常见的客户关系管理岗位职位进行相应说明。

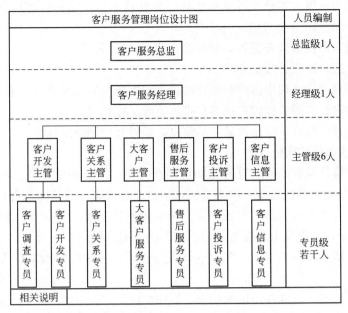

图 2-1　客户关系管理岗位设计模板

（1）客户关系专员的岗位职责

① 负责维护客户关系，包括拜访客户、客户关系评价和提案管理等。

② 负责与客户日常交往管理，包括客户拜访工作、客户接待工作等。其目的是巩固企业与客户的关系。

（2）售后服务专员的岗位职责

① 负责制定、修改和实施相关售后服务标准、计划与政策。

② 负责对售后服务人员的素质和规范用语、岗位职责和维修技术等的培训，不断提高售后服务人员的服务水平。

③ 负责对售后服务人员售后服务流程的培训，不断提高售后服务人员的工作效率。

④ 负责售后服务资源的统一规划和配置，对售后服务工作进行指导和监督。

⑤ 负责指导售后服务具体工作，以保证售后服务质量。

⑥ 负责收集客户和客户意见，整理和分析产品售后服务过程中反馈的数据和信息，分别转送企业相关部门。

⑦ 负责审批和制订不良品和产品配件的计划、发放及处理，有效控制售后服务费用。

⑧ 负责对企业售后服务政策的最终解释，加强与客户的沟通和调解售后服务中的纠纷事宜。

（3）客户投诉专员的岗位职责

① 负责制定统一的客户投诉案件处理程序和方法。

② 负责对客户投诉案件进行登记。例如，客户投诉产品的订单编号、料号、数量、交运日期等。

③ 负责检查审核"投诉处理通知"，确定具体的处理部门。

④ 负责协助各部门对客户投诉的原因进行调查。

⑤ 协助各部门开展对客户投诉案件的分析和处理工作，填制由客户服务部统一印制的投诉统计报表。
⑥ 负责提交客户投诉调查报告，分发给企业有关部门。
⑦ 负责客户退、换货手续的办理。
⑧ 负责将客户投诉处理中客户所反映的意见和服务处理结果提交企业有关部门。
⑨ 负责定期向客户服务经理汇报客户投诉管理工作情况。
⑩ 负责受理客户投诉，跟踪商品售后信息，做好客户回访工作。

（4）客户信息专员的岗位职责
① 负责客户信息调查工作。首先是制订调查计划，明确调查时间、调查目的、调查对象和调查对象的数量；其次是统一调查方法，事前充分模拟，有效完成资料收集工作。
② 负责客户信息分析工作。对各种客户调查资料的内容、可信度、使用价值等作出分析判断，得出结果，并提交上级有关部门，作为决策的依据。
③ 负责客户档案管理工作。对客户资料进行立档，并对客户档案保管使用及保密工作提出要求。
④ 负责信用管理。负责客户信用调查、信用度评估，并对客户信用进行分级管理。

（5）大客户服务专员的岗位职责
① 负责安排客户服务经理对大客户定期回访工作。
② 负责保证企业与大客户之间信息传递的及时、准确，把握市场脉搏。
③ 负责经常性地征求大客户对客户服务人员的意见，及时调整客户服务人员，保证沟通渠道畅通。
④ 负责关注大客户的一切公关与服务活动，以及商业动态，并及时给予技术支援或协助。
⑤ 负责根据大客户的不同情况，和每位大客户一起设计服务方案，以满足大客户在不同发展阶段的特定需求。
⑥ 负责为大客户制定适当的服务优惠政策和激励策略。

（6）客户关系经理岗位职责
① 负责管理客户服务部门各服务项目的运作。
② 负责对客户关系管理人员进行培训、激励、评价和考核。
③ 负责对企业的客户资源进行统计分析。
④ 负责按照分级管理规定，定期对所服务的客户进行访问。
⑤ 负责按客户服务部门的有关要求对所服务的客户进行客户关系维护。
⑥ 负责对客户有关产品或服务质量投诉与意见处理结果进行反馈。
⑦ 负责企业大客户的接待管理工作，维护与大客户长期的沟通和合作关系。
⑧ 负责创造企业间高层领导交流的机会。

小案例

某物业管理公司客户服务中心的岗位职责

一、客户服务中心职责范围
1. 负责住户入住、装修手续的办理，住户房屋及设施和公共设施等工程维修接待、下单安排、跟踪和回访工作。

2. 负责住户投诉处理工作，以及日常住户联系、沟通协调工作。

3. 负责副主管以下员工的招聘、培训等具体工作。

4. 定期组织开展文化娱乐活动，丰富社区文化生活，增强社区凝聚力。

5. 按市物价局公布的收费标准和有关管理规定，及时向业主、使用人通知收取及催缴相关物业管理费用，根据计划财务部提供的相关数据公布收支情况。

6. 负责对管理处各部门工作的检查监督。

7. 负责管理处内部行政事务、文档的管理。

8. 在公司职能部门的指导下，开展各项有偿服务。

二、管理处副主任（客户服务主管）岗位职责

1. 协助管理处主任开展管理处职责范围内的各项工作。

2. 负责小区日常服务管理工作的检查、监督，对不符合内部管理和小区管理要求的现象，及时纠正或向上级及相关部门反映。

3. 负责小区住户投诉、纠纷协调处理和住户日常联系走访及意见征询工作，制订并组织实施小区住户各阶段联系沟通方案，积极赢得广大住户的理解与支持。

4. 组织办理住户入住和装修手续及相关资料的归档。

5. 指导住户房屋设施报修接待、登记，及时安排维修部上门处理，并做好相应督促和住户对处理结果的意见征询工作。

6. 负责物业管理相关费用的收缴工作。

7. 负责客服中心员工的考核工作。

8. 协助并参与日常住户联系走访工作，与住户建立良好的沟通关系。

9. 负责组织社区文化活动及社区宣传工作。

三、客户服务中心行政主管岗位职责

1. 根据《员工培训制度》，负责协调、监督本管理处员工培训工作，并具体进行员工的岗前培训工作。

2. 负责相关文件的起草、整理工作，负责主管以下员工的招聘、人事、劳资等相关事务及日常行政事务工作。

3. 负责员工的考勤审核及工资的制表工作。

4. 负责管理处各项行政、人事、劳资等档案的归口管理。

5. 协助管理处主任做好对外接待工作。

6. 协助开展社区文化活动和社区宣传工作。

四、客户服务管理员岗位职责

1. 负责办理住户入住及装修手续。

2. 处理住户日常报修、投诉工作。

3. 负责住户走、回访，以及物业管理相关指定费用的收取、催缴工作。

4. 负责小区日常工作巡查、监督工作。

5. 负责一般通知及文稿的草拟、打印、校对工作。

6. 协助做好小区文化活动和宣传工作。

该物业公司在管理过程中设置了客户服务中心，这在物业管理中是较为先进的理念。其

根据实际工作的需要，设置了管理处副主任（客户服务主管）岗位、客户服务中心行政主管岗位、客户服务管理员岗位，各岗位分工明确，职责明晰，体现了物业管理中实行客户式管理的优越性。

任务二　客户关系管理人员能力素质要求

一个好的客户关系管理人员不仅能够与企业客户很好地沟通交流，增进客户对企业产品和服务的好感，而且还是企业及产品信息的有效传播者，同时更是企业的形象使者。所以，作为一名合格的客户关系管理人员，必须具备以下岗位素质和职业能力。

1. 客户关系管理人员的必备素质

1）思想素质

（1）高度的责任感

客户关系管理人员是企业的代表，是企业的代言人，其一言一行都关系企业的声誉和形象。同时，客户关系管理活动也是企业与客户进行信息沟通的一种有效形式。因此，客户关系管理人员首先必须具有高度的责任感，想方设法地增进客户对企业产品和服务的认同感与满意度；其次，客户关系管理人员代表的是企业，在与客户建立和保持良好的、融洽的关系的同时，还需要树立良好的企业形象，不能为维持与客户个体的关系而损害企业的形象和信誉。优秀的客户关系管理人员的境界是当个人利益和企业利益及客户利益发生冲突的时候，应该以企业和客户利益为重。

> **小案例**
>
> 在日本，应聘服务代表的最后一关，是由主管和应聘者在一个房间里进行单独的面谈。谈话很短，通常一两句话没说完，主管就说："对不起，我还有一件紧急的事情需要处理，请您稍等，我很快回来。"其实，他并不是去处理事情，而是找公司另外几个人来考验应聘者。
>
> 这些人和应聘者不认识，敲门进来后会向应聘者提几个问题，这些问题往往是应聘者答不上来的，如洗手间在哪里，以测试应聘者的回答。
>
> 应聘者通常会有以下3种回答。
>
> 第一种："不知道。"这样回答的人会被迅速淘汰掉。
>
> 第二种："对不起，我不知道。我是来面试的。"这样回答的人会被留下，算合格。
>
> 第三种："对不起，我不知道。我是来面试的，我去帮您问问吧。"然后，他去其他有人的地方帮忙询问。这样回答的人被认为是有很强服务精神的人，录用后，会被安排到服务任务最艰巨、最锻炼人的岗位上。

（2）诚信度

现代客户关系管理是说服与赢得客户而不是欺骗客户，因此客户关系管理的第一原则就是诚信。只有以真诚的态度与客户接触，才能使客户对客户关系管理人员产生信赖。诚信也是赢得客户好感的最好方法,客户都希望自己的购买决策是正确的,希望从交易中得到好处和利益,害怕蒙受损失,当客户察觉企业的代表人员说谎、故弄玄虚时,出于对自己利益的保护,就会对交易活动产生戒心,结果可能使企业客户流失。

2) 业务素质

企业客户关系管理人员除了要具备过硬的思想素质外,还要具有宽广的知识结构和较高的文化素质。客户关系管理人员所具备的文化知识越丰富,与客户交流成功的可能性越大。知识是做事成功的重要保障,迄今为止,人们能听到的被后人津津乐道的成功客户关系管理案例,几乎都是由于客户关系管理人员过硬的业务素质促成的。

(1) 专业知识

① 企业方面的知识。掌握企业知识,一方面是为了满足客户在了解企业产品和服务方面的要求;另一方面是为了使客户管理活动体现企业的方针政策,达成企业的整体目标。

企业的知识主要包括企业的历史、企业的规模、生产能力、财务状况、组织结构、企业的规章制度等。在很多行业里,客户关系管理人员对自己所从事的职业不了解或是一知半解,这样的人在与客户沟通的过程中,往往因为不了解企业具体情况缺乏底气而败下阵来。

② 产品方面的知识。掌握产品知识,是为了在与客户沟通交流的过程中能够更好地向客户介绍产品,从而增强客户对企业产品或服务的满意度和忠诚度。一个对自己的产品都不了解的客户管理人员,与客户交流沟通、有效增进客户购买信心的可能性非常小。企业客户关系管理人员应掌握的产品知识主要包括产品的生产工艺流程与方法,产品的技术性能,产品使用、维修等方面的知识。优秀的客户关系管理人员专业精湛、技艺娴熟,对自己的企业及企业产品和服务能够如数家珍、烂熟于胸,在处理客户问题时当然得心应手。

(2) 人文知识

企业客户关系管理人员在接触客户时候,需要和客户找到共同话题、兴趣和爱好,只有这样,双方才能具备洽谈的条件和基础,才有可能做到维护良好的客户关系。而企业客户的背景非常复杂,年龄不同、性别不同、受教育程度不同、风俗习惯不同和民族不同等,差异很大,如果客户关系管理人员找不到与客户沟通交流的共同点,就没有继续融洽关系的机会,连增进交流的机会都没有,要维持客户忠诚谈何容易。

(3) 社会知识

客户关系管理人员的主要工作就是要靠与客户的友好交往达成自己的目标,因此社会知识中人际交往的技巧显得非常重要。文学巨著《红楼梦》里有一句名言:"世事洞察皆学问,人情练达即文章。"社会学家和成功人士都认为,一个人成功85%是靠人脉关系,另外的15%靠知识。这说明与人相处是多么的重要。优秀的客户关系管理人员应当掌握社会交往中应该遵循的社交知识、社交礼仪和社交技巧等。

2. 客户关系管理人员必备的职业能力

1) 敏锐的观察能力

敏锐的观察能力是指善于洞察客户心理活动的能力和站在客户的立场上思考问题的能力。客户关系管理人员敏锐的观察能力对维护良好的客户关系是至关重要的。观察不是简单的"看",而是用专业的眼光和知识去细心地察看,通过观察发现重要的信息,找到打动客户、与客户深入沟通的突破口。例如,通过衣服的颜色看一个人的性格;从一个人的服饰看一个人的职业、地位、兴趣和爱好;通过谈论某个话题总结得出客户的需求和个性特点等。

另外,善于倾听也是客户关系管理人员的必备能力,倾听能充分调动对方的积极性,让对方产生如遇知己的感觉。善于倾听的重点是肢体与口头语言要和客户说话的内容高度配合。例如,客户在讲述其经历时,善于倾听的客户关系管理人员能适时表露出敬佩或惋惜的表情来回应对方,从而调动现场气氛,为进一步深入交谈创造条件。当然,善于倾听是以敏锐的洞察能力为基础的。

2) 较强的沟通能力

企业客户关系管理人员与客户交流的过程,实际上是信息交流与沟通的过程,需要准确采集对方信息、了解对方意图,同时将自己的信息也准确传达给对方,促使双方达成共识。所以,沟通能力是客户关系管理人员必不可少的能力。

当然,良好的沟通能力不是天生的,是在后天与人交往的实践中逐步培养出来的。企业客户关系管理人员要培养高超的沟通能力,首先要本着热情诚恳、对人友善、设身处地为客户着想的原则,才能取得客户的信任、理解、支持与合作;其次必须在拓宽自己知识面的同时,掌握必要的社交礼仪,敢于交往,主动沟通。

3) 良好的语言表达能力

语言能力是与客户沟通交流是否成功的基本要素。语言作为人际交流的手段,客户关系管理人员必须熟练掌握,从而提高自身的语言表达能力。

(1) 语言表达要准确清晰

客户关系管理人员应使用准确、清晰的语言向客户介绍企业的产品或服务信息,交流感情和说服客户,这是对客户关系管理人员的基本要求。说话含糊、吐字不清、词不达意、缺少逻辑等,都会影响与客户之间的沟通与交流。

(2) 语言要有针对性

客户关系管理人员的语言要有较强的针对性,做到有的放矢。模糊、啰唆、前后不搭、思路不清的语言,不仅不能引起客户对企业产品或服务的兴趣和好感,反而会使客户产生疑惑、反感,成为合作的障碍。在与客户交流沟通的过程中,要针对不同的产品和客户的不同特点,有针对性地使用不同的语言。例如,充分考虑客户的性格、情绪、习惯、文化和需求状况等差异,恰当使用有针对性的语言。

(3) 语言要有艺术性

讲究语言的艺术性主要表现在语言表达的灵活性、创造性和情境适用性上。语言艺术无处不在,应在生活和工作中多观察、多总结。

小案例

一个盲人在街头行乞。他捧着破碗不停地说:"我是瞎子,可怜可怜我吧!"路上行人匆匆,偶尔会有人扔给他一枚硬币。

过了几天,人们发现在人多的路口,一个盲人坐在地上,旁边放着一个简易的牌子,上面写着:"我是瞎子。"过往的行人看见了,不时有人停下来扔一点钱给他。

又过了几天,人们发现盲人旁边的牌子上有几行醒目的诗句:

春来了。

花开了。

我却看不见!

来来去去的人都停下来读一读，摇头叹息。庆幸自己能自由地欣赏这美丽春色，同时把一张张人民币放入他的破碗中……这位乞丐的收入由此倍增。

同样的人，迥然不同的收益……

4）开拓创新能力

客户关系管理工作是一项极富挑战性的工作。由于目标客户群需求的不断变化和个体差异，每一次的客户服务都不可能是前一次的复制或翻版。客户关系管理人员应注重培养自己好奇、敏锐、自信、进取等创造性的素质，在与客户沟通交流的过程中，不断地维系老客户，发掘新的客户，不断地采用新方法、新手段，解决新的问题。

5）沉着应变的能力

应变能力是指人对突然发生的和尚未预料到的情况的适应和应付能力。客户关系管理人员在与客户沟通的过程中会遇到形形色色的人或事，情况也在不断地发生变化，经常会出现各种意外和突发情况。当这些突发情况出现时，客户关系管理人员如果缺乏处理异常情况的现场应变能力，就会陷于被动。面对复杂多变的情况，客户关系管理人员要善于快速分析情况变化的原因，作出结论与判断，沉着冷静地处理各种出现的问题，根据情况的变化及时调整与客户交流的策略和方法，提出变通方案，尽快妥善解决。如果拘泥于一般原则而不会变通，往往会使客户信心丧失而导致客户流失。

3. 客户关系管理人员应该懂得的礼仪规范

企业客户关系管理人员经常是企业的外交官或形象代表，他们的一言一行、一举一动都代表着企业的形象。为了树立良好的企业形象，增进客户对企业产品或服务的忠诚度，客户关系管理人员首先要先让客户认可你这个人，才可能认可你所维护的企业产品。所以，在与客户交往的过程中，必须遵循基本的礼仪规范。

1）交谈礼仪

交谈是表达思想及情感的重要工具，是人际交往的主要手段。客户关系管理人员利用这一手段，既可以传递产品信息，又增加了客户对自己及企业的信任感，从而达到交易的目的。因此，掌握交谈的礼仪要求，提高交谈的语言艺术，对于提高客户关系管理工作的水平和工作效率，具有极其重要的作用。

（1）交谈时应注意的问题

企业客户关系管理人员与客户交谈时，应注意以下方面的问题。

在与客户打交道时应遵循不卑不亢、坦诚自然、沉着稳重的原则。为客户提供服务时，无论何时均应面带微笑、和颜悦色，给人以亲切感；与客户谈话时，应聚精会神、注意倾听，不中途随意打断客户的讲话，对没听清楚的地方要礼貌地请对方重复一遍，给人以尊重之感；应坦诚待人、不卑不亢，给人以真诚感；应神色坦然、轻松、自信，给人以宽慰感；应沉着稳重，给人以镇定感。

处理问题要简洁明快，不要拖泥带水。应在不泄露公司机密的前提下，圆满地回答客户的问题。若遇到不清楚、不知道的事情，应请示有关领导后再尽量答复对方，不能回答"不清楚、不知道"。回答问题要尽量清楚完整，不能不懂装懂、模棱两可、胡乱作答。当客户提出的要求超出服务范围时，应礼貌回绝，绝不能说"这事与我无关"之类的话。任何时候都不得对客户有不雅的行为或言语。

对客户要一视同仁，切忌出现有两位客户有事相求时，对一位客户过分亲热或长时间倾谈，而忽视了另一位客户，导致客户不满。严禁与客户开玩笑、打闹或取外号。客户之间交谈时，不要走近旁听，也不要在一旁窥视客户的行为。对容貌体态奇特或穿着奇异服装的客户切忌交头接耳或指手画脚，更不允许围观，不许背后议论、模仿、讥笑客户。在与客户对话时，如有另一客户有事相求，应先点头示意打招呼或请对方稍等，不能视而不见，同时尽快结束谈话招呼另一客户。如果时间较长，应说："对不起，让您久等了。"需要客户协助工作时，首先要表示歉意，并说："对不起，打扰您了。"应对客户的帮助或协助表示感谢。对于客户的困难，要表示充分的关心、同情和理解，并尽力想办法解决。当发觉自己与对方有误解或自己有失误时，应说："不好意思，我想我们可能是误会了。"

(2) 使用礼貌用语

常用的基本礼貌用语如下。

基本礼貌用语10个字：您好、请、谢谢、对不起、再见。

称呼语：小姐、女士、先生、大姐、阿姨、大伯等。

问候语：您好、早上好、下午好、晚上好、您回来了等。

祝贺语：恭喜、恭贺、祝您生日快乐、祝您新婚愉快、祝您新春快乐等。

告别语：再见、晚安、明天见、祝您一路平安等。

道歉语：对不起、请原谅、打扰了、失礼了等。

道谢语：谢谢、非常感谢等。

应答语：是的、好的、我明白了、不客气、没关系、这是我应该做的等。

征询语：请问您有什么事？请问我能为您做什么吗？请问需要我帮您做什么吗？请问您还有别的事吗？

解释语：很抱歉、对于这种情况，企业的规定是这样的。

商量语：您看这样好不好？

(3) 控制语气、语调、语速

说话时的语气、语调、语速的快慢，以及声音的大小等，它们的主要作用就是表达情绪、传递情感。口齿清晰、发音标准、语言易懂、语调平和是谈话富有魅力的重要条件。与客户交谈，态度要和蔼，语言要亲切，声调要自然、清晰、柔和，音量要适中，不要过高，也不要过低，以对方听清楚为宜，答话要迅速、明确。这样会使人乐于倾听，倍感温暖。即便遭到拒绝时，也不要使用极易引起争吵的语气和语调。这样才可能控制整个谈话过程，使自己处于主动的地位。

(4) 控制眼神

眼神是人与人交谈过程中调节彼此心理距离的重要手段。恳切、坦然、友好、坚定、宽容的眼神，会给人亲近、信任和受到尊敬的感觉；而轻佻、游离、轻蔑、茫然、阴沉的眼神会使人感到失望和有不受重视的感觉。与客户交谈时，眼神不要游离。

(5) 控制交往距离

人们在交谈的过程中，双方所处的位置和距离，反映了双方的心理距离，对交流的结果也会产生微妙的影响。通常人们交往的空间距离可以分为以下4个层次。

① 亲密距离：0.2～0.5米，这是最亲近的人交谈时的安全距离，如父母、恋人、爱人等。

② 个人距离：0.5~1.2米，一般亲朋好友之间交谈时的安全距离，如促膝谈心，拉家常等。

③ 社交距离：1.2~3.6米，这是社交场合与人接触的安全距离，会使人产生威严感、庄重感。

④ 公众距离：大于3.6米，这是陌生人之间的安全距离。

由此可见，客户关系管理人员与客户对话时宜保持1米左右的距离比较恰当。当然，这一距离并不是硬性规定，具体的空间距离要视客户关系管理人员和客户关系的亲密程度而定。通常，人与人交往的空间距离的维持都是无意识状态的流露，但客户关系管理人员要注意观察，根据客户与自己保持的空间距离可以判断出客户与自己关系的亲密程度。

2）迎送礼仪

(1) 接待来访礼仪

对来访人员应主动问询，说："您好，请问您找哪一位？"或"我可以帮助您吗？"在确认对方要求后说"请稍等"，并及时与被访人联系，同时告诉对方被访人马上来，请来访人先坐一下。如果有需要，可将来访人带到接待室等候，并送上茶水；当来访人员离开时，应说："请慢走，再见！"如果来访人员要找的人不在或不想见时，应礼貌地回答来访人："对不起，他现在不在，您能留下名片或口信吗？"见面结束，要以还会"再次见面"的心情恭送对方回去。"出迎三步，身送七步"是迎送宾客最基本的礼仪。

(2) 介绍礼仪

无论自我介绍还是为他人介绍，做法都要自然。介绍的原则是长者优先，即先将级别低者介绍给级别高者、先将年轻者介绍给年长者、先将未婚者介绍给已婚者、先将男性介绍给女性。

(3) 名片礼仪

双方互换名片，在对方递过来名片时，应双手去接，接过来后要仔细看一遍，可以把对方的显赫头衔等轻声念一遍，表示对对方的钦佩和尊重，然后将名片认真收好。第一次见面后，应在名片的背面记下认识的时间、地点、内容等资料，最好简单记下客户的特征（如籍贯、特殊爱好等）。这样累积起来的名片就会成为自己的社会档案，为再次会面或联络提供线索或话题。

(4) 握手礼仪

和客户握手时，应伸出右手，掌心向左，虎口向上，以轻触到对方的手指为准（如果男士和女士握手，则男士应轻轻握住女士的手指部分）。握手力度要适中，力度太大给人粗鲁的感觉，太过轻柔会让人感觉不受重视。握手的时间应保持1~3秒钟，轻轻摇动1~3下，表情自然、面带微笑，眼睛注视对方。同时，与客户握手时，一定要注意保持手部的干净和干燥，用脏手或汗津津、湿乎乎的手与人握手是不礼貌的。

3）拜访礼仪

拜访客户、迎送用户、赠送礼物，是客户关系管理人员的一项十分重要而经常性的工作，这项工作做得好坏，将直接关系客户关系管理业务的开展效果，也直接影响企业的经营效益、形象和声誉。

(1) 守时守约

客户关系管理人员若与客户约定了拜访时间，就一定要严格遵守，如期而至，不要迟到，更不能无故失约。如果有紧急的事情，应立刻通知客户。

(2) 敲门方式

敲门时要用食指间隔有序、力度适中地轻敲 3 下，等待回音。若无应声，可再稍加力度，再敲 3 下。若有应声，经过允许后方可进入房间。

(3) 注意观察，不可随便

如果主人是年长者或上级，主人不坐，自己不能先坐。主人让座之后，要说"谢谢"，然后采用礼仪坐姿坐下，不可懒散地半坐半躺。主人递上烟或茶，要双手接过并表示谢意。如果主人家里没有摆放烟灰缸，表明主人没有吸烟的习惯，就不要在主人家里吸烟。跟主人谈话时，语气要客气，即使和主人的意见不一致，也不要争论不休。要注意观察主人的举止表情，适可而止。对主人提供的帮助要适当地致以谢意。

(4) 谈话时间不宜过长

起身告辞时，要向主人表示"打扰"之歉意。出门后，回身主动伸手与主人握别，说"请留步"，待主人留步后，走几步，再回首挥手致意表示"再见"。

4) 服饰礼仪

(1) 客户关系管理人员的着装原则

客户关系管理人员着装的总原则：任何服装均应注意整洁、挺直，切忌脏旧；衣服应熨出裤线；衣领、袖口要干净，皮鞋要上油擦亮；头发要吹理得体，男士应常刮胡子；服装与仪表协调，不喷洒香水；女士可适当化妆，喷洒微量香水，但不宜过浓。一般来说，好的服装及配饰应与性别、年龄、场合、地位等相符，而发型、鞋、胡子等作为必不可少的辅助。

(2) 男士衣着规范

男士应该头发整洁，长短适宜，一般不要烫发；经常洗头，不可油腻或有头皮屑；鬓角不要过耳，一般不要留胡子；尽可能带一个贵重的公文包，不要提手袋；西装与皮鞋、领带要搭配；切勿随便将上衣脱下；勿穿深色西装打白色领带；勿戴闪亮的东西，男士身上只可以有两件闪亮的东西，就是左脚上的皮鞋和右脚上的皮鞋。除非结婚戒指，勿戴其他首饰；勿挂大串钥匙。

(3) 女士衣着规范

女士：化妆切忌太浓、太新潮；头发不宜男性化和太卷，要保持光润整齐；不要穿金戴银；服装单调时，可用小件首饰及围巾来增添色彩，但不能喧宾夺主，破坏衣服的平衡感；丝袜款式应普通、保守；鞋后跟在 6 厘米以内；公文包优于手袋；服装不宜盲目随潮流，宜着套装且单色；裙子长度以过膝盖下方为宜。

5) 工作中的行为举止礼仪

客户关系管理人员良好的行为举止是一种无声的语言，体现的是个人的修养和企业的形象。

① 提前 5 分钟到岗，做好清洁及准备工作。

② 上班使用员工通道。在走廊、过道、电梯或活动场所与客户相遇时，应主动致意，礼让其先行。

③ 办公设施摆放整齐有序，桌面整洁。

④ 出入办公室时，开门、关门动作要轻，进入上级领导或其他部门办公室及客户室内，

应先轻叩门 3 下，征得同意后方可入内。若进去时门是关着的，出来时则应随手将门轻轻带上。

⑤ 保持安静、严肃的工作气氛，不得在办公室和走廊内大声喧哗、吵闹，有事应走到相关人员面前轻声交代。

⑥ 工作时间不谈论与工作无关的事宜，或者到其他办公室随意走动、闲聊，不离岗、串岗、脱岗。

⑦ 工作时间原则上不接打私人电话；如有急事，通话时间不宜超过 3 分钟。

⑧ 上班时间不吃零食、饮酒、吸烟、下棋、打扑克，不在办公室内化妆。不在他人面前掏鼻孔、掏耳朵、搔痒、脱鞋、卷裤脚衣袖、伸懒腰、哼小调、打哈欠。

⑨ 3 人以上的对话，要用互相都懂的语言；不得模仿他人的语言、声调和谈话；不得长时间闲聊、高声喧哗；不得在任何场合以任何借口顶撞、讽刺客户；不讲粗言恶语，不使用歧视或侮辱的语言；不开过分的玩笑；不讲有损企业形象的话。

6) 电梯礼仪

① 伴随客户来到电梯厅门前时，先按电梯呼梯按钮。

② 轿厢到达厅门打开时，客户不止 1 人时，可先行进入电梯，一手按"开门"按钮，另一手按住电梯侧门，礼貌地说"请进"，请客户进入电梯轿厢。

③ 进入电梯后，按下客户要去的楼层按钮，若电梯行进间有其他人员进入，可主动询问要去几楼，顺便帮助选层。电梯内可视状况是否寒暄，如没有其他人员时，可略作寒暄，有外人或其他同事时，可斟酌是否有必要寒暄。在电梯内尽量侧身面对客户。

④ 到达目的楼层，一手按住"开门"按钮，另一手作出请出的动作，并说："到了，您先请！"客户走出电梯后，自己立刻步出电梯，并热诚地引导行进的方向。

7) 接打电话礼仪

（1）接听电话的礼仪

一般铃响 3 声以内必须接听电话。拿起电话应答一声："您好，某某部门。"认真倾听对方的电话事由，若需要传呼他人，应请对方稍等，然后轻轻搁下电话，去传呼他人（或转给当事人，如果当事人不在，应告诉来电人），如对方有事相告或求式时，应将对方要求逐条记录下来，并尽量详细问答。中途若遇急事需要暂时中断与对方通话时，应先征得对方同意，并表示感谢或歉意，继续通话时，须向对方致意。通话完毕，应等对方放下电话后，方可放下电话。接电话时，声调要自然清晰、柔和、亲切，不要装腔作势，音量不要过高，也不要过低，以免对方听不清楚。

（2）拨打电话的礼仪

① 选好通话的时间。早上 7 点钟之前，晚上 10 点钟之后，中午或午休时间不宜打电话。

② 电话接通后，应首先向对方致以问候，如"您好"，并作自我介绍。

③ 通话过程中，应使用敬语，将要找人的姓名及要做的事交代清楚。

④ 通话完毕时，应说"谢谢您了（麻烦您了），再见"。

项目小结

本项目主要介绍了客户关系管理岗位的工作职责、工作内容和岗位的胜任特征。

客户关系管理岗位的工作职责是：没有客户关系时，企业要努力去建立关系；有了客户关系时，要努力去维护这来之不易的关系；当出现客户关系破裂时，要努力去修补、恢复关系。

客户关系管理岗位的工作内容主要围绕3个方面展开：①如何建立客户关系；②如何维护客户关系；③在客户关系破裂的情况下，如何恢复客户关系，挽回已经流失的客户。客户关系管理岗位的日常工作主要是企业产品或服务的售前咨询、售中引导、售后服务等。①识别客户，全面掌握客户信息。②对客户进行差异分析，分级管理。③与客户保持良好接触，在与客户进行有效沟通的基础上，为客户提供优质的服务，最终实现客户的忠诚；当出现客户关系破裂时，企业要及时采取有效措施努力使破裂的关系得到恢复和重建。④调整和改进产品或服务，以满足每一位客户的需求。不同层级具体岗位的工作职责和工作内容会有所差异，但总体工作目标是一致的。

作为一名合格的客户关系管理人员，必须具备高度的责任感和诚信度，具备专业知识、人文知识、社会知识等岗位素质，还应具备敏锐的观察能力、较强的沟通能力、良好的语言表达能力、开拓创新能力和沉着应变的能力等职业能力；客户关系管理人员应该懂得一些基本的礼仪规范，包括交谈礼仪、迎送礼仪、拜访礼仪、服饰礼仪、工作中的行为举止礼仪、电梯礼仪、接打电话礼仪等。

案例分析

某汽车俱乐部会员客户售后服务规范

售后服务是现代汽车维修企业服务的重要组成部分。做好售后服务，不仅关系本企业产品的质量和完整性，更关系客户能否得到真正的、完全的满意。为此，制定本服务规范。

1. 售后服务工作由业务部负责完成。
2. 售后服务工作包括以下内容。

1) 整理客户资料，建立客户档案

客户送车进厂维修养护或来企业咨询、商洽有关汽车技术服务，在办完有关手续或商谈完毕后，业务部应于两日内将客户有关情况整理制表并建立档案，装入档案袋。客户有关情况包括客户名称、地址、电话、送修或来访日期，送修车辆的车型、车号、车种、维修养护项目，保养周期，下一次保养日期，客户希望得到的服务，在本企业的维修、保养记录（详见"客户档案基本资料表"，略）。

2) 根据客户档案资料，研究客户的需求

业务人员根据客户档案资料，研究客户对汽车维修保养及其相关方面服务的需求，找出"下一次"服务的内容，如通知客户按期保养，通知客户参与本企业的联谊活动，告知本企业的优惠活动，通知客户按时进厂维修或免费检测等。

3) 与客户进行电话、信函联系

开展跟踪服务业务人员通过电话联系，让客户得到以下服务。

(1) 询问客户用车情况和对本企业服务有何意见。

(2) 询问客户近期有无新的服务需求。

(3) 告知相关的汽车使用知识和注意事项。

(4) 介绍本企业近期为客户提供的各种服务，特别是新的服务内容。

(5) 介绍本企业近期为客户安排的各类优惠联谊活动，如免费检测周、优惠服务月、汽车使用新知识晚会等，内容、日期、地址要告知清楚。

(6) 咨询服务。

(7) 走访客户。

3. 售后服务工作规定。

(1) 售后服务工作由业务部主管指定专门业务人员——跟踪业务员负责完成。

(2) 跟踪业务员在客户车辆送修进场手续办完后，或者客户到企业访谈咨询后，两日内建立相应的客户档案。客户档案内容见本规定第二条第一款。

(3) 跟踪业务员在建立客户档案的同时，研究客户的潜在需求，设计拟定"下一次"服务的针对性通话内容和通信时间。

(4) 跟踪业务员在客户接车出厂或业务访谈、咨询后3天至1周内，应主动电话联系客户，做售后第一次跟踪服务，并就客户感兴趣的话题与其交流。电话交谈时，业务员要主动询问曾到本企业保养维修的车辆使用情况，并征求客户对本企业服务的意见，以示本企业对客户的真诚关心，以及在服务上追求尽善尽美的态度。与客户谈话的要点要做记录，特别是对客户的要求（或希望、投诉）一定要记录清楚，并及时予以处理。对能当面或当时答复的要求，应尽量答复；对不能当面或当时答复的要求，通话后要尽快加以研究，找出办法；仍不能解决的，要在两日内报告业务主管，请示解决办法，并在得到解决办法的当日告知客户，一定要给客户一个满意的答复。

(5) 在"销售"后第一次跟踪服务一周后的7天以内，跟踪业务员应对客户进行第二次跟踪服务的电话联系。电话内容仍要以客户感兴趣的话题为主，内容避免重复，要有针对性，仍要体现本企业对客户的真诚关心。

(6) 在企业决定开展客户联谊活动、优惠服务活动、免费服务活动后，跟踪业务员应提前两周将通知先以电话方式告知客户，然后于两日内视情况需要把通知信函向客户寄出。

(7) 每一次跟踪服务电话，包括客户打入本企业的咨询电话或投诉电话，经办业务员都要做好电话记录，登记入表（略），并将电话记录录入档案，将电话登记表归档保存。

(8) 每次发出的跟踪服务信函，包括通知、邀请函、答复函都要登记入表（略），并归档保存。

4. 指定跟踪业务员不在岗时，由业务主管临时指派本部其他人员暂时代理其工作。

5. 业务主管负责监督检查售后服务工作，并于每月对本部售后服务工作进行一次小结，每年年底进行一次总结。小结和总结均以俱乐部工作会形式进行，由业务主管提出小结或总结书面报告，并存档保存。

6. 本制度使用以下 4 张表格："客户档案基本资料表""跟踪服务电话记录表""跟踪服务电话登记表""跟踪服务信函登记表"。

问题分析

制定良好的服务规范是客户服务工作有效开展的重要保证。本案例介绍了某汽车俱乐部会员的客户售后服务规范，是根据该俱乐部的实际情况制定的，指出了制定本规范的目的、执行部门、服务内容和工作程序，以利于规范的实施。该俱乐部还对客户服务过程中的例外情况规定了详细的应对方法与策略。请结合本案例，试分析企业制定客户服务规范应包含哪些具体内容？制定客户服务规范有什么重要意义？

实 训 设 计

【实训目标】

1. 理解企业客户关系管理人员个人素质和能力对客户产生的影响。

2. 锻炼学生在客户面前展示自身良好素质的能力，培养学生时间观念，以及注重自身素质提高和能力发展的意识。

【实训内容】1 分钟自我介绍。

介绍的内容包括以下方面。

1. 问候。（要让人感觉到真诚、热情等）

2. 我是谁。（要想办法让对方对自己的姓名、家乡、个人兴趣特长等印象深刻或产生兴趣）

【实训时间】90 分钟。

【操作步骤】

1. 实训之前要求每位同学写一份 1 分钟自我介绍文字，利用课余时间反复演练，达到内容熟练、神情自然。

2. 学生一个接一个轮流登台，进行 1 分钟自我介绍。上台问候，站稳后向所有人问好，然后再介绍。注意展现热情和面带微笑；注意音量、站姿、介绍顺序、肢体动作等。介绍完毕，向全体人员致谢。所有同学掌声回应，在得到老师示意后才能回到座位。

3. 安排专人负责计时，从演练人上台问好后开始计时，50 秒时举牌提醒一次。时间到，示意停止，不足 1 分钟者则站足 1 分钟。

4. 由指导老师及选定学生代表组成评委（共 10 人左右）给每位同学打分，每位同学的最后得分取几位评委的平均分。

5. 教师总结。

【成果形式】个人 1 分钟自我介绍的感悟总结。

【实训考核】

考核内容如下。

1. 个人上台自我介绍时的表现：60 分。

例如，自我介绍内容新颖、独特，声音大小、表情、肢体语言、服装是否得体，以及时间掌控（少于45秒此项不得分；超出1分钟者，酌情扣分），等等。

2. 个人1分钟自我介绍的感悟总结（深刻性、独到性）：40分。

附：评分表

姓名_____

介绍内容 20分	声音大小、语气、语调 10分	肢体语言 5分	表情 5分	站姿 5分	着装 5分	时间 10分	分数合计

模块一复习思考题

一、单项选择题

1. 客户中心论关心的焦点是（   ）。
   A. 产值（量）   B. 销售额
   C. 利润   D. 客户满意与客户忠诚

2. 企业不断地协同客户努力，帮助客户解决问题，支持客户的成功，实现共同发展，这种客户关系类型属于（   ）。
   A. 负责型   B. 伙伴型
   C. 能动型   D. 被动型

3. 销售完成后，企业不断联系客户，提供有关改进产品的建议和新产品的信息，这种客户关系类型属于（   ）。
   A. 负责型   B. 伙伴型
   C. 能动型   D. 被动型

4. 要求企业"以产品为中心"的业务模式向"客户为中心"的模式转变，这是客户关系管理的（   ）。
   A. 客户价值理念   B. 市场经营理念
   C. 技术应用的理念   D. 业务运作的理念

5. 下面不是客户关系管理要研究和解决的问题的是（   ）。
   A. 怎样在建立客户忠诚度的同时获取最大客户效益
   B. 怎样用最有效率的方式获取企业盈利
   C. 怎样判断和获取谁是企业最有价值的客户
   D. 怎样尽可能长久地留住客户

二、多项选择题

1. 客户关系管理的岗位职责包括（   ）方面。

A. 企业盈利模式设计　　　　　　　B. 客户组织管理职责
C. 客户信息库建设管理职责　　　　D. 客户信用调查与控制职责

2. 电子商务时代客户关系管理的新特征包括（　　）。

A. 最大限度地满足客户需求是现代企业生存和发展的基础
B. 客户管理信息化已经成为趋势和必然
C. 网络科技的发展改变了人们的消费观念和购买行为，企业对客户的争夺日趋激烈
D. 客户的品牌忠诚度降低，客户的需求和期望值不断提高，企业客户关系管理的难度加大

3. 企业客户关系管理的意义包括（　　）。

A. 良好的客户关系能降低企业维系老客户和开发新客户的成本
B. 良好的客户关系能降低企业与客户的交易成本
C. 良好的客户关系能促进增量购买，增进企业利润
D. 良好的客户关系能促进交叉购买，增进企业利润

4. 客户关系管理岗位的工作内容包括（　　）。

A. 收集客户信息，验证并更新客户信息，删除过时信息
B. 引导客户完成消费，为客户讲解企业的产品和服务
C. 建立客户档案，对客户进行差异性分析，实施分级管理
D. 售后回访

5. 合格的客户关系管理岗位工作人员的素质包括（　　）。

A. 专业知识、人文知识、社会知识
B. 较强的沟通能力和观察能力，以及良好的语言表达能力
C. 高度的责任感和诚信度
D. 礼仪规范

三、问答题

1. 客户关系管理岗位的工作职责是什么？
2. 客户关系管理岗位的主要工作内容有哪些？
3. 客户关系管理通常有哪些具体工作岗位？各岗位的工作内容和职责是什么？
4. 要想胜任客户关系管理岗位工作，必须具备哪些素质和能力？

模块二

客户关系的建立

项目三　客户选择
项目四　潜在客户开发

项目三 客户选择

【学习目标】

知识目标

1. 了解选择客户的意义。
2. 熟悉客户的类型和企业客户关系的类型。
3. 掌握"好客户"的特征及选择的原则。

能力目标

1. 能够运用所学知识确定客户的类型及状态。
2. 能够根据客户选择的原则选择"好客户"。

【引导案例】

碧波花园是一个位于广州郊区占地超过60万平方米的大型别墅区,每幢价格70万~300万元不等。相对于其他的郊区楼盘,碧波花园的独特优势有总体规模大、小区设计别有特色,性价比也有一定的优势,而且交通发达,与广州有全程高速公路直达,离香港也只需1小时船程,到有"小香港"之称的东莞更是只有40分钟车程。

项目的第一期在2003年中期就开始推出,由于前期整个楼盘的许多设施尚未启用,加上广告投入少,成交量一直乏善可陈。为了打开局面,发展商委托了本地一家顶尖的广告公司制作了一辑投资巨大的电视广告片,同时准备好所有资料,准备随着电视片的播出,同时在报纸、夹报、电台、传单、海报等媒体进行宣传,抢占2003年国庆"黄金周"的时机。

在国庆"黄金周"到来的前一周,碧波花园的大规模广告战在广州、香港、东莞3地同时拉开帷幕,与此同时,发展商还在报上公布了碧波花园国庆7天的活动节目表。从节目表上看,发展商所提供的节目可谓眼花缭乱,有专业歌舞表演、游园活动、魔术表演、儿童歌唱比赛、抽奖、丰富自助餐等一系列的活动,发展商铆足了工夫来吸引客户。

或许是被发展商的"诚心"所打动,前来碧波花园的人潮每日都络绎不绝,趟趟看楼班车挤满了人,每日从广州市中心开出十几趟看楼班车仍然满足不了巨大的人潮,发展商不得不紧急增加几趟看楼班车。在售楼部,几十个位子早早被坐满,很多后来者只能站着,不少看楼客是一家大小外加亲戚朋友十来口人一起来。如此巨大的人潮远远超出发展商的预期,售楼部10多名销售人员外加10名兼职人员根本应付不了。而且由于楼盘占地面积太大,从售楼部到样板间有好长一段距离,进出都必须坐电瓶车,碧波花园原有的几辆电瓶车根本不能满足需求。更糟糕的是,由于样板间分散,销售人员每带客户参观一次样板间兼解说的时间最少长达1小时,许多人在售楼部等上很长时间都未能到样板间去参观,也没有机会咨询了解情况。到了中午自助餐时间，场面更加混乱，由于人多地方小，十分拥挤，食物也根本不够，于是有些人不顾礼节，争抢了起来，场面一度险些失控。

如此混乱的场面，使许多人都皱起了眉头，售楼处的人员不得不一遍又一遍向前来质问的客户致歉、解说。除了那些坐楼盘班车前来看楼的客户外，一些自驾车前来的客户更是带着怒气离去。

热闹而又混乱的7天终于结束。工作人员拖着疲惫的身体在清理完一地狼藉之后，关上门清算7天来的收获：一共成交了5套别墅。数百万元的广告费外加几十万元的表演、场地搭建、人员成本、车辆成本，最后仅仅带来了5套成交量。按每套90万元的均价计算，5套别墅的总成交金额不过450万元，与广告费的投入相差无几。

思考题：每日数以千计的熙熙攘攘而来的客户，为什么又熙熙攘攘地走了，什么也没有留下？为什么这些花巨资吸引来的客户都是无效客户？问题出在哪里？

任务一　不同类型客户及客户关系认知

客户的存在是企业存在的前提，没有客户，企业就会垮台。客户对企业及其产品或服务的态度，直接影响企业的经营状况及其命运。企业要实现盈利，就必须依赖客户。因为，只有客户购买了企业的产品或服务，才能使企业的利润得以实现。因此，客户是企业的衣食父母，是企业的命脉。

客户和企业的关系就像"水"与"舟"的关系，水能载舟亦能覆舟，客户可以给企业带来利润，使企业兴旺发达，也可以给企业带来风险，使企业破产倒闭。因此，企业必须了解不同类型与不同状态的客户，有效地选择能够为企业带来利润或价值的目标客户。

1. 客户的类型及管理

客户需求各有不同，客户对产品和服务的期望也不尽相同，不同细分市场的客户具有不同的特征。所以，企业需要分清客户的类型，对不同的客户区别对待，实施个性化管理与服务。

根据不同的划分标准，客户可以分为不同的类型。

根据客户与企业接触时间的长短，可以分为老客户、新客户；根据客户购买额度的大小，可以分为大客户、小客户；根据客户忠诚度的大小，可以分为满意客户、忠诚客户；按交易数量和市场地位划分，可以分为重要客户、一般客户和零散客户；根据客户跟企业业务的接近程度，有5种不同状态的客户，即现实客户、潜在客户、目标客户、流失客户和非客户。

1）现实客户

现实客户是指已经购买了企业的产品或服务的人群。按照客户与企业之间关系的疏密，现实客户又可分为初次购买客户、重复购买客户和忠诚客户。初次购买客户是指对企业的产品或服务进行第一次尝试性购买的客户，也称为新客户；重复购买客户是指对企业的产品或服务进行了第二次及以上购买的客户；忠诚客户是指对企业的产品或者服务持续地、指向性地重复购买的客户。

初次购买客户在与企业初次交易过程中的体验，以及对所购买产品的价值判断，将会影响其今后是否愿意继续与企业进行重复交易。如果客户第一次购买感觉不好，很可能就没有第二次了。初次购买是客户成长的一个关键性的阶段，企业要抱着与客户建立终生关系的目标与客户进行第一次交易，尽量让产品和服务符合或超过初次购买客户的期望。

企业要与初次购买客户进行个性化的交流，尽量提供满足其个性化需求的产品或服务，努力与其建立一种互相信任的关系，这是让初次购买客户再次与企业交易的基础。同时，企业在第一次交易时要注意收集客户的信息，尽管第一次往往很难收集到完整的客户信息，还需要在以后反复多次的交易过程中不断地对客户信息进行完善，但第一次交易时的个性化交流的信息对后面的反复交易中的沟通交流会起到非常重要的参考作用。

同时，企业要努力加强与重复购买产品或服务的老客户的联系。研究表明，一个产品或服务的销售，如果针对没有购买过该产品或服务的客户推销，其成功率约为6%；如果推销给有过初次购买经验的客户，其成功率约为15%；如果针对已经重复购买过该产品或服务的老客户，其成功率约为50%。由此可见，对重复购买产品或服务的老客户的管理是客户管理工作的重点。企业应努力加强与这些老客户的联系，通过各种方法和途径与他们进行沟通，听取并重视他们的意见和建议，并根据他们的需求及时对产品或服务进行改进。同时，对老客户要提供"特殊关照"，以加深与他们的感情交融，使其继续对企业产品或服务保持最高的信任度和忠诚度。

2）潜在客户

潜在客户是指对企业的产品或服务有需求和购买动机，有可能但还没有产生现实购买的人群。潜在这个名词很容易理解，有点像QQ上隐身潜水的意思。潜在客户的范围很广，如曾经通过广告、朋友等途径听说过，对企业的产品或服务有一定认识的客户；或者根本不了解也不知道企业存在的客户，都属于潜在客户。总之，那些还没有购买过企业产品或服务的客户，都称为潜在客户。潜在的意思就是等待发掘。例如，已经或准备怀孕的母亲很可能就是婴幼儿产品的潜在客户。

潜在客户虽然没有购买过企业的产品或服务，但他们是有可能在将来与企业进行交易的客户。当他们对企业的产品或服务产生兴趣并通过某种渠道与企业接触时，企业应当详细介绍产品或服务，耐心解答他们提出的各种问题，帮助潜在客户建立对企业及其产品或服务的认同和信心，这是促使其与企业建立交易关系的关键。

企业要想办法把尽量多的潜在客户转化为初次购买客户，可以通过交易以外的很多其他途径收集反映潜在客户基本属性的数据（如年龄、性别、收入、教育程度、婚姻状况等），然后利用这些属性数据，分析他们的潜在价值。只有把潜在客户发展成为初次购买客户，才有可能把客户再培养成为重复购买客户，乃至忠诚客户。

3）目标客户

目标客户是企业经过对潜在客户的挑选之后确定的力图开发为现实客户的人群。例如，劳斯莱斯汽车定位是富豪生活的象征，所以就把具有很高社会地位的社会名流或已经在各自的领域取得巨大成就的成功人士作为自己的目标客户。

目标客户与潜在客户的区别是：潜在客户是指所有有购买可能但还没有实施购买行动的客户；而目标客户是企业主动"瞄上"的尚未有购买行动的客户，属于企业"单相思"的对象。当然,企业也可能与客户相互欣赏、两情相悦,即目标客户和潜在客户有可能是重叠或部分重叠的。

目标客户是企业努力争取要为其提供产品或服务的对象,是企业确定生存和发展方向的参考依据。虽然,目标客户还没有购买企业的产品或服务,但他们是在将来最有可能与企业进行交易的客户。所以,企业应当主动通过各种渠道与目标客户接触,通过各种方式向目标客户详细介绍企业的产品和服务,拉近与目标客户的距离,促使目标客户及早与企业建立交易关系,先将目标客户发展为初次购买客户,帮助他们建立对企业产品或服务的认同和信心,再进一步培养其成为重复购买客户,乃至忠诚客户。

4) 流失客户

流失客户是指曾经是企业的现实客户,但由于种种原因,现在不再购买企业的产品或服务的客户。企业要及时查明客户流失的原因,采取有针对性的应对措施,尽量争取挽回流失的客户。

5) 非客户

非客户是指那些与企业的产品或服务无关或对企业有敌意、不可能购买企业的产品或服务的人群。

以上5种客户状态不是恒定不变的,而是可以相互转化的。例如,潜在客户或目标客户一旦采取购买行为,就会变成企业的初次购买客户,初次购买客户如果再次购买该企业的产品或服务,就会变成企业的重复购买客户,如果反复重复购买就会变成忠诚客户。但是,如果初次购买客户、重复购买客户、忠诚客户因为对企业产品或服务不满,或者因为其他竞争企业的诱惑而不再购买该企业的产品或服务时,就变成了流失客户;如果流失客户被企业成功挽回,就又可以成为重复购买客户或忠诚客户,如果无法挽回,他们就将永远流失,而成为企业的非客户。客户的状态及流转图如图3-1所示。

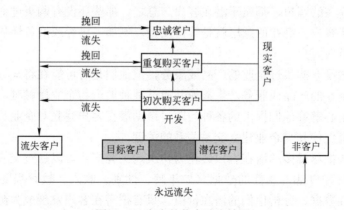

图3-1 客户的状态及流转图

2. 客户关系的类型与选择

1) 企业客户关系及类型

企业是客户关系的经营主体,不同的客户群体需要与之建立不同类型的客户关系。美国营销学大师菲利普·科特勒将企业建立的客户关系概括为5种类型:基本型、被动型、负责型、能动型和伙伴型,如表3-1所示。

表 3-1 客户关系类型和特征

类型	特征描述
基本型	企业把产品销售出去后就不再与客户联系
被动型	企业把产品销售出去,同意或鼓励客户在遇到问题或有意见时与企业联系
负责型	产品销售完成后,企业及时联系客户,询问产品是否符合客户的要求,有何缺陷或不足,有何意见或建议,以帮助企业不断改进产品,使之更加符合客户需求
能动型	产品销售完成后,企业不断联系客户,提供有关改进产品的建议和新产品的信息
伙伴型	企业不断地和客户共同努力,帮助客户解决问题,支持客户的成功,实现共同发展

2)企业客户关系类型的选择

对于企业而言,这5种不同程度的客户关系类型之间并不能以好坏、优劣进行简单对比。因为,企业所采用的客户关系类型取决于产品及客户的特征。所以,不同企业甚至同一企业在面对不同客户时,都有可能采用不同类型的策略。企业的客户关系类型也不是一成不变的,会随着各种环境、条件的变化而变化。企业应该选择恰当的客户关系类型,选择客户关系类型的标准通常有以下两个。

(1) 客户的数量和产品的边际利润水平

如果企业在面对少量客户时,提供的产品或服务的边际利润水平相当高,那么企业应当对这些客户采用伙伴型的客户关系,在力争实现客户满意的同时,自己也能获得丰厚的回报;如果客户数量极其庞大,产品或服务的边际利润水平很低,那么企业通常会倾向于采用基本型的客户关系,否则企业可能会因为售后服务的成本较高而出现亏损。

客户关系类型可由企业根据实际情况选择或组合。例如,生产日用化妆品的企业,通常会与它的消费者个体之间建立一种被动型的客户关系,设立客户服务机构或联络中心等,被动地听取客户的意见、处理客户投诉,以改进企业的产品;但同时,这样的企业通常又会跟连锁的美容产业机构、大型超市或零售企业等,建立一种互惠互利的伙伴型的客户关系。

因此,企业对客户关系进行管理或改进的趋势,应当是朝着为每位客户提供满意服务,并提高产品的边际利润水平的方向转变。

(2) 企业经营管理的指导思想

对于确立了客户导向的企业,客户关系选型的标准应当围绕着如何建立高质量的客户关系来确定。通常要考虑客户忠诚度和销售额两个方面。

① 客户忠诚度。客户忠诚度是企业进行客户关系选型时应当首先考虑的因素。在客户忠诚度的研究中,客户重复购买的次数,客户购买量占其对产品总需求的比例,客户对本企业产品品牌的关注程度、关注态度、购买时价格的敏感度等都是应当着重考虑的。如果企业对于客户忠诚度的判断有误,就很有可能选择了不适当的客户关系类型。例如,对于一个十分忠诚的高质量客户,企业由于判断失误,按照被动型或基本型的客户关系对待,就会严重影响客户的忠诚程度。

② 客户的销售额。客户的销售额由于直接反映企业从该客户身上获利的程度,因此客户关系选型时考虑销售额的因素是十分必要的。但是,企业必须注意不能仅以销售额甚至是历史销售额的指标来选择客户关系类型。因为,历史销售额所体现的意义是多样的,单纯地以销售额来衡量客户的重要性往往会判断失误并丧失机遇。

例如，过去企业发现利润主要来自中等规模销售额的客户，原因是最大的客户往往要求周到细致的服务和大幅的折扣，从而降低了企业的利润水平，小额的客户又会出现较大的交易费用，而中等规模销售额的客户处于相对弱势的交易地位、较少讨价还价或提出过多的服务要求，交易费用相对不高。但现在，企业销售额的增长来自较大规模的客户让渡价值和促成中小规模的客户升级。企业如果只从历史的销售额判断客户的重要性，在建立客户关系时处于"保"的态势而对"争"重视不足，就难以实现与客户的"双赢"。

小案例

周春明是台湾的一个普通出租车司机，他开一辆车龄已经3年半的福特汽车，车内装饰有些陈旧，比不上配备GPS、液晶电视的同行。一般的个人出租车，每天至少开12小时，1个月平均有6万元的生意。但是没有华丽的配备，每天工作8~10小时的周春明，去年每月有超过12万元的生意，全年约赚85万元。他的秘诀在哪里呢？

周春明将自己定位为"一群人的私家司机"，以形成差异化。周春明有一张密密麻麻的熟客名单，它包括200多位教授和中小企业老板。要坐周春明的车，最晚必须提前一星期预订。在3月底，他的预约已经排到5月。当其他出租车司机还在路上急急寻找下一个客人时，他烦恼的却是抽不出时间照顾老客户。

周春明做的第一件和别人不同的事，是不计成本做长程载客服务。对一般出租车来说，载客人到新竹、台中，要冒开空车回来的风险，等于跑两趟赚一趟的钱。于是约定俗成地将成本转嫁给客户，计价比走表高50％。但周春明观察到，这群人才是含金量最高的商务旅客，为了稳住他们，他只加价17％。锁定长途商务客，不转嫁成本，贴心赢得生意，这是周春明独辟的蹊径。因为，周春明认为，计较就是贫穷的开始。在表面上，他每趟收入比同业低，但也因此赢得了客户的好感与信任，开始接到许多长途订单。

在他开车的第4年，他从科学园区载了一个企管顾问公司的经理，对方被他贴心的服务打动，把载企管顾问公司讲师到外县市的长途生意全包给他，他因而打开一条关键性的长途客源。从那年起，他的客户由街头散客逐渐转为可预期的长途商务客户。

翻开他的出车记录，当年出了100趟长途车，但今年预计可达800趟。更重要的是，他开辟出大量的可预期旅程客户，不再是街头漫无目的地等待乘客的出租车司机，空车率大为降低。

周春明每天接送企管顾问公司的讲师，包括各大学的知名教授和资深企业人士，吸收这群精英的观念，耳濡目染。有一位客户告诉周春明，新手在乎价格，老手在乎价值，只有高手懂得用文化创造长久的竞争力。

之后，周春明竟然总结出出租车行业的客户关系管理方法。了解客户喜好，从早餐到聊天话题都定制化。每个客人上车前，周春明要先了解他是谁，关心的是什么。如果约好5点载讲师到桃园机场，他前一天就会跟企管顾问公司的业务人员打听这位客人的专长、个性，甚至早餐、喜好都问清楚。隔天早上，他会穿着西装，提早10分钟在楼下等客人，像随从一样，扶着车顶，协助客人上车，后座保温袋里已放着自掏腰包买来的早餐。连开口跟客人讲话的方式都有讲究。如果是生客，他不随便搭讪，等客人用完餐后，才会问对方是要小睡一下、听音乐，还是聊天，从客人的选择中看出他今天心情如何。如果对方选择聊天，周春明就会按照事前准备，说出跟客人专长相关的有趣话题。但是，政治、宗教和其他客人的业务机密，他知道是谈话的禁区，会主动避开。如果是送老师到外县市讲课，一上车，也少不了当地名产和润喉的金橘、柠檬茶，这些都是他自掏腰包准备的。周春明认为，差异化就是要把服务做到一百零一分，要做到客户自己都想不到的服务，才能拿得到那一分。

周春明还有一本客户关系管理的秘籍，里面详记了所有熟客的喜好，光是早餐的饮料，就有10种，有的要茶，有的要无糖可乐，如果要咖啡，放几包糖、几包奶精，都要精确。有个叫严心镛的客人第一次坐周春明的车，下车时，周春明问他，为什么不用他准备的汉堡和咖啡，严心镛说，他只吃中式早餐。从此以后，只要严心镛早上坐他的车，车上一定放着一套热腾腾的烧饼和油条。

通过系统的管理，每个客户爱听什么音乐，爱吃什么小吃，关心什么，坐上他的车，他都尽力量身服务，就像是客户专属的私人司机，而一般出租车公司是无法提供这样的定制化服务的。慢慢地，越来越多的人指名让他来服务，周春明越来越忙，他开始把服务的标准作业流程复制到其他司机身上，用企业化方法经营车队服务。一旦周春明有约不能服务，他会推荐一个司机朋友来载客人。虽然换了司机，但是该准备什么，他喜欢什么，周春明做服务的方法，都一丝不差地重现在新司机身上。

现在，周春明的客户多到需要有七八辆合作的出租车才能满足。他的价值不只是一个载客人的司机，开始慢慢变成掌控质量的车队老板，他可以转订单给专属车队。有了车队，他们能做更复杂的服务。有一次，他载客人到机场，好不容易穿过拥挤的车流到达桃园机场，客人却忘了带护照。如果开车回去取，根本来不及，周春明就调动在台北的车队，到客人家去取护照，再抄近路送到机场，在最后一刻送到了焦急的客人手上。

客户越来越多，为了扩大经营，他还计划到大学念一个服务业的学位。周春明的目标是包下像台积电这样的大公司，做车队服务。周春明未来的挑战是要学会用公司形态经营，大量复制高质量的服务，做更大的市场。

周春明的故事是客户关系管理在出租车行业的实践应用。周春明不把自己定位成普通司机，而是解决方案提供者（solution provider）。当出租车这项服务早已供给过剩时，他却重新定位，把自己定位成一群人的私家司机，提供更高附加价值的服务。在出租车这个充满高油价、罚单、停车费的行业，周春明向人们证明，服务业是个软件重于硬件的产业，灵活运用客户关系管理仍然会创造崭新的机会和高额的回报。

资料来源：http://www.sales888.net/model/1_20200128144316.html.

任务二 "好客户"的特征及选择标准

1. 企业选择"好客户"的意义

在今天买方占主导地位的市场条件下，产品和服务极大丰富，大多数企业都将客户当作上帝来看待，祈求客户的光顾与购买。有一些观点，如"客户是上帝""客户总是对的""客户越多越好"等，早已深入人心。但是，在强调客户重要性的同时，也不能无限夸大客户的作用和客户带来的价值，因为并不是所有的购买者都能给企业带来收益，客户还有可能给企业带来损失。

人们都知道一个基本的事实，并不是每一位客户都能为企业带来同等的价值。同样地，也不是每位客户都能为企业带来收益，有的客户可能就是企业"麻烦的制造者"，他们或者提出不合理的要求，或者侮辱、刁难员工，或者骚扰其他客户，或者破坏经营气氛，不管企业做了多大的努力，都不能令他们满意。甚至，这些"坏客户"还有可能给企业带来负面的风险，如信用风险、资金风险、违约风险等，并且有时候这些风险可能远远超过其为企业带来的价值。所以，客户天生就存在差异，有优劣之分。

美国人威廉·谢登的"80/20/30"法则认为，在客户金字塔顶部20%的客户创造了企业80%的利润，但其中一半的利润被底部30%的非盈利客户消耗掉了。也就是说，一些优质客户给企业带来的超额价值，通常被许多"坏客户"给扼杀了。这些"坏客户"不仅花费企业高额的服务费用，还可能会形成呆账、死账，使企业不但得不到利润，还要赔钱。所以，企业要能够识别、找出，并回避、淘汰、剔除这样的"坏客户"，对企业的生存和发展来说是非常重要的。

由此可见，客户数量并不是衡量企业获利能力的唯一指标，客户质量的重要性已经在一定程度上高过了客户数量的重要性，客户质量在很大程度上决定着企业盈利的大小。作为卖方市场的企业要想长久、可持续地生存和发展，不能被动地等待客户的选择，更应该主动选择自己的"好"客户。

小案例

1. 广告策略上的失误

碧波花园国庆"黄金周"的大规模推广活动，播下的是龙种，收获的却是跳蚤……造成这种令人尴尬的局面，原因是多方面的。其中，最主要的是碧波花园开盘之后，发展商只知道要尽快将别墅卖出去，至于别墅卖给什么人、这些人在哪里、他们有什么样的消费习惯、喜欢什么样的信息接收渠道、目标客户最看重项目的哪些要素，发展商可谓糊里糊涂，以致将销售的动力寄放在大量的广告之上，天真地认为只要电视广告片够精美、平面广告语够刺激，现场人流够多，销售量就一定会上去。从而导致碧波花园推广活动在广告策略上的失误，其主要表现在以下方面。

（1）广告宣传与现实状况存在落差。由于碧波花园小区内的园林、会所、酒店都尚处于装饰修缮阶段，外部粗劣包装影响了观感。而发展商为了追求美感，在平面广告与电视广告中使用了许多虚拟的图片，让客户认为都是碧波花园的实景。来到现场之后，现实与宣传上的落差让许多人都产生了很大的失望情绪。

（2）广告诉求没有表达出最核心要素。从碧波花园的位置、价格上看，购买碧波花园的客户不可能属于常住型，而是用于度假或投资，而且属于二次或三次置业。这批客户都是事业有所成就，追求名望或尊贵的享受。而现在碧波花园的广告中所提到的却只是重点介绍其交通如何便利、景观如何优美、小区设计独特等外部因素，却没有提及目标客户更关心的核心诉求：与其他别墅相比，碧波花园能够给予客户怎样一种与众不同的尊贵感；碧波花园的投资价值与发展前途如何。

（3）市场推广策略不明。发展商在碧波花园的广告投放上，重点考虑的是如何最大限度地让广告覆盖整个市场，所以不分渠道在全线发布广告信息，电台、现场SHOW、大横幅、街头派单、几大平面媒体、数家电视台，广告费如水一样洒出去，却落地无声。这种大规模撒网式的市场推广手法只适合大众化的楼盘，而不适合碧波花园这种相对高端的产品。碧波花园的客户群体是金字塔尖的一小部分，他们的欣赏口味、阅读习惯、接收信息的渠道必定与一般消费大众有一定的差别。碧波花园这种不分东南西北大撒网的市场推广方式，其信息能真正到达有效客户身上的概率是微乎其微的，而更多的信息却被无效客户所吸收消化。

事实证明，市场的理性远超出发展商的意料，因为巨额投入的广告费中八成以上浪费在无效客户身上。

根据项目前期所出现的失误及市场的反应，专家建议发展商放弃以往那种大众化的营销方式，改用窄众营销方式。即在传播的范围上只针对特定的目标群体，而且只使用目标群体最容易接受的术语、信息接受渠道、广告传播方式，力求以最少的投入最精确地命中目标群体。

2. 确定目标客户

专家们将碧波花园的目标客户分为3类：大型企业中层以上管理人员、私营企业主、外资企业高级白领。碧波花园的目标客户都是事业有成、在社会上有一定地位、文化教育程度较高的中上层人士。他们购买别墅的目的，一种是用于与家人度假，让自己在平日繁忙的工作中得以放松，充分享受生活之美好；另一种是纯粹用于投资升值之用。

在洞悉客户的需求心理之后，碧波花园将广告宣传分为以下3个部分。

（1）调节广告诉求。首先，突出碧波花园与众不同的独特卖点，并强调这里属于少数人所能享受的楼盘，满足目标客户追求尊贵的心理；其次，强调碧波花园是成功人士与家人共享天伦之乐、享受人生的休闲之处。

（2）软文策略。网罗一批深谙新闻运作与房地产专业知识的人才，撰写一批高素质的软文，不动声色地渲染碧波花园所在区域的发展前景与碧波花园的投资价值，并在目标群体经常接触的媒体上投放。

（3）公关营销。不再举行适合大众口味的现场歌舞表演，而是在碧波花园装修豪华的会所中举行音乐视听鉴赏会、经济发展论坛、房地产投资前景之类的艺术性高和专业性强的活动，这些活动都是目标客户所感兴趣的，再借此向他们发出邀请。让目标客户在一个轻松的氛围中既欣赏到他们所喜欢的节目，同时也接收到碧波花园的有效信息。

在广告投放上，碧波花园也一改不分东南西北的地毯式轰炸，而是有选择性地进行区分。电视选择香港的翡翠台（在广州及珠三角地区拥有很高的收视率），报纸选择广州一家日报，而杂志则只投放一家比较有影响力的财经杂志，同时还在一家华南地区首屈一指的门户网站上设计了动感十足的网络广告。

在广告投放这种"拉式"策略之外，碧波花园利用发展商与各银行、商家、行业协会的良好关系，获得高端客户的相关资料，建立一个客户资料库。然后再通过直邮及邀请信、手机短信的方式，不动声色地将碧波花园的相关信息传递出去。

由于目标的精确，广告投入费用大大缩减，而且各媒体之间的广告频率与搭配，经过精心计算，也比原先减少了很多，但是效果却比以前好得多。虽然碧波花园再也没有出现"黄金周"那种人山人海的火爆场面，但是来的客户的目的性却大大增强，大多是抱着了解比较的潜在购买心态而来。由于少了很多游玩式的无效客户，销售部的接待工作也少了很多，而对有效客户的解说、跟踪、耐心讲解的时间多了，服务的质量也提高不少，碧波花园的销售终于从先前的困局中走出,成交量开始节节上升。

资料来源:林景新. 别让无效客户分流广告费. 销售与市场, 2004 (5).

2. "好客户"的特征

"好客户"是指对企业贡献大的客户,至少是给企业带来的收益要比企业为其提供产品或服务所花费的成本高,这是"好客户"的一个基本标准。菲利浦·科特勒将一个有利益的客户定义为:能不断产生收入流的个人、家庭或公司,其为企业带来的长期收入应该超过企业长期吸引、销售和服务该客户所花费的可接受范围内的成本。"好客户"最起码的条件是能够给企业带来盈利。

1)"好客户"的特征

一般来说,"好客户"通常有以下5个方面的特征。

① 购买力大,对企业提供的产品或服务有足够大的需求量,特别是对企业的高利润产品的采购数量多。

② 对价格的敏感度低,付款及时,有良好的信誉。信誉是合作的基础,不讲信誉的客户,条件再好也不能合作。

③ 企业为其提供的相对服务成本低。企业为客户提供服务的成本是相对的,并不能进行绝对数据上的比较。例如,银行为一个大客户提供服务的成本是200元,但银行从该客户身上获得的净收益是10万元,因此这200元的服务成本就显得微不足道;如果银行为一个小客户服务的成本是10元,但银行的净收益只有20元,虽然表面上看这10元的服务成本在绝对数值上比200元小了很多,但银行的相对服务成本却大了很多倍。

④ 愿意与企业建立长期的伙伴关系。客户能够正确处理与企业的关系,合作意愿高,忠诚度高,让企业做擅长的事,通过提出新的要求,友善地引导企业超越现有的产品或服务,从而提高企业的服务水平。

⑤ 经营风险小,有良好的发展前景。客户的经营现状是否正常、是否具有成长性、是否具有核心竞争力,经营手段是否灵活,管理是否有章法,资金实力是否足够,分销能力是否强大,与上、下游产业链条的合作关系是否良好,以及国家的支持状况、法律条文的限制情况等都对客户的经营风险有很大的影响。

企业只有对客户的发展背景与前景进行全面、客观、远景性的分析,才能对客户有一个准确的判断,才能选择到自己的"好客户"。

小案例

银行选择好的贷款客户的标准如下。

(1) 法人治理结构完善,组织结构与企业的经营战略相适应,机制灵活、管理科学。

(2) 有明确可行的经营战略,目前的经营状况良好,经营能力强。

(3) 与同类型客户相比,有一定的竞争优势。

(4) 财务状况优良,财务结构合理,现金回流快。

(5) 属于国家重点扶持或鼓励发展的行业,符合产业技术政策的要求。

(6) 产品面向稳定增长的市场,拥有有力的供应商和畅通的销售网络与渠道。

2) 大客户不一定是"好客户"

通常,购买量大的客户被称为大客户,购买量小的则为小客户。显然,大客户往往是所有企业关注的重点。所以,很多企业往往将大客户视同"好客户",不惜一切代价争夺和保持大客户,其实这是个误区。如果企业不加分析简单地把大客户等同于"好客户",企业必然要为之承担一定的风险。因为,对企业来说,许多大客户往往会存在以下几方面的风险。

(1) 财务风险

大客户在付款方式上通常都要求赊销,往往容易成为"欠款大户",使企业产生大量的应收账款。而较长的账期会给企业经营带来呆账、坏账、死账等资金风险。例如,美国能源巨头安然公司一夜之间轰然倒塌,而长期为其提供服务的安达信公司因受其牵连也破产了。所以,规模不仅能够带来效益,也可能带来更大的风险。

(2) 利润风险

人们常说"店大欺客"。同样地,大客户也会凭借自己强大的买方优势"欺负"企业。通常,大客户期望获得的利益会比小客户大,某些大客户还会利用自身的特殊影响与企业讨价还价,向企业提出诸如减价、价格折扣、强索回扣、提供超值服务甚至无偿占用资金等方面的额外要求。因此,有些大客户可能不但没有给企业带来预期的盈利,反而减少了企业的获利水平,甚至使企业陷于被动局面。例如,客流量极大的大型卖场是众多产品生产和供应企业的大客户,而作为大客户的很多大型零售商通常会巧立各种名目,如进场费、专营费、上架费、赞助费、广告费、促销费等,而使企业(供应商或生产商)的资金压力很大,增加了企业的利润风险。

(3) 管理风险

大客户往往凭借或滥用其强大的市场运作能力,扰乱市场秩序,如窜货、私自提价或降价等,给企业的正常管理造成负面影响,尤其对企业的其他客户的生存构成威胁,甚至会扼杀小客户的存在,造成企业后续更大的被动,增加企业管理的风险和难度。

(4) 流失风险

随着市场竞争的日趋激烈,大客户流失的可能性也越来越大,他们随时都可能叛离企业。这主要源于两个方面的原因:一方面,大客户往往是众多商家尽力争夺的对象,因而大客户也比较容易被竞争对手腐蚀、利诱而背叛企业;另一方面,在经济过剩的背景下,产品或服务日趋同质化,品牌之间的差异越来越小,大客户选择新的合作伙伴的成本不断降低。

(5) 竞争风险

大客户往往实力强大,很有可能采取纵向一体化战略,自己搭建炉灶,经营与企业相同的产品或服务而成为企业的竞争对手。例如,恒基伟业的老板原本是名人掌上电脑的经销商,结果其利用自身的渠道优势自立了门户,成为名人掌上电脑的竞争对手。

由此可见,大客户未必都是"好客户",能够为企业带来最大利润和价值的"好客户"也并不一定是购买量最大的客户。总之,"好客户"是能够给企业带来尽可能多的利润,而占用尽可能少的企业资源的客户。

3. "好客户"的选择原则

当企业的战略定位和客户定位确定以后,就应当考虑如何选择目标客户,企业选择"好"的目标客户通常应遵循以下4个基本原则。

1) 选择与企业定位一致的客户

企业选择"好客户"要从实际出发,根据企业自身的定位和目标来选择那些与企业定位一致的目标客户。只有这样的客户才可能合作长久,获得双赢。

小案例

济南九阳电器有限公司是一家从事新型小家电研发、生产与销售的民营企业。公司设立于 1993 年下半年，起步资金仅有数千元。1994 年 12 月份推出产品豆浆机后，市场连年大幅增长，公司目前已发展成全国最大的家用豆浆机生产厂家。

九阳电器有限公司在选择经销商时，并不是一味地求强求大，而是要求经销商满足以下 3 个条件。

（1）经销商要具有对公司和产品的认同感。九阳电器有限公司认为，经销商只有对企业和企业的产品产生认同，才会重视厂家的产品和市场，才会将企业的产品作为经营的主项，主动投入所需的人力、物力、财力，自觉施行企业营销策略，与企业保持步调一致。

（2）经销商要具有负责的态度。即经销商要对产品负责、对品牌负责、对市场负责，那些虽然实力较强但缺乏这种负责态度的经销商，不在九阳电器有限公司的选择范围之内。

（3）经销商要具备一定的实力。九阳电器有限公司在评价经销商的实力上，采用一种辩证的标准，即只要符合九阳电器有限公司的需要，能够保证公司产品的正常经营即可，并不要求资金最多，关键是双方建立健康的合作伙伴关系。

资料来源：陈军，贺军辉. 小企业如何"治服"大经销商. 知识经济，2002（9）.

2）选择和培养有潜力的客户

衡量客户对企业的价值要用动态的眼光，从客户的成长性、增长潜力及其对企业的长期价值来判断。所以，企业选择客户不要仅仅局限于客户当前对企业盈利的贡献，而要考虑客户的资信状况、核心竞争力，评估其成长性及未来对企业的贡献。

对于当前利润贡献度较低，但是很有发展潜力的小客户，企业可以积极提供支持和援助，培养这些客户和企业一起成长。这些有潜力的小客户在企业的关照下成长壮大后，不仅会对企业的产品或服务的需求不断膨胀，而且会对企业有更强的忠诚度。尽管满足这些小客户的需求可能会暂时降低企业的利润，甚至可能会带来某些损失，但是客户与企业处在同一条价值链上，根本利益是一致的，只有客户发展了，他们才可能对企业的产品或服务产生越来越大的需求。所以，支持客户的成长在很大程度上是支持企业自己的发展。

因此，企业要善于发现和果断选择有潜力的客户，给予重点支持和培养，甚至可以考虑与管理咨询公司合作，提升有潜力的小客户的品质。在产品和服务同质化严重的今天，这显然是企业培养属于自己的优质客户的很好途径。

3）选择"门当户对"的客户

谈过恋爱、找过对象的人都知道，"门当户对"很重要。尽管每个人都希望找到一个条件比自己好的，但现实中往往很难成功。首先，"建立关系"时需要双方突破很多自身环境和条件的限制，难度很大；其次，"维持关系"时需要双方更多的容忍或改变，难度更大。

一方面，"低级别"的企业如果瞄上"高级别"的客户往往难遂所愿。尽管这类客户很有实力，但是其可能并不属于企业。因为，企业看上的"高级别"客户，而其未必看得上企业。在现实中，有些小企业一心想攀上个大客户好"乘凉"。然而，由于双方实力的明显不对等，这些小企业往往只能委曲求全，接受大客户提出的苛刻条件，甚至放弃自己的管理主动权，从而对大客户的潜在风险无法进行有效的防范和控制，结果一旦这些大客户出问题，企业只能受到牵连，什么都做不了。

所以，这样的客户通常都不容易开发，即便最终开发成功，勉强建立了关系，也往往会吃力不讨好，因为维持关系的成本很高，企业难有收益。

小案例

小孟是一家中小型白酒企业的销售主管，负责四川市场的开拓。由于小孟所在企业的产品在外埠市场缺乏一定的知名度，小孟跑了大半个月，也没找到愿意接受他的产品的经销商。稍有实力的经销商对他的产品理都不理，小孟四处碰壁，吃尽了苦头。后来，好不容易在一个地级市找到一个稍微有点儿经销意愿的经销商，小孟就像找到了一根救命稻草，抓住了就不放手。

小孟所在的企业对外埠市场制定了一套销售政策。货物铺底政策是给经销商的铺底金额不超过15万元，前3个月，每个月铺底5万元。经销商前3个月每月向厂家提货不得少于10万元，超过厂家铺底的部分由经销商支付现款；而该经销商则要求厂家的铺底金额不得少于30万元，前3个月每月铺底10万元，从第四个月开始才现款提货。否则，免谈。

小孟所在企业的广告促销政策是厂家根据经销商现款进货金额的15%来投入广告和促销费用，由厂方操作；而经销商要求厂家提供的广告和促销费用不得少于20%，并直接从货款中扣除。

小孟所在企业的终端投入政策是厂家根据经销商现款进货金额的15%提取酒店和卖场的进店费、上柜费、店庆费等，并以产品的形式返还给经销商；而经销商要求厂家必须按25%的比例提取终端开发费用，不同意以产品的形式支付，必须直接从货款中扣除。否则，没有必要再谈下去……

就这样，企业基本上被经销商榨干了，哪里是厂家在制定销售政策，这分明是经销商在替厂家做主。为了"拴住"这好不容易找到的经销商，小孟请示公司，答应了经销商的"不平等条约"。

结果不用说，大家也想得到，小孟一分钱货款也没有收回来，一个地级市场就白白损失了几十万元。不仅如此，经销商还把厂家的产品低价甩卖、四处冲货，甚至发给经销商的货又倒流回厂家本地。最后，该企业是钱丢了，经销商丢了，市场也丢了。

资料来源：陈军，贺军辉. 小企业如何"治服"大经销商. 知识经济，2002（9）.

另一方面，"高级别"企业如果瞄上"低级别"客户往往也会吃力不讨好。因为，由于双方关注点的"错位"，造成双方不同步，难以协调和融洽，结果也会不欢而散。

总之，企业在选择客户时，客户并非越大越好，也不是越小越好，最好是"门当户对"，双方实力、规模对等，才能相互制衡，具有忠诚合作的基础。

企业要衡量客户是否和自己"门当户对"，通常要分为以下3个步骤。

首先，企业要判断目标客户是否有足够的吸引力，是否有较高的综合价值，是否能为企业带来较大的收益，这些可以从以下5个方面进行分析。

① 客户向企业购买产品或服务的总金额。
② 客户扩大需求而产生的增量购买和交叉购买等。
③ 客户的无形价值，包括规模效应价值、口碑价值和信息价值等。
④ 企业为客户提供产品或服务需要耗费的总成本。
⑤ 客户为企业带来的风险，如信用风险、资金风险、违约风险等。

其次，企业必须衡量自己是否有足够的综合能力去满足目标客户的需求，即要考虑自身的实力能否满足目标客户所需要的技术、人力、财力、物力和管理能力等。

对企业综合能力的分析不应该从企业自身的感知来确定，而应该从客户的角度进行分析，可借用客户让渡价值（指客户获得的总价值与客户为之付出的总成本之间的差额，让渡价值的大小决定了产品或服务的竞争力，体现了客户获得的利益）的理念来衡量企业的综合能力。即，企业能够为目标客户提供的产品价值、服务价值、人员价值和形象价值之和减去目标客户需要消耗的货币成本、时间成本、精力成本、体力成本，这样就可以大致得出企业的综合能力。

最后，寻找客户的综合价值与企业的综合能力两者的结合点。最好是寻找那些客户综合价值高，而企业对其的综合能力也高的客户作为目标客户。也就是说，要将价值足够大、值得企业去开发和维护的，同时企业也有能力去开发和维护的客户，作为企业的目标客户。

选择"门当户对"的客户矩阵图如图3-2所示。

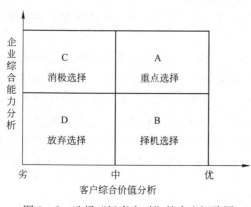

图3-2 选择"门当户对"的客户矩阵图

小案例

屈臣氏集团在1989—1997年这段时期的发展不尽如人意，经过多年的观察，其最终发现在日益同质化竞争的零售行业中，如何锁定目标客户群至关重要。

屈臣氏集团在调研中发现，亚洲女性会用更多的时间进行逛街购物，她们愿意投入大量时间去寻找更便宜或更好的产品。最终屈臣氏集团将中国内地的主要目标市场锁定在18～35岁，月收入在2 500元以上的女性。

屈臣氏集团认为，这个年龄段的女性消费者最富有挑战精神，她们喜欢用最好的产品，寻求新奇体验，追求时尚，比较注重个性，有较强的消费能力。但由于时间紧张，她们不太喜欢去大卖场或大超市购物，追求的是舒适的购物环境，这与公司的定位非常吻合。

为了锁定这些"好客户"，在选址方面，最繁华的一类商圈，如有大量客流的街道或大商场是屈臣氏集团的首选，机场、车站或白领集中的写字楼等地方也是考虑的对象。在店内经营上屈臣氏集团更有讲究，在其销售的产品中，药品占15%，化妆品及护肤用品占35%，个人护理品占30%，剩余的20%是食品、美容产品和饰品等。

为了方便"好客户"，屈臣氏集团将货架的高度从1.65米降低到1.40米，并且主销产品在货架的陈列高度一般在1.3～1.5米。在商品的陈列方面，屈臣氏集团注重其内在的联系和逻辑性，按化妆品、护肤品、美容用品、护发用品、时尚用品、药品、饰品化妆工具、女性日用品的分类顺序摆放，并且在不同的分类区域会推出不同的新产品和促销商品，让客户在店内不时有新发现，从而激发"好客户"的兴趣。

屈臣氏集团还在店内陈列各种个人护理资料手册，免费提供各种皮肤护理咨询；药品柜台的"健康知己"资料展架，提供各种保健营养分配和疾病预防治疗方法。屈臣氏集团还建设了一支强大的健康顾问队伍，包括全职药剂师和"健康活力大使"，为"好客户"免费提供保持健康生活的咨询和建议……这一系列措施使屈臣氏集团获得了新生。

资料来源：
[1] 刘志明. 屈臣氏连锁品牌创新的三大法宝. 连锁与特许，2007（6）.
[2] 唐琳，唐立波. 差异化成就了屈臣氏. 中国品牌，2007（6）.

4）选择具备"忠诚"特征的客户

有时企业费尽心思地要为客户提供更好的产品或服务，却往往得不到客户的认同。事实上，没有哪个企业能够满足所有客户的需求。但是，现实中也往往会有这样一些客户，他们觉得企业提供的产品或服务"物有所值"甚至"物超所值"，或者与自己的需求很匹配，从而表现出对企业产品或服务的忠诚。这类客户是企业很容易建立关系和维持关系的客户。实践也证明，开发和维系这样的客户相对容易，而且他们能够给企业不断地带来稳定的收益。

小案例

目前，肯德基的忠诚客户主要有3类：儿童、学生、都市上班族。

儿童喜欢肯德基的原因是因为肯德基有好吃的炸鸡腿、汉堡等食品，另外还可以边吃边到店中的微型儿童游乐场玩耍。

学生喜欢肯德基的原因是因为肯德基的味道不错，且花费与学校旁的小排档相差无几，而那里的环境、情调却是小排档无法比拟的，如果带女朋友去也不显得寒酸。

上班族喜欢肯德基的原因是因为相对快节奏的工作生活确实需要便捷的快餐。另外，上班族们不屑于路边小摊，也不愿工作间隙在写字楼里聊着QQ、MSN，却吃着老土的盒饭，肯德基用其干净、精致的产品包装和独特的口味轻而易举地俘获了他们的"芳心"。

肯德基在确定今后的经营对象时，应该继续发展与这3类人群具有相似特征的客户，因为他们是最可能继续忠诚于肯德基的，也是肯德基能够应对自如的客户群。

资料来源：孟凡蕊，史凤军. 对肯德基在中国的本土化营销策略的思考. 北方经济，2006（9）.

项目小结

客户天生就存在差异，有优劣之分，不是每个客户都能够带来同样的收益。"好客户"带来价值，"坏客户"带来风险。因此，企业应当注意选择有价值的客户，而不是来一个接受一个，企业要根据自身的资源和客户的价值对其进行选择。

"好客户"是指客户本身的"素质"好，对企业贡献大的客户，最基本的条件是能够给企业带来盈利。大客户未必都是"好客户"。衡量客户对企业的价值要用动态的眼光，要从客户的成长性、增长潜力及其对企业的长期价值来判断。

"好客户"选择的4个基本原则是：选择与企业定位一致的客户、选择有潜力的客户、选择"门当户对"的客户、选择具备"忠诚"特征的客户。

案例分析

寻找经销商之路

小梦是一家食品企业的销售主管,公司派小梦去南方开拓新市场。小梦要开拓的市场是一个中型城市,市区有100多万人口,大大小小的快速消费品的经销商有几十个。

初来乍到的小梦跑了一个星期市场,也接触了一些经销商,因小梦的产品在这个市场上没有一点知名度,看上去稍微大点的经销商不是对她的产品不予理睬,就是条件非常苛刻。小梦想,这样一家一家去找经销商肯定不行,周期太长,并且对于没有一点知名度的产品,经销商不予理睬,就算有经销商愿意接产品来做,这个经销商的商业道德如何,一时半会儿也弄不清楚。

但是,一直以来,公司的销售主管开发经销商都是这么找的,如果打破公司惯例,不这样被动地一家一家去找经销商,那又该怎么办。带着这些问题,小梦又走访了几天终端市场。有一天,正好遇到一位超市零售商在发牢骚,抱怨其经销商送货不及时。电话打过去都3天了,要求经销商送货,但到现在还没有送过来。断货就是"断钱"呀,断货不仅影响了生意,而且还流失了一些客户。小梦就凑上去问:"为什么经销商不及时送货呢?"

"因为这个经销商做得比较大,生意忙不过来,把我们这些销量不是很大的零售商不放在眼里,所以送货不及时就成了家常便饭。"

"那你不能换个经销商进货吗?"

"你们这些厂家总是喜欢找那些大经销商作总经销,几个畅销产品都是让他作了总经销,不从他那里进货还能从哪里进货?"

在零售商眼里,哪个经销商的服务好,哪个经销商的实力虽大但"店大欺客",零售商是最清楚不过的。既然零售商对经销商是最了解的,那为什么不让零售商来帮我选择经销商,为什么选择经销商一定要由厂家自己来选。顿时,小梦眼睛一亮,心中有了主意。

当地电视台办有一档节目叫"商界名人",每周一次,每次都要邀请一些名人作为嘉宾参加节目,收视率很高。能否借"商界名人"之力,来组织一次零售商评选最佳经销商的活动呢?

小梦把自己的想法与电视台"商界名人"节目组一说,节目组的策划人员很高兴,电视台表示全力支持。并且由电视台出面,把市工商局也邀请过来,共同组织此次评选活动。

评选的对象是全市做快速消费品的经销商,评选涉及经销商的服务、经销商的内部管理、经销商的商业信誉、经销商的市场秩序和维护零售商利益等10多项,都是直接与零售商利益有关的内容。这可是第一次面向所有通路成员公开评选"最佳经销商",一下子在整个城市的经销商和零售商当中成了热门话题,在整个渠道领域影响很大。

评选结果在电视台的新闻栏目中公布,第一天只公布了第三名获奖者的名单,第二天又公布了第二名获奖者的名单,第三天才最后公布本次评选活动的第一名获奖者的名单。第一名"金鼎奖"获得者是位叫王鹏程的经销商,虽然不是本地最大的经销商,但确实是本地口碑最好的经销商。

在节目当中，还插播了小梦的产品广告，但是小梦没有出一分钱，是由3位"金鼎奖"获得者出资赞助的，感谢小梦及其企业策划和组织了这次评选活动。不过，小梦用自己企业的产品给参加节目的所有人员赠送了一份礼品。最后，小梦找谁做经销商呢？已经不需要小梦去找经销商了，要求做小梦企业产品的经销商已经排成了队。不过，小梦还是把总经销权给了"企业家型"的王总。王总对小梦说："把你的产品做好是我责无旁贷的责任，做不好你的产品，我对不起众多零售商对我的期望，更对不起你的企业。"

资料来源：陈军，贺军辉. 小企业如何"治服"大经销商. 知识经济，2002（9）.

问题分析

从小梦寻找经销商的方法中你能获得哪些启示？你还能有更好的思路或办法吗？企业寻找自己的客户应该遵循哪些原则？

实 训 设 计

【实训目标】理解客户价值差异，掌握客户价值评估的维度和方法途径。

【实训内容】以自愿结合的小组形式，到附近的超市、商城或公司等企业单位，了解调查其客户的类别及不同客户的价值差异，了解如何界定企业的"好客户"特征，以及如何从众多客户中区分和选择出"好客户"的方法或途径。结合对相关企业单位网络资料查找等方法，编写小组调查报告。

【实训时间】调查时间一天，课堂汇报、总结时间90分钟。

【操作步骤】

1. 分组实施，小组成员共同调研，查找资料，编写调查报告。
2. 课堂汇报：随机抽出各小组成员讲解本小组的调查经过及实训报告（PPT展示）。
3. 指导教师进行综合评定和总结。

【成果形式】小组调查报告。

【实训考核】

1. 调查报告的质量（翔实性、价值性）：50分。
2. 小组代表汇报的质量（台风、语言等）：30分。
3. 附加分（团队协作、报告形式等）：20分。

项目四 潜在客户开发

【学习目标】

知识目标
1. 掌握寻找和挖掘潜在客户开发的方法和渠道。
2. 理解接近客户的技巧。
3. 掌握客户开发的不同策略。

能力目标
1. 能够适当运用营销理念进行客户开发。
2. 能够恰当运用寻找潜在客户的方法。
3. 能够有效地接近潜在客户。

【引导案例】

我国民间流传着这样一个故事。一个人走进饭店要了酒菜,吃罢摸摸口袋发现忘了带钱,便对店老板说:"店家,今日忘了带钱,改日送来。"店老板连声:"不碍事,不碍事,"并恭敬地把他送出了门。

这个过程被一个无赖看到了,他也进饭店要了酒菜,吃完后摸了一下口袋,然后对店老板说:"店家,今日忘了带钱,改日送来。"谁知店老板脸色一变,揪住他,非剥他衣服不可。

无赖不服,说:"为什么刚才那人可以赊账,我就不行?"

店家说:"人家吃菜,筷子在桌子上找齐,喝酒一盅盅地筛,斯斯文文,吃罢掏出手绢揩嘴,是个有德行的人,岂能赖我几个钱。你呢?筷子往胸前找齐,狼吞虎咽,吃上瘾来,脚踏上条凳,端起酒壶直往嘴里灌,吃罢用袖子揩嘴,分明是个居无定室、食无定餐的无赖之徒,我岂能饶你!"一席话说得无赖哑口无言,只得留下外衣,狠狠而去。

思考题:从店老板对客户的分析和判断上,你能得到什么启示?你认为企业应该如何识别和开发客户?

任务一 潜在客户的特征

所谓潜在客户,是指对企业的产品或服务存在需求并且具备购买能力,但还没有购买企业的产品或服务、有待企业开发的个人或组织。潜在客户与企业存在着良好的合作机会，经过企业的努力，潜在客户往往可以转变为现实客户。

众所周知，没有足够的客户资源，企业的生存与发展就无从谈起。潜在客户数量的多少和潜在客户的质量，如支付能力、决策能力和购买欲望等往往意味着企业利润的高低。寻找潜在客户是一项艰巨的工作。企业寻找潜在客户应该是一个持续的过程，而不应该把其作为一项没有客户时才做的工作。

1. 潜在客户的特征

1）企业产品或服务的定位客户群

客户是企业的最大资产，是企业赖以生存并得以发展的根本。企业打算把产品或服务销售给谁，谁有可能购买企业的产品，谁就是企业的潜在客户。通常，企业定位客户群都需要了解客户的特点。

首先，要了解客户自身的消费属性。即客户性别、年龄、宗教信仰、家庭收入、社会地位、消费价值观等因素。企业可以根据自己产品或服务的特点，结合客户的自身属性，合理定位自己的客户群。

其次，要了解影响客户消费的外在属性。客户的外在属性也是影响其消费的重要组成部分。例如，客户所在地域、客户所拥有的产品现状和客户的组织归属。对于客户的外在属性，概况性的数据比较容易调查，对于其消费层次可以有一个大概的了解，但要想掌握较为详细的情况，还需要企业工作人员进行深入细致的工作，以及大量的资料搜集和调查研究。

小案例

老字号"北京内联升"鞋业有限公司名扬天下。毛泽东、周恩来、朱德等国家领导人生前也非常喜欢内联升的千层底布鞋。"头戴马聚源，身穿瑞蚨祥，脚蹬内联升，腰缠四大恒"的顺口溜也曾风靡老北京的大街小巷。我国著名诗人郭沫若先生还特意写诗赞扬内联升鞋店。

凭谁踏破天险，助尔攀登高峰。

志向务求克己，事成不以为功。

新知虽勤摩挲，旧伴每付消融。

化作纸浆造纸，升华变幻无穷。

一个小小的鞋厂为何有着如此大的名气呢，其实这都源于内联升鞋业的创始人赵廷。赵廷十几岁起就在鞋铺当学徒，学得一手好活计。出师后，在一位官员的帮助下，开办了自己的鞋店，取名"内联升"。"内"是指大内宫廷，"联升"是指穿上他做的千层底布鞋就会连升三级，准确地把客户群定位为朝廷官员。他做的鞋，料好、手工精细、穿着舒服，深受朝廷大小官员的喜爱。同时，"内联升"恭贺大人高升的吉利寓意也招人喜欢。

有一次，一位在朝廷做官的人派仆人来鞋店买鞋，因为他的脚型与常人不一样，所以店内没有适合他的鞋子。赵廷便向仆人要了鞋样，用了一天的工夫做了一双鞋，并亲自送到府里。这位有权势的人看到鞋后非常满意。

赵廷想：我为什么不把这些人所需鞋的型号和特点记下来呢？于是便自编了一本叫《履中备载》的书。他把所有来店里做过鞋的官员的鞋号尺码等相关信息都记了下来，这样，就省去了每次到官员家量尺寸、画脚型的麻烦。官员们只要派人告诉内联升鞋底要什么材料的鞋、要几双，赵廷就可以根据店里的记录为官员做鞋了。久而久之，内联升鞋店"不见人、不量尺寸，就能钦出钉心可脚的鞋"的名声便逐渐传开。

清朝灭亡后，内联升的招牌在北京城依然响亮如故。据说，《履中备载》中还有毛泽东、周恩来、朱德等当时国家领导人和演艺界名人的鞋号资料。

仔细品味"内联升"的故事，人们不禁感慨万千，也感悟到了其成功的要诀：定位客户群、掌握客户资料，站在客户的立场帮助客户并满足其实际需求。一个能够周到地为他人着想的鞋店，生意怎能不兴隆呢。

2）潜在客户的基本特征

潜在客户通常具备3个基本要素：用得着、买得起、说了算。

首先是用得着，因为不是所有的人都需要企业的产品，需要的人一定是一个具有一定特性的群体。例如，大型交换机的用户对象是集团、社团、企业等组织。试想个人有谁会去买一台交换机放在家里。

其次是买得起，对于一个想要但却掏不出钱的潜在客户，你付出再多的努力他也不可能购买企业的产品或服务。例如，人人都需要保险，都希望能够拥有一份人生的保障。但卖保险的销售人员寻找潜在客户的工作并没有想象中那么简单，原因是很多人买不起。不难想象，一个维持最低生活标准的家庭，他们对于保险的需求和渴望，但无论企业的产品对他们多有吸引力、推销技巧多高明，结局通常都是否定的，因为他们买不起。

最后是说了算，这是指该客户对是否购买企业的产品或服务的最终决策具有控制权或影响力。

2. 潜在客户评估

大量的潜在客户并不能转变为目标客户。获得潜在客户名单仅仅是企业产品销售的起步，还需要对潜在客户进行及时、客观的评估，以方便从众多潜在客户的名单中筛选出自己的目标客户。企业销售人员如果掌握了客户评估的一些常用方法，往往能够事半功倍地完成销售任务。

1）帕累托法则

帕累托法则，即80/20法则，这是意大利经济学家帕累托于1897年发现的一个极其重要的社会学法则。例如，20%的富人拥有整个社会财富的80%、企业20%的客户带来该企业利润的80%等。该法则具有广泛的社会适用性，它要求企业销售人员在开发潜在客户的过程中要分清主次，首先锁定重要的潜在客户。

2）"MAN"法则

M：money，代表"金钱"。企业要寻找的潜在客户必须要有一定的购买能力。如何准确判断客户的购买能力，通常有两个检查要点。①客户的信用状况。企业可以从客户的职业、身份地位等收入来源的状况，判断是否具有购买能力。②客户的支付计划。企业可以从客户期望一次付现，还是要求分期付款，以及支付首期金额的多寡等，都能够判断客户的购买能力。

A：authority，代表购买"决定权"。该潜在客户对是否购买有决定、建议或反对的权力。

N：need，代表"需求"。该潜在客户对企业的产品或服务有需求，有购买的欲望。

怎样才能准确判断客户的购买需求，通常判断客户购买欲望的大小，可以关注5个方面。以卖房企业观察判断潜在客户的5个关注点为例，①看客户对产品的关心程度，如对购买房屋的大小、隔间方式、公共设施、朝向等的关心程度；②看客户对购入的关心程度，如对房屋的购买合同是否仔细研读或要求将合同条文增减，要求房屋内部隔间修改等；③看客户是否符合各项需求，如小孩上学、大人上班是否方便，附近是否有超级市场，是否符合安静的期望，左邻右舍是否有喧闹的营业场所等；④看客户对产品是否信赖，对房屋使用的材料品牌是否满意、施工是否仔细、地基是否稳固等；⑤看客户对企业或销售人员是否有良好的印象，客户对销售人员个体印象的好坏往往会左右潜在客户的购买欲望。

"潜在客户"通常都应该具备以上3个特征。但在实际操作中，经常会碰到某种特征缺乏的客户（以下大写字母代表该型特征具备，小写字母代表该项特征不具备），企业并不一定都要放弃，而应根据自己的产品或服务的具体情况采取具体对策。

① M＋A＋N：是有希望的客户，理想的潜在客户。
② M＋A＋n：可以接触，配上熟练的销售技术，有成功的希望。
③ M＋a＋N：可以接触，并设法找到具有A之人（有决定权的人）。
④ m＋A＋N：可以接触，需调查其业务状况、信用条件等给予融资。
⑤ m＋a＋N：可以接触，应长期观察、培养，使之具备另一条件。
⑥ m＋A＋n：可以接触，应长期观察、培养，使之具备另一条件。
⑦ M＋a＋n：可以接触，应长期观察、培养，使之具备另一条件。
⑧ m＋a＋n：非客户，停止接触。

由此可见，潜在客户有时欠缺了某一条件（如购买力、需求或购买决定权）的情况下，仍然可以开发，只要应用适当的策略，便能使其成为企业的新客户。

任务二　寻找潜在客户的途径和方法

不同的企业在寻找潜在客户方面有很多成功的方法，但是没有任何一种方法能够普遍适用，也没有任何一种方法可以确保一定成功。因此，企业不要拘泥于形式或条款，必须结合自身的具体情况和需要，灵活运用，不断地总结，找到一套真正适合企业的方法。寻找发掘潜在客户通常有以下两种策略。

1. 推销导向寻找潜在客户的策略

所谓推销导向寻找潜在客户的策略，是指企业在自己的产品、价格、分销渠道和促销手段没有明显特色或者缺乏吸引力的情况下，通过人员推销的形式，引导或者劝说目标客户或潜在客户购买，从而将目标客户开发为现实客户的过程。

推销导向寻找潜在客户的策略，首先要能够寻找到潜在客户，其次要想办法接近客户，并想办法说服客户采取购买行动。通常推销导向寻找潜在客户的方法主要有以下几种。

1）资料搜索法

资料搜索法是指销售员通过搜索各种外部信息资料来识别潜在的客户和客户信息的方

法。通常企业运用网络寻找潜在客户的方法有两种：打造电子商务营销网络推广平台，在行业信息发布网站发布企业信息，方便客户找到企业；充分利用搜索引擎，寻找和挖掘客户，整理出企业潜在客户的名单。

利用资料进行搜索的能力被专家称为搜商。搜商高的销售员，在没有见到客户之前，就可以知道客户的绝大多数信息，如客户擅长的领域、客户的电子信箱、客户的生日、客户的籍贯、客户的毕业学校、客户的手机号码、客户的职务等。不见其人，却知其人。根据了解的信息可以设计好拜访的提问，注意拜访的细节及开场白技巧。并且，根据客户信息可以初步判断客户的个性行为风格，为见面做到"一见钟情"埋下伏笔。

搜索的工具很多，如网上搜索、书报杂志搜索、专业杂志搜索等。网上搜索对于现代人来说，非常关键。借助目前飞速发展的互联网的强大搜索引擎，如 Google、Baidu、Yahoo、Sohu 可以获得关于潜在客户的相关信息。通过 Internet 一般可以获得以下信息：客户的基本联系方式，这往往需要电话进行确认；客户的公司简介，这可以了解客户目前的规模和实力；客户公司的产品，包括技术参数、应用的技术等。网络上还有一些行业的专业网站会提供在该行业的企业名录，一般会按照区域进行划分，也会提供一些比较详细的信息，如慧聪国际、阿里巴巴这些网站往往会通过行业的分析研究而提供比较多的信息。

通过网络的方式进行搜索主要是选择比较合适的关键字。对于不同产品的销售，可以借助不同的搜索关键字组合来获得比较精确的定位信息。多种关键字的组合能达到意想不到的效果，需要通过多种和产品相关的关键字来进行这项工作。

小案例

江西本草天工科技有限责任公司在行业内非常有名，在中药及植物提纯、高纯度植物单体等专业领域具有优势。公司的研发和销售负责人王少军说："这种背景决定了我们的客户大多是在大学院校的研发机构、制药厂采购部等单位工作，这部分人群具有相当的专业知识，而且学历较高，研究生、教授比比皆是，他们在信息采集上对网络的依赖性非常强。因此，我们决定在网络营销上增加投入、多下功夫。"

2005 年 4 月，公司开始在百度做推广之后，几天之内电话咨询量就多了起来，短短半年时间，通过邮件往来、实地考察和细致的商务谈判，公司成功地发展了中国台湾、美国和韩国等国内外市场的总代理商。王少军说："以往，我们大多采用直销或是邮寄资料等营销方式。使用百度后，我们的销售额增长了数倍，现在 70% 的业务来自百度，是百度发掘出了企业的销售潜力。"

2) 地毯式搜索法

地毯式搜索法俗称"扫街"，也叫逐户寻访法，是指企业销售人员在特定的区域或行业内，用上门访问的形式，对估计可能成为客户的单位、组织、家庭乃至个人逐一地进行访问并确定销售对象的方法。例如，保险业，所有人都有可能成为潜在客户，可以通过对所有的有可能成为潜在客户的对象进行联系的方法。又如，餐饮业，也需要通过扫街的方式进行寻找。这种潜在客户的存在没有很强的规律性，无法清楚哪条街上开一家什么样的餐馆会火，扫街失败的可能性非常大。但通过扫街，企业可以了解更多的关于市场的信息，有些可能是非常有价值的信息。

地毯式搜索法遵循"平均法则"原理，即认为在被寻访的所有对象中，必定有销售人员所要寻找的客户，而且分布均匀，其客户的数量与访问对象的数量成正比。

地毯式搜索法是一个古老但比较可靠的方法，它可以使销售人员在寻访客户的同时，了解客户、了解市场、了解社会；其缺点是费时、费力，带有较大的盲目性。更为严峻的是，随着经济的发展，人们对住宅、隐私越来越重视，这种逐户寻访法的实施面临着越来越大的难度。

小案例

滴滴出行一开始在开拓北京市场时困难重重，没有一家出租车公司愿意和滴滴合作，员工都很沮丧，创始人程维鼓励大家："再坚持一下，跑完全部公司，如果没有一家愿意跟我们合作，我们再放弃也不迟。"

经过不懈的努力，滴滴终于谈下来第一家出租公司，是只有200余辆出租车的银山出租车公司，这家公司的老板允许程维在司机例会上演讲15分钟介绍滴滴产品。那场推广会有100个司机在场，但只有20位有智能手机。最后，有8位司机安装了客户端。

程维拿着已经签了的这份合同，继续一家一家地跟出租车公司谈，"人家都做了，你们也可以尝试一下啊"，鼓励更多的出租车公司与滴滴合作。就这样，滴滴敲开了第二家、第三家公司的门。

2012年9月，滴滴产品上线，已经安装了客户端的500位司机中，真正使用的人数只有16位。程维给大家鼓劲："起码有16位司机相信我们，我们不能让这16个人失望！没有订单，我就找人去打车！"程维雇了个人，每天给他400块钱，让他绕三环打车，还特意嘱咐不要去昌平，资金有限，省着点花……

就这样，滴滴慢慢积累了第一批种子用户。

3）连锁介绍法

连锁介绍法又称为客户引荐法、滚雪球法，是指销售员请求现有客户介绍潜在客户的方法。例如，销售人员在每次访问客户之后，都向客户询问其身边的人群（如同事、邻居）可能对该产品或服务感兴趣的人的名单。连锁介绍法分为直接介绍与间接介绍两种。间接介绍是销售员在现有客户的交际范围内寻找潜在的客户；直接介绍是请现有客户介绍与其有关系的客户。连锁介绍的具体方法很多，如请现有客户给予参加其聚会的机会，请现有客户代转送资料，请现有客户以书信、电话、名片等手段进行连锁介绍等。

实践证明，连锁介绍法是一种比较有效的寻找潜在客户的方法，它不仅可以有效避免寻找潜在客户工作的盲目性，而且有助于销售人员赢得新客户的信任。据美国专家研究，通过连锁介绍法开发的客户成功率为60%，而自己亲自直接开发客户的成功率仅为10%。这是因为连锁介绍法主要运用了销售心理学中的"熟识与喜爱原理"，这是人类社会的普遍原理。其主要意思是人们总是愿意答应自己熟识与喜爱的人提出的要求。

应用连锁介绍法，首先销售人员应该取信于现实客户；其次对现实客户介绍的客户，销售人员应该对其进行详细的评估和必要的营销准备，要尽可能地通过现实客户了解新客户的更多情况；最后在销售人员访问新客户后，应及时向现实客户介绍与汇报情况，这一方面是对现实客户的介绍表示感谢；另一方面也可以继续争取现实客户的合作与支持。

连锁介绍法尤其适合于服务性产品，如保险和家政服务等。

小案例

很多超级销售员都是使用连锁介绍法的典范。世界上汽车销售最多的一位超级销售员乔·吉拉得，他平均每天要销售5辆汽车，连锁介绍法是他使用的一个方法。只要任何人介绍客户向他买车，成交后，他会付给每个介绍人25美元。

乔·吉拉得说："首先，我一定要严格规定自己'一定要守信''一定要迅速付钱'。例如，当买车的客人忘了提到介绍人时，只要有人提及'我介绍约翰向您买了部新车，怎么还没收到介绍费呢？'我一定告诉他'很抱歉，约翰没有告诉我，我立刻把钱送给您，您还有我的名片吗？麻烦您记得介绍客户时，把您的名字写在我的名片上，这样我可立刻把钱寄给您。'有些介绍人，并无意赚取25美元的金额，坚决不收下这笔钱，因为他们认为收了钱心里会觉得不舒服，此时，我会送他们一份礼物或在好的饭店安排一次免费的大餐。"

25美元在当时虽不是一笔庞大的金额，但也足够吸引一些人，举手之劳即能赚到25美元，何乐而不为呢。

客户引荐法适合于特定用途的产品，如专业性强的产品或服务性要求较高的产品等。

4) 中心开花法

中心开花法又称为光环效应法、名人效应法或中心辐射法等，属于介绍法的一种应用特例。它是指销售人员在某一特定的区域内，首先寻找并争取有较大影响力的中心人物为客户，通过这些人物来影响该范围内的其他人，使这些人成为销售员的潜在客户。

中心开花法的得名来自心理学上的"光环效应"法则。这一方法的原理是销售心理学中的相信权威原理，社会学中的"专家"原理，即人们的鉴别能力往往受到来自行家与权威的影响，人们对自己心目中的有威望的人物是信服与顺从的。因此，争取到这些专家级客户的支持就显得非常关键。

企业的销售人员只有获得中心人物的信任与支持，才能利用中心开花法进一步寻找更多的潜在客户。销售人员只要集中精力对少数中心人物进行细致的工作，并使他们变成忠诚客户，通过他们的口碑传播，就可以获得很多潜在的客户，也可以通过他们的名望和影响力提高产品的知名度。

小案例

一家经营治疗阿尔茨海默病的药物安理申的公司，就尝到了中心开花法的甜头。因为治疗阿尔茨海默病的市场是一个不成熟的市场，公司为了推广药品，针对患者做了大量的教育工作，结果都不理想。后来，该公司认识到，医生是病人范围里有影响力的中心人物，如果医生了解了这种病的治疗方法，一定能够有效地影响患者。因此，该公司采用了集中"推动医生进一步熟悉阿尔茨海默病"的市场运作策略，帮助当地的医生了解和熟悉阿尔茨海默病及其治疗方法，并经常通过各个地市的医学会邀请这个省的中心人物到各个地市去讲学，促进阿尔茨海默病及其治疗知识在这个省的传播。

结果这个省该药品的份额从2004年占整个公司的14%，到2005年达到20%，2006年高达26%，2007年份额占到30%，而实际使用的经费成本却远远低于其他省市。

5) 代理人法

代理人法是指通过代理人寻找潜在客户的办法。在国内，大多由销售人员所在公司出面，采取聘请信息员与兼职销售人员的形式实施，其佣金由公司确定并支付。实际上，这种方法是以一定的经济利益换取代理人的关系资源。

代理人法的依据是经济学上的"最小、最大化"原则与市场相关性原理。代理人法的不足与局限性是合适的代理人难以寻找。更为严重的是，如果销售人员与代理人合作不好、沟通不畅，或者代理人同时为多家公司担任代理，则可能泄露公司的商业秘密，这样可能会使公司与销售人员陷于不公平的市场竞争中。这就需要对于制度的设计符合人性化和规则的严谨化。

6) 销售信函邮寄法

在有大量可能的潜在客户需要某一产品或服务的情况下，用直接邮寄的方法来寻找潜在客户不失为一种有效的方式。直接邮寄法具有成本较低、接触的人较多、覆盖的范围较广等优点；其缺点是时间周期较长。

随着网民数量的激增和网络购物的迅猛发展，网络邮寄成为一种新的潜在客户开发途径。例如，电子邮箱、QQ群、微信朋友圈等，目前主要以中青年客户为主，并要结合目标市场的爱好、时间段，以及引用网址和有效的文案。

小案例

一位寿险经纪人列出将近300位销售信函寄送的潜在客户，这些潜在客户对保险都有相当正确的认识，基于各种原因，目前并没有立即投保，但他相信他们一二年内都有可能实际参与投保，他不可能每个月都亲自去追踪这300位潜在客户，因此他每个月针对这300位潜在客户都寄出一封别出心裁的卡片，卡片上不提及保险的事情，只祝贺每月的代表节庆，如一月春节愉快、二月情人节、三月春假……每个月的卡片颜色都不一样。在潜在客户接到第四、第五封卡片时，必然会对他的热诚感到感激，就算是自己不立刻投保，当朋友中有人提到保险时，他都会主动地介绍这位保险经纪人。

7) 非竞争合作法

非竞争合作法也称为鱼塘交换法，是指客户方向相同的企业之间进行的客户共享。例如，家具公司可以与各类装饰公司、物业公司、地板企业建立战略合作关系，因为这些企业之间都有共通性；为电梯提供门机系统及变频器的企业和为中央空调提供制冷压缩机及铜管的企业，都拥有同样的客户方向，可以共享客户资源。因为，客户的需求不会局限于某一样，而是全方位的，具有互补性。这样的整合方式有利于建立客户信赖，方便企业更轻松地发掘潜在客户市场。

小案例

在国外往往会有一种销售线索俱乐部的概念，他们会通过这种不同行业的销售共同形成一个非正式的组织来提供相互共享的信息，这也是一个可以去尝试的方法。有很多时候，在网络上有一些会员俱乐部，有关于主题的活动，这里是一个良好的空间与环境，通过朋友、亲属这些人员可以为企业获得更多的关于潜在客户的信息，完全可以从他们所从事的行业和平时接触的人来尝试获得帮助。但是，参加此类俱乐部要注意以下问题。

(1) 构成一个圈子的时候，不要太过于急功近利，这样会给自己造成很多被动；逐渐建立信任，再去讨论关于资源共享的问题。

（2）遵循圈子里的游戏规则，不要打着介绍人的旗号；因为一个人的行为将会影响朋友的声誉。而这将影响一个人是否能够获得信任，赢得长期的资源共享的可能。

8）参加展览会

展览会是一种很好的获得潜在客户的途径。参加展览会往往会让企业销售人员在短时间内接触到大量的潜在客户，而且可以获得相关的关键信息，对于重点意向的客户也可以作重点说明，约好拜访时间。但要注意做好以下方面。

① 递交名片的时候可以在背面写上一些说明，如客户只知道企业是制作变频器的，而不知道是制作电梯专用变频器的，可以写上"电梯专用变频器"给电梯行业的客户，或者写上一些提示性的话增加客户的关注。

② 对于重点的客户要进行记录，如今天我和他谈了些什么，他提到了什么，今天我和这个潜在客户的人员是否答应了寄资料和预约拜访，以便提醒自己，也是为了今后打电话的时候可以有一些提示。因为，展览会上的人实在太多了，如果没有这些记录，将等于没有认识他们一样。

③ 关于产品的介绍要简洁明了，并迅速提问，来判断对方是否具备潜在客户的条件和是否感兴趣，在展览会之前要设计好客户存在的问题和应答策略。

9）专业市场咨询法

所谓市场咨询法，是指销售人员利用社会上各种专门的市场信息咨询机构或政府有关部门所提供的信息来寻找潜在客户的方法。使用该方法的前提是存在发达的信息咨询行业，目前中国市场的信息咨询业正处于发展阶段。

此类专业渠道还包括专业的行业期刊、杂志、网站；行业协会主持的业内技术研讨会、产业发展研讨会等。

使用专业市场咨询法的优点是比较节省时间，所获得的信息比较客观、准确；缺点是费用较高。

2. 营销导向寻找潜在客户的策略

所谓营销导向寻找潜在客户的策略，是指企业通过有吸引力的产品、价格、分销渠道和促销方法，吸引潜在客户产生购买行动的过程。

营销导向和推销导向寻找潜在客户的策略不同。如果说推销导向寻找潜在客户的方法是"走出去寻找客户"，那么，营销导向寻找潜在客户的方法就是"未雨绸缪，吸引客户上门"，即想办法让客户主动找上门。因此，营销导向寻找潜在客户的策略是对客户服务更长远的规划，也是获得客户、为客户服务的更理想途径。

1）有吸引力的产品策略

（1）产品功能效用

功能效用是吸引客户最基本的立足点，功能越强、效用越大的产品或服务对客户的吸引力就越大。

> **小案例**
>
> 海尔在做市场调研时，一个客户随意提到冰箱里的冻肉拿出来不好切，海尔立刻意识到这是一个未引起冰箱生产企业重视的共性问题。于是，根据食品在7℃时营养不易被破坏的原理，海尔很快研制出新产品"快乐王子007"。这款冰箱的冷藏冻肉出箱后可即时切，于

是销量很快走俏。可见，好东西自然使客户愿意被"吸引"！

宝洁公司也设计出了满足不同消费者需求的产品系列，比如洗发水，有满足消费者滋养头发需求的潘婷洗发水，有满足消费者去头屑需求的海飞丝洗发水，有满足消费者柔顺头发需求的飘柔洗发水，还有满足消费者保持发型需求的沙宣洗发水等。因此，宝洁公司的产品被客户竞相追捧。

（2）产品质量

"好东西自己会说话"，质量优异的产品或服务总是受到客户的青睐。产品质量在吸引客户上起着至关重要的作用。

小案例

法国家乐福公司对采购品的质量要求很严格，生产厂家必须通过包括工厂检测、产品测试直至装运检验等一系列的长达半年的考核，才能向家乐福供货。

德国麦德龙公司对产品质量的要求永远排在第一位，所有进入麦德龙采购系统的产品要先在一个区域销售，效果好才可以进入全国市场，最后才能分销到国外。

高质量的产品往往代表着安全、可靠和值得信赖。两家公司销售高质量产品，因此，吸引了众多客户的光顾。

（3）产品特色

随着经济的不断发展，产品越来越丰富，市场上同类同质的产品或者服务越来越多，因此企业要想在激烈的市场竞争中脱颖而出，其产品或者服务必须有特色才能吸引客户的注意或光顾。

小案例

沃尔玛针对不同的消费客户，采取了不同的零售经营形式：一类是沃尔玛平价购物广场，针对中下层消费者，满足他们喜欢物美价廉平价产品的需求；一类是山姆会员商店，采用会员制，针对中高层消费者，提供各项优惠及服务；还有一类是沃尔玛综合性百货商店，主要针对中高层消费者，其产品深受欢迎。通过这些不同的经营形式，沃尔玛吸引了零售市场不同层次的消费者。

在芝加哥斯泰特大街三个街区的短短距离内，就有美国最大的女鞋零售商爱迪生兄弟企业的三家连锁店，虽然它们相互靠近，却不影响彼此的生意，这是为什么呢？

原来爱迪生兄弟企业经营了900多家鞋店，分为四种不同的连锁形式，每种连锁形式针对不同的细分市场。如钱德勒连锁店专卖高价鞋，贝克连锁店专卖中等价格的鞋，勃特连锁店专卖廉价鞋，瓦尔德派尔连锁店专卖时装鞋，各有各的特色。这就是为什么它们同处一地，却相互不影响的原因，因为它们定位不同，各自吸引自己相应的目标客户。

又如，市场上有各种主题餐厅。通过一个或多个主题为吸引标志的饮食场所，希望人们在身处其中的时候，经过观察和联想，进入期望的主题情境，譬如"亲临"世界的另一端、重温某段历史、了解一种陌生的文化等。例如，上海老站餐厅就通过老式家居布置和火车的改装，营造了老上海怀旧和名人专列两个主题；而巴厘岛印尼餐厅则是通过民俗文化的展示和当地物品的陈列，来表现巴厘岛的主题；又比如橄榄树餐厅是大量采用特别的装饰材料，以突出地中海风情主题。在比利时首都布鲁塞尔，有一家"棺材酒吧"，酒吧里面摆着一副副棺材形的吧台，人们用一个像骷髅的酒杯饮酒，杯里边盛着独家调制的鸡尾酒"午夜之眼""吸血鬼之吻"等，令人毛骨悚然，整个店充满了恐怖的气氛……"棺材酒吧"的老板抓住了人们心理上的弱点，反其道而行之，从而刺激了人们的官能，吸引了许多"勇敢者"的光顾。

(4) 产品品牌

品牌是帮助客户识别或区分不同产品或服务的商业名称及标志。品牌对于客户的吸引力主要表现为以下三点。

一是，品牌相当于一种承诺，是产品品质、质量的一种承诺。尤其当客户对产品或服务的安全和质量要求很高时（如给婴儿购买护理产品）或者当客户难以事先评估产品的性能时（如购买计算机、音响等高科技产品），品牌的作用尤为突出。久负盛名的品牌因为能够让客户信任、放心，所以更能增强客户购买的信心。

二是，品牌有利于维护所有客户的利益。无论客户购买地点在哪里，无论分销形式如何，品牌向客户提供了一种统一的标准，减少了客户可能面临的风险，能够更好地维护客户的利益。

三是，品牌有助于满足客户的心理期待，提升客户的形象。特别是有些产品的购买被称为社会地位标志性的购买，如服装、烟酒、汽车等，由品牌产生的附加值是根本性的，起着绝对的作用。品牌将自己的身份传递到人们的身上，提高了使用它或消费它的人的身价，给人们带来心理上、精神上更多的满足。

(5) 产品包装

包装是指为产品设计并制作的容器或包扎物，虽然不属于产品本身却作为产品的附属伴随产品一起服务客户。包装不仅方便产品的保护、运输、储存、摆放、展示，也容易被消费者识别、携带和使用。

包装是产品"无声的销售员"。一方面，当产品被放到自选柜台或者自选超市时，好的包装能够吸引客户的视线，引起或加强客户的购买欲望。比如，好的食品包装可以提示产品的口感和质量，并能够引起人们的食欲，令人垂涎欲滴。据英国市场调查公司报道，去超市购物的妇女，由于受精美包装等因素的吸引而购买物品的数量常常超出原来计划购买数量的45%。

另一方面，当各个品牌之间的"内在"差异很小或很难被消费者感知的时候，包装在功能方面或视觉方面的优势就会让产品"占上风"，并左右客户的购买决策。美国杜邦公司研究发现，63%的消费者是根据产品的包装来选择产品的。

小案例

包装的颜色、造型、风格、陈设、标签等，都可以塑造产品赏心悦目的形象，吸引客户选购。例如，杏黄色的包装，给人以营养丰富的视觉感受；海蓝色的包装，让人联想到蔚蓝色的大海，带来清新凉爽的视觉效果；草绿色的包装给人以青春活力的感受。

世界上最大的美容化妆品公司之一的雅芳，专注为女性提供美的服务，愿景是成为一家最了解女性对美的需要，为全球女性提供一流美容产品及服务、并帮助女性成就自我的公司。雅芳产品在包装上选择了一种光滑、饱满、带金属光泽的蓝色，其所有产品的包装色彩都以这种蓝色为底色，带给客户一种和谐、高档的视觉感受。

天津亨得利钟表店，在布局上全力推出一个"准"字，沿客户行走路线的柜台橱窗中陈列了样式各异的数千种钟表，并且全部处于走时状态，表针整齐划一，尤其是整点的时候，所有钟表都发出悦耳的声音，组成和谐的乐章，这样刻意的"包装"无疑有助于提示这里钟表的质量，给客户留下深刻的印象，从而吸引客户购买。

类似的包装方式较常见，如住房装潢设计样板间摆上计算机，给人以现代、高科技的感觉；面包房清新而芳香的空气，能够提示所出售的面包新鲜程度高；温暖、宜人的温度，柔和的灯光和音乐能够提示西餐厅温情、细腻的服务；强烈的音乐能够提示酒吧热情、豪爽的服务，等等。这些"大包装"的成功，可以吸引众多的客户前来消费。

(6) 产品服务

服务是指伴随着产品的出售，企业向客户提供的各种附加服务，如产品介绍、送货、安装、调试、维修、技术培训、产品保证等。企业向客户提供的各种服务越完备，产品的附加值就越大，客户从中获得的实际利益就越大，也就越能够吸引客户。

小案例

海尔集团是中国最具价值品牌、世界第四大白色家电制造商。获取这些荣誉，海尔推行的"全程管家365"服务立下了汗马功劳。在全年365天里，海尔的服务人员全天候24小时等待客户的来电，无论一年中的哪一天，只要客户打电话到海尔当地的服务热线，服务人员会随时按客户下达的需求上门服务。

海尔"全程管家365"的服务内容包括：售前上门设计、售中咨询导购、售后安装调试、定期维护保养等，这些优质的服务大大提升了客户购买海尔产品的信心。

一般来说，客户在购买产品和服务时有三种担忧：一是担忧经常出故障；二是担忧由于产品故障带来的停工周期，停工周期越长，使用者的成本越高；三是担忧产品保养和维修服务的高额费用。

所以，企业或商家越是能够想客户所想、急客户所急，帮助客户解决后顾之忧，就越能增强对客户的吸引力。

小案例

IBM曾经发生过这样一件事情：一位客户住在小镇的一个小岛上，一天他的计算机发生了故障，求助呼叫中心后发现必须由服务人员现场解决，但当地没有服务网点。于是，IBM公司决定派工程师乘飞机到当地城市再坐出租车到小镇，然后租用快艇到小岛进行维修。碰巧当天下暴雨，工程师在深夜两点才赶到小岛，为了不打扰客户，工程师露宿于小岛，第二天上门并很快排除了故障。不久后这件事情就得到了积极的市场响应，那就是小镇上几乎所有准备购买计算机的人全都选择了或者表示将选择IBM。这就是优质服务的魅力。

如今，为了提供优质和完善的服务，争取更多的客户，越来越多的企业还延长了营业时间。例如，"永和豆浆"为了方便客户，接连延长了服务时间，直至推出24小时服务，满足了客户随时点餐的需要，自然生意兴隆。有些企业则开展流动服务和上门服务，如北京邮政局用流动服务车向居住在市郊的外来民工提供服务。

小案例

近年来，在我国香港地区刮起了一股"代客保管剩酒"之风，各家餐厅先后都增设了精巧的玻璃橱窗，里面陈列着各式各样的高档名酒，这些名酒都已经开了封，在这些酒瓶的颈上都系有一张小卡片，上面写着客户的姓名，这就是为客户保存的剩酒。客户上次用餐时酒没有喝完店里可替他保存下来，以便让他下次来时再喝。

"代客保管剩酒"这招一问世，马上受到客户的欢迎和青睐。其魅力在于：

一是，可以有效地招徕回头客。客户剩的酒在这家餐厅里存着，下次当然还是要去这家，而客户下次用餐时可能还会要新酒，也就可能还会剩酒……如此良性循环，餐厅的生意会越做越红火。

二是，有助于激发客户消费高档酒的欲望。客户一般不想喝低档酒，而喝高档酒又担心喝不完，白白浪费了，拿走又不雅观，就干脆不喝了，而有了保管剩酒这项服务，就可以一次喝一点，分几次喝完，分摊下来，花费也不大，于是客户就可以大胆地消费高档酒了。

三是，可以增进与客户的亲切感。有半瓶酒在这里存着，显得该餐厅好像是自己的家，来此就餐便会有宾至如归之感，与餐厅的感情也自然拉近了。

(7) 承诺与保证

由于客户的购买总隐含着一定的风险，因此在一定程度上会限制其购买欲望。如果企业对提供的产品或服务做出承诺与担保，就可以起到一种保险作用，从而降低客户购买的心理压力，会引起客户的好感和兴趣，从而吸引客户放心地购买和消费。实际上，敢于对产品或服务做出承诺和保证的企业，本身也体现了企业责任和担当，也是对产品和服务质量的自信，有利于吸引客户。

比如，职业介绍所做出"等到当事人获得了适当的工作职位后才收取费用"的承诺，这样就可以吸引求职者放心、大胆地来接受职业介绍所的服务。

2) 有吸引力的价格策略

价格是指企业出售产品或者服务所追求的经济回报。产品定价不同，给客户的感受也会不同，对客户购买和消费的吸引力也就不同。

客户购买产品或服务时一般都会有一个心理预期价格，当产品的价格远高于其预期价格时，就会放弃购买或减少购买量；而当产品价格远低于其预期价格时，客户又可能产生怀疑，认为"便宜没好货"，而放弃购买。特别是当客户不能客观地鉴别产品质量时，往往会把价格高低当作衡量产品优劣的标准，认为价格贵的产品就是好的产品。

可见，定价太高、太低都不行，企业应当根据产品或者服务定位人群的特点，以及市场状况和竞争状况，为自己的产品或服务确定一个对客户有吸引力的价格。

小案例

德国的奥斯登零售公司，经销任何产品都很畅销，资金周转非常快，平均只有17~20天，其诀窍就是采取灵活的定价策略。

比如，它推出一套时装，由于风格独特，有强烈的吸引力，客户也感到很新鲜，于是奥斯登公司采取高价策略，即定价是普通服装价格的4~6倍，但照样销售得很好。

当其他企业也相继推出这种时装时，奥斯登公司改变策略，再继续推出两万套这种时装，但将价格下降到相当于普通时装的价格，许多商客闻风而来，两天便抢购一空。

又过了一段时间，奥斯登公司又以成本价，即不到普通时装价格的60%销售，这下连经济拮据的客户也纷纷跑来购买。

一般来说，企业通过产品价格吸引客户的策略有如下几种。

（1）低价策略

低价策略即企业用较低的价格来吸引客户购买，如宾馆把客房的价格定得低一些，就可以吸引更多的住客。或者将原定的价格打个折扣，如原来每购买1箱啤酒30元，现在打8折按每箱24元售卖，以鼓励客户购买。

（2）高价策略

高价策略即企业利用有些客户往往以价格高低来判断产品的质量，认为高价位代表高质量，尤其是当这种产品会影响他们的形象、健康和威望时，从而把产品或者服务的价格定成高价。

小案例

1945年，美国雷诺公司最先制造出圆珠笔，并且作为圣诞礼物投放到市场上成为畅销货。虽然当时每支圆珠笔的成本只需50美分，但是公司以每支10美元的价格卖给零售商，零售商再以每支20美元卖出。尽管价格如此之高，但仍然受到追求时尚、赶潮流的客户的追捧。

总之，高价策略适合有声望需求的产品或服务的定价，如高档的汽车、别墅、西装、香水、高级酒店、著名医院、学校的服务费用等。

（3）心理定价

心理定价即依据消费者对价格数字的敏感程度和不同联想而采取的定价技巧，常见的有以下三种形式。

一是，吉利数字定价。即按照客户喜欢的数字定价，像6、8、9等这些人们认为吉利的数字，例如饭店推出的宴席"一路顺风"666元/桌，"恭喜发财"888元/桌。银行推出理财产品，投资期限为365天，预期年化收益率为5.8%，投资门槛为11.88万元。365的意思是"天天"，5.8谐音"我发"，11.88谐音"要要发发"，连起来就是"天天我发，要要发发"。

二是，整数定价。可以给客户留下产品或服务的质量没有零头的感觉，可吸引对质量敏感而对价格不敏感的客户。

三是，零头定价。即利用有些人的求廉心理，在价格上不进位，保留零头，给人以便宜的感觉，或是让客户感觉到该价格是经过认真的成本核算才确定的，给人以作风严谨，没有水分的感觉，从而吸引客户购买。

（4）差别定价

通过差别定价吸引客户购买的常见方式主要有以下三种。

一是，客户差别定价。即针对不同的客户制订不同的价格，以吸引特定类型的客户群。例如，航空公司每年寒暑假向教师和学生提供优惠票价；宾馆为吸引回头客，对一部分忠诚的老客户提供较优惠的价格；银行房贷根据客户首付比例、信用记录、购买类别等情况对不同客户实行差异化定价。

二是，消费时间差别定价。即按照不同的消费时间，如不同的季节、不同的时期、不同的日期、不同的钟点来制定不同的价格，从而达到吸引客户消费的目的。

小案例

在旅游淡季时，将旅游景点的门票改定低价或使用折扣价、优惠价等吸引游客。电信公司在节假日和晚上9点后推出各种优惠的价格，进行让利销售，以吸引客户对长途电话业务的购买；北京音乐厅推出"开场打折"的措施，即无论什么音乐会，也无论日场或夜场，只要一到开场时间，售票大厅的售票机便会以半价自动售票。这项措施吸引了大量对价格敏感的客户，音乐厅的上座率大幅度提高。这种限时售票打折的做法，在国外是常有的事，一般当天购票可享受七折到八折，演出前一小时购票可享受五折，演出开始后购票享受的折扣更低。

三是，消费量差别定价。即按照消费量的不同来制定不同的价格，从而达到吸引客户批量消费的目的。比如，足球赛的套票平均每场的价格低于单场票，城市公园和博物馆推出的通用年票平均每场的价格也远低于单场票，从而吸引了频繁光顾的客户的购买。

（5）招徕定价

招徕定价是利用部分客户求廉的心理，将某种产品的价格定得较低以吸引客户。比如，超市为了增加客流量，吸引更多的客户光顾，而把一些广大客户熟悉的产品的价格定得很低。超市并没有打算从这些产品上赚钱，而是寄希望于客户被这些产品吸引来，并且购买其他可为超市带来较多利润的产品。

再比如，很多旅游公司打出旗号，能够为客户提供价格非常优惠的线路，但被吸引来的客户却可能由于出游时间或其他原因，实际上享受不到这些线路的优惠，这时候客户就可能被说服接受价格更高的其他线路；餐厅为了吸引客户惠顾而提供价廉物美的"特价菜"，但大多数客人一旦进入餐厅，最后还是会点其他比较高价的菜色。

（6）组合定价

组合定价即为组合、套装产品中的一个产品定低价，以吸引客户购买，然后以相对高价定价其他配套的"互补"产品来获利。

比如，剃须刀，必须要有刀片才能正常使用。在这种情况下，可以使互补性产品的主体产品（剃须刀具）以极低的价格进行销售，甚至可以不赚钱，以吸引客户购买，然后从其互补的产品（刀片）的销售中获利。

再比如，美容院对初次惠顾的客户实行很低的体验价格，而之后的护理费用则较高；饭店通过价格相对较低的食品吸引客户前来用餐，而在酒水上获利。当然也有饭店会将酒水的价格压低来吸引爱喝酒的客户，而将食品的价格提高从中获利。

（7）关联定价

关联定价是指企业对其关联企业的客户的消费实行优惠价，这种优惠是相互的，互惠互利的，其目的是通过互相关照对方的客户来实现对潜在客户的开发。

小案例

上海新世界商厦与邻近的金门大酒店签订了联合促销协议,凡在金门大酒店住宿、用餐的游客可享受新世界商厦的购物优惠,在新世界商厦购物满 800 元以上,可在金门大酒店享受 8 折以下的住宿、用餐折扣。通过这种商厦与酒店的互惠互利政策,吸引和促进了客户在两家企业中更多的消费。

又如,书店和快餐店联手,规定在书店一次性购买 50 元图书就可获得 10 元的餐饮券,而在快餐店一次性消费满 50 元,在书店购买所有图书就可以享受九五折的优惠。书店和快餐店相互借力、聚敛人气,乃"双赢"之举。

(8) 结果定价

对客户来说,产品或者服务的价值取决于使用或消费的效果,因此很多企业根据产品或者服务的效果进行定价,即保证客户得到某种效用后再付款,这有利于吸引客户放心地购买或消费。

结果定价方法可以降低客户的风险,对客户有吸引力,尤其是当高质量的产品或者服务无法在削价竞争的环境中获取应有的竞争力,以及企业提供的产品或服务的效果是明确的、有把握的时候,特别适合使用。

小案例

广告公司推出收费标准:广告播出后,产品销售额增长不低于 10% 全价收费;播出后,产品销售额增长低于 10% 且不低于 5%,半价收费;播出后,产品销售额增长低于 5%,不收费。这样的定价,降低了客户的投入风险,增加了对客户进行广告投入的吸引力。

3) 有吸引力的销售渠道策略

(1) 销售途径要方便客户便捷地获取产品或服务

古语云"一步差三市",说的是开店地址差一步就有可能差三成的买卖。企业提供的产品或服务的渠道是否方便客户,决定了客户获得的价值和付出的成本是不同的,对客户购买的吸引力也是不同的。如果客户购买途径或消费地点的便利性不够,费力、费时,客户就会放弃购买或消费,或者转向竞争者。因此,商店、电影院、餐厅等,大多位于人口密集、人流量大、人均收入高、交通便利的地段,以吸引和方便客户的消费,其营业收入和利润也会比较高。

(2) 通过技术手段提高可获得性和便利性

随着网络信息技术和自动化技术的不断普及,互联网变成最经济的分销渠道。智能化、自动设备,比如自动加油泵、自动洗车机器、自动取款机、自动售货机等技术的运用越来越广泛,大大提高了购买或消费的可获得性、便利性。

小案例

小罐茶在坚持产品质量、特色的前提下,以"小罐茶,大师作"为核心,树立品牌形象的同时,通过合作代理方式,建立了全面的线上线下销售网络。线上销售渠道包括官方旗舰店、天猫、京东等主流电商平台旗舰店;线下销售渠道包括超过 600 家专卖店、2 000 家合作烟酒店、3 000 家合作茶叶店等。目前小罐茶的线上销售占比约为 25%,线下占比为75%。

4)有吸引力的促销策略

(1) 广告

广告就是广而告之,是向大众传播的一种形式。广告的优点是迅速及时,能够准确无误地刊登或安排播放的时间,并可全面控制信息内容。它可以大范围地进行信息传播和造势,提高产品或服务的知名度,从而吸引和激发客户的购买欲望。广告吸引客户通常有以下几种形式。

一是,通过突出产品或服务能够给客户带来的收益,来吸引客户购买。

小案例

美国西南航空公司是美国赢利最多、定价最低的航空公司,它往往以低于竞争对手的价格扩大市场。因此,其竞争对手通过刻画"登上西南航空公司飞机的乘客需掩上面颊"的形象,来嘲笑西南航空公司的定价有损乘客的形象。

作为回应,西南航空公司的总裁亲自做广告,他手举一只大口袋,大声地说:"如果您认为乘坐西南航空公司的飞机让您尴尬,我给您这个口袋蒙住头;如果您并不觉得尴尬,就用这个口袋装您省下的钱。"画面上随之出现大量的钞票纷纷落入口袋,直至装满……

由于这则广告让客户明明白白地看到了西南航空公司提供的利益所在和服务优势——省钱,因此,广告播出后,吸引了许多对价格敏感的乘客。

二是,由于客户所具有的消费知识可能比较欠缺,而企业可以通过广告开展适当的客户教育,帮助客户更好地认知产品或者服务,加速客户的接受过程,从而吸引客户购买,并且形成合理预期。

当然,产品广告进行客户教育的时候必须把握一个最基本的原则,那就是内容必须是实事求是、合情、合理、合法的。

小案例

宝洁公司的电视广告最常用的两个典型公式是"专家法"与"比较法"。

"专家法"是:首先,宝洁会指出客户面临的一个问题来吸引注意力。接着,便有一个权威的专家来告诉客户,有个解决的方案,那就是用宝洁的产品。最后客户听从专家的建议后问题就得到了解决。

"比较法"是:宝洁将自己的产品与竞争者的产品相比,通过电视画面的"效果图",使观众能很清楚地看出宝洁产品的优越性。

三是,有些客户需求是隐藏的,客户自己可能还没有意识到。如果广告能够激发客户的隐藏需求,那么市场就打开了,客户会争先恐后地寻觅企业的产品或服务。

小案例

美国有位年轻人在纽约闹市区开了家保险柜专卖店,但是生意惨淡,很少有人去留意店里琳琅满目的保险柜。看着川流不息的人群,年轻人终于想出一个办法。他从警察局借来正在被通缉的罪犯的照片,并且放大好几倍,贴在店铺的玻璃上,照片下面附上一张通缉令。

很快，行人们被照片吸引，看到罪犯的照片，人们产生了一种恐惧感，于是本来不想买保险柜的人也想买了，年轻人的生意一下子好起来了。

不仅如此，年轻人因此受到警察局的表彰，媒体也做了大量的报道，年轻人又将奖状、报纸一并贴到店铺的玻璃上，这下保险柜专卖店的生意更加红火了。

(2) 公共关系

公共关系是指企业采用各种交际技巧、公关宣传、公关赞助等形式来加强与社会公众沟通的活动，建立或改善企业与社会公众的关系，并且控制和纠正对企业不利的舆论，引导各种舆论朝着有利于企业的方向发展。其目的是通过树立或维护企业的良好形象，来吸引客户。

与广告相比，公共关系更客观、更可信，对客户的影响更深远。最常见的公共关系类型主要包括以下三种。

一是，服务性公关。服务性公关是指企业向社会公众提供各类附加服务和优质服务。通过组织或举办各种活动使客户和大众得到实惠，从而提高企业知名度，塑造良好形象来吸引客户。

小案例

在美国最大的百货公司纽约梅西百货公司的店堂里，有一个小小的咨询服务亭。如果客户在梅西百货公司没有买到自己想要的产品，那么可以去那个服务亭询问，服务人员会指引客户去另一家有这种产品的商店，即把客户介绍到竞争对手那里。这种一反常态的做法收到了意想不到的效果，既获得了广大客户的普遍好感，吸引了更多的客户，又向竞争对手表示了友好，从而改善了竞争环境。

在宝岛眼镜店，客户可以免费使用超声波清洗眼镜，并且得到很多关于清洗和使用眼镜的小知识，这大大增加了企业在消费者心目中的好感，很多消费者也因此成为宝岛眼镜店的常客。本着"把视力健康带给每一双眼睛"的目的，宝岛眼镜走进高校，宣传眼科知识，普及用眼常识，并进行视力免费大普查，从而吸引了众多大学生客户。

二是，公益性公关。公益性公关是指企业举办各种公益性、赞助性活动，以关心人的生存发展、社会进步为出发点，搭建使消费者认同的企业形象来吸引客户。

小案例

宝洁公司多年来援建的希望小学总数已近150所，创下了在华跨国公司援建希望小学最多的纪录。在长期支持希望工程的实践过程中，宝洁公司本着务实、创新的精神开创性地提出了"从我做起，携手商业伙伴，感召客户，帮助中国需要帮助的儿童生活、学习、成长"的公益模式，获得了社会的广泛认可。

安利公司主要生产家居护理用品、美容护肤品、个人护理用品和营养食品。安利目前有两大生产基地，一个在美国本土，另一个在中国广东。安利在广东设立生产基地的目的是专门针对中国人的特征进行产品研发和改进，以更好地服务于亚洲区市场。

安利进入中国以来，怀着"取之于社会，用之于社会"的意愿，围绕"营养、运动、健康""有健康才有将来"的品牌理念，坚持"回馈社会、关怀民生"的企业理念，开展各类公益活动，在中国的教育事业、扶贫救灾、社会公益、环境保护和文化体育方面的捐赠超过2 000万元人民币。此外，安利（中国）公司已经植树100万株，等等。所有这些活动有效地树立了安利公司良好的企业形象,也增强了安利产品的魅力,使得安利的客户开发变得更加容易。

三是,宣传性公关。宣传性公关是指企业利用各种宣传途径、宣传方式向大众宣传自己,形成社会舆论,提高企业知名度。

小案例

1984年,美国总统里根访华,临别前要举行盛大的答谢宴会,按照惯例,这样规格的国宴总是在人民大会堂国宴厅举行的。刚开放一年的长城饭店得知后主动出击,成功地承办了这一盛大的国宴。随同里根访华的500多名外国记者到长城饭店现场采访,宴会还在进行中,一条条消息就通过电传打字机源源不断地传送到世界各地:"今日×时×分,美国总统里根在北京长城饭店举行答谢宴会……"而电视的实况转播,更使上亿观众将长城饭店的里里外外看得清清楚楚,从此长城饭店名扬天下。

法国白兰地在美国市场上没有贸然采用常规手段进行销售,而是借美国总统艾森豪威尔67岁寿辰之际,把窖藏达67年之久的白兰地作为贺礼,派专机送往美国,同时宣布将在总统寿辰之日举行隆重的赠送仪式。这个消息通过新闻媒介传播到美国后,一时间成了美国的热门话题。到了总统寿辰之日,为了观看赠酒仪式,不少人从各地赶来目睹盛况。就这样,新闻报道、新闻照片、专题特写,使法国圣酒在欢声笑语中昂首阔步地走上了美国的国宴和家庭餐桌。

(3)销售促进

销售促进是企业利用短期诱因,吸引和刺激客户购买的促销。常见的促销方式主要有以下几种。

一是,免费试用。在买方市场条件下,客户更精明、挑剔,为打消用户对产品质量的顾虑或对产品所能带来收益的怀疑,企业采取免费试用的方式,"欲擒故纵,先予后取",促使用户下定决心购买。免费试用是吸引潜在客户或者目标客户迅速认同,并且购买企业的产品或者服务的有效方式。

二是,免费提供附加服务。即企业为购买者提供免费送货上门、免费安装、免费调试等产品以外的附加服务。例如,酒楼看准每年都有很多新人办喜事的行情,竞相推出免费代送宾客,免费提供新婚礼服、化妆品、花车及结婚蛋糕等,谁的服务更周到、全面,谁的生意就更兴隆。

三是,奖金礼品。即客户购买一件产品,企业或商家会提供相关联的奖金或礼品赠送活动。如购买一辆汽车可获赠一辆自行车;酒厂承诺凭若干个酒瓶盖就可换得若干奖金或者一瓶酒等。口香糖刚问世时,销路不畅,后来厂家制定了一个新的规则,即回收一定数量的口香糖纸就可以换得一个小礼品,从而打开了市场。

四是,优惠券。即企业印发的给予持有人购买产品时一定减价的凭证。由于能够得到价格优惠,所以对于对价格敏感的客户有很强的吸引力。优惠券可在报纸或杂志上刊印,还可以在产品中或在广告中附送。在美国,很多人会在周五下班后到商店采购,准备度周末,而在前一天,许多商店已经在报纸上刊登了减价广告和赠券,客户如被赠券所对应的产品吸引,就会将赠券剪下来,然后持券购买该产品便可获得相应的优惠。

任务三　接近潜在客户的策略

现代营销理论认为，推销产品首先是推销自己。如果客户对企业的销售人员不信任，则其不可能相信企业提供的产品或服务，更不可能购买企业的产品或服务。在通常的印象中，能说会道是企业推销人员最有利和必备的武器，因此多数企业会热衷于招聘口若悬河的销售人员。事实上，口才与销售成功之间并不存在正相关。好的销售人员懂得什么时候该说，什么时候该闭嘴。

国内外许多研究报告提出，人们对销售人员的评价和看法，总是先入为主，有"首次印象效应"。企业销售人员在第一次与客户打交道时，以什么样的姿态和氛围接近客户，给客户留下什么样的首次印象，将直接关系该潜在客户能否转化为现实客户，以及该客户的忠诚度。企业销售人员如何才能在接近客户时给客户留下良好的首次印象呢？

1. 有效接近潜在客户的策略

1) 赞美接近法

卡耐基在《人性的弱点》一书中指出："每个人的天性都是喜欢别人的赞美的。"现实的确如此。赞美接近法是销售人员利用人们希望别人赞美自己的愿望来达到接近客户的目的。这一点对女性尤其如此。

赞美接近法是一种常用的接近方式，但是赞美对方并不是美言相送，随便夸上两句就能奏效的，如果方法不当反而会起反作用。在使用赞美接近法时应注意以下几个方面。

(1) 选择适当的赞美目标

企业销售人员必须选择适当的目标加以赞美。就个人客户来说，个人的长相、衣着、举止谈吐、风度气质、才华成就、家庭环境、亲戚朋友等，都可以给予赞美；就组织客户来说，除了上述赞美目标之外，企业名称、规模、产品质量、服务态度、经营业绩等，也可以作为赞美对象。但如果企业销售人员信口开河、胡吹乱捧，则必将弄巧成拙。

(2) 选择适当的赞美方式

企业销售人员赞美客户，一定要诚心诚意，把握分寸。事实上，不合实际的赞美，虚情假意的赞美，只会使客户感到难堪和反感，甚至导致客户对其产生不好的印象。同时，对于不同类型的客户，赞美的方式也应不同。例如，对于严肃型的客户，赞美语应自然朴实，点到为止；对于虚荣型客户，则可以尽量发挥赞美的作用；对于年老的客户，应该多用间接、委婉的赞美语言；对于年轻的客户，则可以使用比较直接、热情的赞美语言。

无论如何，作为企业销售人员或销售经理，时刻要记住，赞美别人是对自己最有利的方法。

小案例

一个专门生产各种食品罐头的企业销售人员说："陆经理，我多次去过你们商场，作为本市最大的专业食品商店，我非常欣赏你们商场高雅的店堂布局，你们货柜上也陈列了省内外许多著名品牌的食品，窗明几净，服务员和蔼待客，百问不厌，看得出来，陆经理为此费了不少心血，可敬可佩！"听了销售人员这一席恭维的话语，陆经理不由得连声说："做得还不够，请多包涵，请多包涵！"嘴里这样说，心里却是美滋滋的。

这位销售人员用这种赞美对方的方式开始产品洽谈，很容易获得客户对自己的好感，成功的希望也大为增加。

2）问题接近法

问题接近法又称为讨论接近法，主要是通过销售人员直接面对客户的关注点提出有关问题，通过提问的方式激发客户的注意力和兴趣点，进而顺利过渡到购买行为。

问题接近法虽然是比较有效的方法，但其要求也较高。企业销售人员在提问与讨论中应注意以下3点。

① 问题表述必须简明扼要，目标具体，抓住客户的关注点，最好能形象化、量化、直观生动，避免提出简单的是与否的判断问题。例如，对酒店经理说，您希望在保证贵酒店正常经营的情况下明年电费开支减少15％吗？比简单问"您想降低成本吗"要好得多。一般来说，问题越明确，接近效果越好。

② 问题要突出重点，有的放矢，针对性强。在实际生活中，每一个人都有许许多多的问题，其中有主要问题，也有次要问题。只有抓住最重要的问题，才能真正打动人心。企业销售人员提出的问题，重点应放在客户感兴趣的主要利益上。如果客户的主要动机是节省金钱，提问应着眼于经济性；如果客户的主要动机是求名，提问则宜着眼于品牌价值。因此，销售人员必须设计适当的问题，把客户的注意力集中于其所希望解决的问题上面，从而缩短成交距离。

③ 问题应当是客户乐于回答和容易回答的。问题若过于复杂或出言不逊、出语伤人，不仅客户不会回答问题，同时还可能失去和客户进一步洽谈的机会。

小案例

有一位推销书籍的小姐，平时碰到客户和读者总是从容不迫地、平心静气地提出两个问题："如果我们送给您一套关于经济管理的丛书，您打开之后发现十分有趣，您会读一读吗？""如果读后觉得很有收获，您会乐意买下吗？"

这位女士的开场白简单明了，连珠炮似的两个问题使对方无法回避，也使一般的客户几乎找不出说"不"的理由，从而达到了接近客户的目的。后来，这两个问题被许多出版社的图书推销人员所采用，成为典型的问题接近方法。

3）介绍接近法

介绍接近法分为自我介绍、托人介绍和产品介绍3种。

自我介绍法是指销售人员自我口头表述，然后用名片、身份证、工作证来辅佐，达到与客户相识的目的。

有时，销售人员采用托人介绍的方法接近客户。这种方法是销售人员利用与客户熟悉的第三人，如亲戚、朋友、战友、同乡、同学、老部下、老同事等，通过电话、信函或当面介绍的方式接近客户。在通常情况下，客户会碍于朋友介绍的情面都会接见销售人员。

产品介绍法也是销售人员与客户第一次见面时经常采用的方法。这种方法是销售人员直接把产品、样本、模型放在放客户面前，引起对方对其产品的足够兴趣，最终接受购买的建议。这种方法的关键之处如下。

① 产品本身具有一定的知名度和吸引力，能够引起客户的注意和兴趣。
② 产品在性能、品质、价格等方面有差别优势。
③ 产品精美轻巧，便于携带。
④ 质量优良，不易损坏。

小案例

过硬的产品是最好的接近。有一家橡胶轮胎厂的推销人员到汽车制造公司去推销产品，他们随车带去了该厂生产的50多个品种的汽车轮胎，还有刚刚投放市场的最新式的子午线轮胎。进了对方厂门以后，他们并不做过多的口头宣传，只求汽车公司总经理看看随车带来的满满一汽车轮胎，琳琅满目、应有尽有，最后对方拍板与该厂签订了长年订货合同，汽车公司生产的汽车全部采用这家橡胶厂的轮胎。

4）请教接近法

每个人都有自己的爱好，而这种爱好往往又希望得到别人的赞赏和认同。销售人员利用客户"好为人师"的心理来接近客户，利用向客户请教问题的机会，往往能达到比较好的效果。在一般情况下，客户是不会拒绝虚心讨教的销售人员的。

在接近潜在客户的实际工作中，企业销售人员可能要接近某些个性高傲的客户，这类客户自高自大，唯我独尊，往往很难接近。但是，一般来说，人们不会拒绝登门虚心求教的人。例如，"赵工程师，您是电子方面的专家，您看看我厂研制投产的这类电子设备在哪些方面优于同类老产品？"

请教接近法通过直接向客户提问其擅长的问题来引起客户的兴趣，从而促使客户集中精力，更好地理解和记忆销售人员发出的信息，为激发购买欲望奠定基础。

小案例

某通信设备公司，其产品在业内处于前列，产品性价比也不差。可最近一年来，公司的销售人员张经理多次拜访某集团单位的设备采购部李经理，但都未能获得对方对产品的认可和采购。该单位每年采购同类产品的支出高达几千万元，张经理尝试了很多方法但都未能如愿，难以同对方建立良好的客户关系。

一次偶然的机会，张经理来拜访时恰好李经理外出不在，他发现对方办公桌上放了很多篆刻作品。经询问才知道，李经理喜欢篆刻到了如痴如醉的地步，这些作品也全是李经理个人的得意之作。

拜访归来，张经理赶紧收集相关的篆刻书籍资料，努力学习篆刻知识，待累积了一定的基础知识后，又去拜访李经理。这次张经理闭口不谈产品，以篆刻为题谈古论今，并以篆刻爱好者的角色赞赏对方的作品，不断请教对方，高度赞赏李经理篆刻方面的造诣。

李经理身边的朋友不少，但真正喜欢篆刻和懂得篆刻的人是少之又少，如今碰巧遇到一个知己，而且又特别欣赏他的作品，使他非常开心，双方关系拉近不少。之后，张经理还亲自陪同李经理观看篆刻展览，双方的个人感情和信任日益增进。没过多久，张经理就获得了每年近3 000万元的订单。

5) 好奇接近法

好奇接近法主要是利用客户的好奇心理来接近对方。好奇心是人们普遍存在的一种行为动机，客户的许多购买决策有时也受好奇心理的驱使。好奇接近法需要的是企业销售人员发挥创造性的灵感，制造令人好奇的问题与事情。但是，好奇应符合规律，合情合理，奇妙而不荒诞，不可故弄玄虚。

小案例

一位英国皮鞋厂的推销员曾几次拜访伦敦一家皮鞋店，并提出要拜见鞋店老板，但都遭到了对方的拒绝。后来，他又来到这家鞋店，口袋里揣着一份报纸，报纸上刊登了一则关于变更鞋业税收管理办法的消息，他认为店家可以利用这一消息节省许多费用。于是，他大声对鞋店的一位售货员说："请转告您的老板，就说我有路子让他发财，不但可以大大减少订货费用，而且还可以本利双收赚大钱。"

销售人员向老板提赚钱发财的建议，哪家老板会不心动呢。

6) 利益接近法

销售人员着重把商品给客户带来的利益放在第一位，首先把好处告诉客户，把客户购买产品或服务能获得什么利益，如增加收入、降低成本等，明明白白地说出来，从而引发客户兴趣，增强购买信心。例如，一位文具销售员说："本厂出品的各类账册、簿记比其他厂家生产的同类产品便宜三成。"这种利益接近法迎合了大多数客户的求利心态，销售人员抓住这一要害问题予以点明，突出了销售重点和产品优势，有助于很快达到接近客户的目的。

"天下熙熙，皆为利来；天下攘攘，皆为利往"，从销售原理来说，利益接近法是一种最有效、最有力的接近客户的方法。这种方法既避免了一些客户为掩饰其求利的心理而不愿主动询问产品所提供利益的障碍，帮助客户正确认识产品；同时又突出了销售的重点。利益接近法要注意对利益的陈述要能打动客户的求利心理，但不可夸大其词。

一般来说，客户只关心自己能够得到什么，因此，销售人员应当换位思考，站在客户的立场想问题。感受客户面临的问题及真实需求，并设身处地为客户提供有益的解决问题的思路和办法。

小案例

20世纪60年代，美国一家润滑油企业的销售人员到南美洲一个著名的矿场推销润滑油，这里的机器设备很多，每年需要大量的润滑油，因此世界上许多润滑油生产厂家都把它作为重点的目标客户。为了应对竞争，这位销售人员不得不把价格压得很低，并许下很多承诺，但矿场老板仍然不为所动。

在一次次的失败之后，这个销售人员苦思冥想，终于发现了真相：其实，客户根本不需要润滑油，他真正需要的是如何保障机器设备能够正常运转。

在发现了客户的根本需要之后，销售人员找到矿厂老板，对他说："我负责赔偿你的机器设备出现故障停工造成的各种损失。"矿厂老板颇感意外，但显然这句话引起了老板极大的兴趣。销售人员接着说："条件是你要按照我提出的保养计划保养机器，并要使用我的润滑油。"

显然，这个销售人员成功了，而他的成功应归功于他能够站在客户角度思考问题的换位思考能力，成功地将自己的身份由润滑油推销员转换成了矿场机器设备的保养顾问。

7）演示接近法

演示接近法是一种比较传统的推销方法。在利用表演方法接近客户的时候，为了更好地达成交易，推销员还要分析客户的兴趣爱好、业务活动，并扮演各种角色，想方设法接近客户。

小案例

"我可以使用一下您的打字机吗？"一个陌生人推开门，探着头问。在得到主人同意之后，他径直走到打字机前坐了下来，在几张纸中间，他分别夹了8张复写纸，并把纸卷进了打字机。

"你用普通的复写纸能复写得这么清楚吗？"他站起来，顺手把这些纸分发给办公室的每一位，又把打在纸上的字句大声读了一遍。毋庸置疑，来人是上门推销复写纸的推销员，疑惑之余，主人很快被复写纸吸引住了。

这是出现在上海浦东开发区某家誉印社的一个场景。

8）送礼接近法

销售人员利用赠送礼品的方法来接近客户，以引起客户的注意和兴趣，效果也非常明显。例如，一些小儿科的名医都有一个特性，他们除了医术好以外，还懂得与小朋友沟通。要进行有效的沟通，第一步是要赢得小朋友的好感。如何迅速地获得小朋友的好感，大多数医生准备了许多送给看病小朋友的新奇贴纸。这样一来，医生就不再是打针的叔叔阿姨，而是送贴纸的叔叔阿姨了。

小赠品的价值不高，却能发挥很大的效力，不管拿到赠品的客户喜欢与否，至少表达了对客户的一种感谢接见的心意和尊重。相信每个人受到别人尊重时，内心的好感一定会油然而生，让初次见面的客户产生良好的第一印象。

在选择所送礼品之前，销售人员要了解客户，投其所好。需要指出的是，销售人员赠送礼品不能违背国家法律，不能变相贿赂。尤其不要送高价值的礼品，以免被人指控为行贿。

应用送礼接近法需要注意以下方面。

① 了解客户的嗜好和需求，这样的馈赠和礼物才能发挥最大的效果。

② 赠送的礼品尽量与所推销的产品有某种联系，尽量与企业的整体形象和谐一致。

③ 金额要合法，赠送的礼品不要过于昂贵，以免造成对方的心理负担，使其敬而远之。

9）震惊接近法

震惊接近法是指推销人员利用某种令人吃惊或震撼人心的事物来引起客户的注意和兴趣的方法。对于少数客户，只有利用震惊接近法，才能冲破其坚固的心理防线，同时利用该方法接近客户能够增强推销说服力。

推销人员在使用震惊接近法时应特别注意以下问题。

① 推销人员利用有关客观事实、统计分析资料或其他手段来震撼客户。这些手段应该与该项推销活动有关。

② 推销人员震惊客户，必须结合客户的特征，仔细研究具体方案。

③ 推销人员震惊客户，应该适可而止，令人震惊而不应引起恐惧。

④ 推销人员必须讲究科学，尊重客观事实。切不可为震惊客户而过分夸大事实真相，更不应信口开河。

小案例

一位年轻的总经理一直不买个人保险。一天，销售人员突然闯进他的办公室，把一张照片放在他面前，对他说："您不应该为这位老人做点什么吗？"他一看，是一位古稀老人的照片。再仔细一看，原来那位老人就是他自己。推销人员告诉他："您70岁的时候就是这样！"于是，年轻的总经理购买了大额人寿保险，因为那张照片使他震惊了。

10) 调查接近法

调查接近法是指企业人员利用调查的机会接近客户的一种方法。客户需求的差异性使销售人员应该事先进行调查研究，才能提供最佳服务。采用这一方法比较容易消除客户的戒心，成功率比较高。

销售人员可以依据事先设计好的调查问卷，征询客户的意见，调查了解客户的真实需求，再比较自然、巧妙地从问卷转为产品的推广和销售。

例如，"张厂长，听说贵厂准备利用电子计算机进行科学管理，这是企业管理现代化的必然趋势，您可是先走一步了！我们公司经营各类电子计算机，品种多、性能好，但不知贵厂适用哪一种型号的。您知道，如果不适用，再好的设备也是废物。为了提供最佳服务，我想先做一些实际调查，您看怎样？"

2. 首次拜访潜在客户应注意的问题

首次拜访潜在客户有两种情况：一种是事先已经和客户约好会面的时间，这种拜访是计划性的拜访，因为拜访前已经确定要和谁见面，因此能充分地准备好拜访客户的有关资料；另一种情况是预先没有通知客户，直接到客户处进行拜访或偶遇，这种方法其实就是扫街。

但不管是哪种情况，初次与潜在客户见面，需要注意以下7个很重要的问题。

(1) 外观形象是一张通行证

人的外观会对他人起到暗示的作用，因此要尽量使自己的外观给初次会面的客户一个好印象。一个人面部上的眼、鼻、嘴和头发都会给人以深刻的印象，虽然每个人的长相是天生的，不好改变，但是可以进行适当的修饰。例如，有些人的眼神冷峻或双眼大小不一，这会给人不愉快的观感。此时，可以利用眼镜把这些不好的地方修饰好。并且，洁白的牙齿能给人开朗纯净的好感；鼻毛露出鼻孔给人不洁的感觉；头发散乱让人感到落魄。

穿着打扮也是影响第一印象好坏的主要因素，特别是衬衫的第一颗纽扣一定要扣牢，领带才不会歪斜松脱。一个衣着不整的人，难以获得别人的信任。或许有人认为，这些都是小节，自己超强的专业知识能带给客户最大的利益，客户应该重视的是自己的内涵，而不应以貌取人。话虽然这么说，但客户购物的决定往往受感性因素左右。

销售人员良好的外观形象是一张通行证，没有这张通行证，客户甚至连与其沟通的机会都不会给，又怎么去了解销售人员"超强的专业知识"。

(2) 礼貌能换回尊重

好的打扮若能加上好的礼仪，将更能赢得客户的好印象。礼貌表示对客户的尊重，只有尊重客户，才能得到客户的尊重。

企业销售人员出门前，要养成检查名片夹内是否有名片的习惯。名片的正确递交方法是：将各个手指并拢，大拇指轻夹着名片的右下角，将名片上的字正面朝向对方，递交于对方的胸前，以方便对方阅读和接拿。

在收取对方的取名片时，要用双手去接，拿到对方名片后要轻轻地念出对方的头衔，以示尊重。拿到名片后，可放置于自己的名片夹内，千万不要随便地放在裤子兜里或一直拿在手里玩弄。若同时交换名片，可以用右手递交名片，左手接拿对方名片。

握手能表达一个人的自信和能力。当然，有的人或有的场合不适合握手，也有些人不愿意握手。所以要注意，为了避免和那些不愿意握手的人出现尴尬的局面，可以保持右手臂微曲放在体侧，当对方伸手时有所准备。同时，要保持自己的手干净干燥，如果手潮湿或冰冷，握手时会给对方不好的感觉。握手的力度要适当，太用力会让人感觉粗鲁，太轻柔又会让人感觉在敷衍。所以，在握手过程中往往能感受到对方的态度。

（3）选好拜访时间

应该在什么时间拜访客户，曾有一位销售员到某家饮食店拜访，他前往数次，那位老板不是避而不见面就是告诉他："现在很忙，请改天再来。"如此一而再、再而三地找各种借口推却。有一天，销售员对老板说道："老板，不管你多么忙碌，晚上总能抽出时间吧？"老板回答说："晚上是有一点时间。"于是，这位销售员便告诉他："好，那么我晚上再来。"怀着半信半疑的心理，他在深夜12:00再次来到这家饮食店，结果发现那位老板果然在等他，于是商谈顺利地展开。

又如，从事青菜或海鲜等时间要求高的零售业者，一大早必须到市场去进货，回来后又要准备展示及出售，所以上午不适合前往访问此类客户。而到了黄昏时刻，客户不断增加，更是他们一天之中最忙碌的时候，因此应选择中午或晚饭之后去拜访，才不会引起反感。

由此可见，销售人员若不考虑客户是否方便就贸然前去拜访，通常会遭遇失败。如果想获得客户的好感，千万不能仅以自己的工作方便来考虑，必须要配合客户的时间去拜访才行。

（4）记住潜在客户的名字和称谓

企业销售人员在面对潜在客户时，若能流利、不断地以尊重的方式称呼客户的名字，客户对企业的好感也将越来越浓。专业的销售人员会密切注意潜在客户的名字有没有被报刊报道，若能带着有潜在客户报道的剪报拜访初次见面的客户，客户一定会感动，一定会对销售人员心怀好感。

（5）塑造专业形象

塑造专业的、可信赖的印象是让客户产生好感的一种方式。虽然，人们都知道凭印象判断是不客观的，可是却很少有人完全不受影响。例如，一位有数十年教学经验的老师面对一群新学生时，往往会情不自禁地联想到其曾经教过的学生；刑警对人的判断，往往把以往接触过的犯罪者当作衡量的尺度；银行家会依据以往接触客户的经验而判断初次见面的人信用的好坏。

因此，企业销售人员与潜在客户的第一次见面展现出来的专业性，会直接影响客户对企业产品或服务的印象。例如，初次会面前的电话约定，约定日期如间隔3天以上时，可先寄发销售信，见面前再确认会面时间并感谢客户抽时间见面；也可先寄上一份公司简介让客户先了解公司情况。这些都会让客户感受到销售人员个人及所代表企业的专业程度。

（6）注意观察客户的情绪

人的情绪有高潮期和低潮期，生理周期、感情、工作压力都会影响一个人的情绪。客户情绪的变化是无法事先准备和拿捏的。因此，当初次面对潜在客户时，如果察觉到客户陷于情绪低潮，注意力无法集中，销售人员最好体谅客户的心境，约好下次会面的时间后，迅速礼貌地告退。

（7）站在客户的角度替客户解决实际问题

企业销售员在与潜在客户见面前，最好能事先了解该客户面临哪些问题，有哪些不利因素正在困扰客户。企业销售人员如果能以关切的态度站在客户的立场，表达对客户的关心，让客户感受到企业愿意与其共同解决问题，必定会赢得客户的好感。

小案例

几年前，许多文书都是大八开尺寸的，一般复印机复印这种文书时，只能用 A3 纸复印后再裁剪，非常不方便。这个问题各家复印机厂商的销售员都很清楚，但复印机都是从国外进口的，国外没有大八开的需求，因此没有大八开的纸供复印使用。

某公司的一位销售人员了解这一问题后，在拜访某公司负责复印的主管前，先去找公司技术部的人员，询问是否能修改机器，使机器能复印大八开的文书。技术人员知道了这个问题，略微研究后，发现某种型号的复印机只要稍做修改即可复印大八开纸。

销售人员得到这个信息后，见了那些分管此事的客户，表示愿意特别替他们解决大八开文书的复印问题。客户听到后对那个公司产生了好感，在极短的时间内，这种型号的复印机成了这家公司的主要产品。

上述注意事项的出发点不外乎"尊重、体谅、令别人快乐"——只要从这 3 个出发点思考，就会发现并拥有更多让潜在客户对企业产品或服务产生好感的方法。

项目小结

本项目主要介绍了企业应该如何根据潜在客户的特征寻找自己的潜在客户，并通过与潜在客户的初次接近，给潜在客户留下良好的印象，进而把潜在客户转化为实际客户。

潜在客户的基本特征可以使用 MAN 来概括：M（money，代表"金钱"）、A（authority，代表购买"决定权"）、N（need，代表"需求"）。企业找到潜在客户后，还需要利用帕累托法则、"MAN"法则等对潜在客户的价值进行评估，分清主次，方便企业锁定并重点开发重要的潜在客户。

企业寻找潜在客户的常用途径和方法包括：推销导向策略的资料搜索法、地毯式搜索法、连锁介绍法、中心开花法、代理人法、销售信函邮寄法、非竞争合作法、参加展览会、专业市场咨询法等；营销导向策略的有吸引力的产品功能效用、质量、特色、品牌、包装、服务、承诺与保证等，有吸引力的价格，有吸引力的销售渠道，有吸引力的促销策略等。

企业销售人员初次接近潜在客户时常用的方法主要有：赞美接近法、问题接近法、介绍接近法、请教接近法、好奇接近法、利益接近法、演示接近法、送礼接近法、震惊接近法、调查接近法等。同时，还应注意诸如个人形象、礼貌等一些小的细节。

各种方法都有一定的适用条件和注意事项，在使用的过程中要根据潜在客户的具体情况灵活运用。

案 例 分 析

两个销售员的不同遭遇

范例1

销售人员A：有人在吗？我是大林公司的销售人员陈大勇。在百忙中打扰您，想要向您请教有关贵商店目前使用收银机的事情。

商店老板：哦，我们店里的收银机没有毛病啊。

销售人员A：并不是有什么毛病，我是想是否已经到了需要更新的时候。

商店老板：没有这回事，我们店里的收银机状况很好呀，使用起来还像新的一样，嗯，我不想考虑换台新的。

销售人员A：并不是这样哟！对面李老板已经更换了新的收银机呢。

商店老板：不好意思，让您专程而来，将来再说吧！

范例2

销售人员B：郑老板在吗？我是大华公司销售人员王维正。在百忙中打扰您，我是本地区的销售人员，经常经过贵店，看到贵店的生意一直都是那么好，实在不简单。

商店老板：您过奖了，生意并不是那么好。

销售人员B：贵店对客户的态度非常亲切，郑老板对贵店员工的教育训练，一定非常用心。我也常常到别家店，但像贵店服务态度这么好的实在是少数。对街的张老板，对您的经营管理也相当钦佩。

商店老板：张老板是这样说的吗？张老板经营的店也是非常好的，事实上他也是我一直作为目标的学习对象。

销售人员B：郑老板果然不同凡响，张老板也是以您为模仿的对象。不瞒您说，张老板昨天换了一台新功能的收银机，非常高兴，才提及郑老板的事情。因此，我今天才来打扰您。

商店老板：喔！他换了一台新的收银机呀？

销售人员B：是的。郑老板是否也考虑更换新的收银机呢？目前，您的收银机虽然也不错，但是如果能够使用一台有更多的功能，速度也较快的新型收银机，让您的客户不用排队等太久，会因此更喜欢光临您的店。请郑老板一定要考虑这台新的收银机。

问题分析

案例中销售人员A在接近客户的过程中犯了哪些错误？销售人员B使用了哪些接近客户的策略？你还知道哪些实用的有效接近客户的方法？

如何跟进大的潜在客户

这个客户是我在展会上认识的,当时对我们的产品表示了浓厚的兴趣,并下了12个样机订单,这在我们公司是第一次。这个客户很大,在美国有1 000多家店,很多大公司都是他的客户,如果这个订单可以谈下来的话,就是好几百万美元的生意呢。

展会结束后,我马上把在展会上的谈话、报价等资料整理好,发给客户,第3天收到了回信。客户收到样品后,要求我给他一个Formal Quotation(正式报价)。我感到很困惑,因为报价一开始就发给他了。但是,当时发的是平常的报价。由于当时他说要做独家代理,我也在想是不是要按这个条件来发报价。大家都知道做独家代理有很多东西需要谈,不是只有价格这一项。

于是,我又把之前给他的报价发给了他,并告诉他这个是按照我们的MOQ(最小起订量)来报的。关于独家代理,我们还有很多要谈的,所以到时候再来协商价格,并信心满满地告诉他,我们一定在价格、质量和交货期上支持他。顺便问了一下,大概有个什么样的量。于是,客户回复我,是他一定在量上面支持我。还说一定会有个Significant Quantity(巨大的数量)。

由于老板说我们的产品在客户那里是有竞争力的,要摆高姿态,于是我稍微吹嘘了一下我们的产品,说是和那些国际大品牌的质量一样好的。然后,客户有力地回击了我,说我们的质量很不好,并且还列出了几个毛病,并要求我们给出一个好的价格。不过我知道产品并没有客户说的那么糟糕,对于产品我一直都很有信心。相信客户说出那些缺点,应该就是为了一个好的价格。于是我和老板说,开始跟客户谈独家代理的事情,谈合作方式、时间、数量、价格等。老板说先不要谈,让客户给出一个数量再来谈。我只能在产品上跟客户纠缠了。可后面发给客户的邮件,他都没有回复我。

我真的很困惑,我自己感觉这个客户是很有质量的。可是,当所有的样品都寄出去之后,竟然没了回音。花了这么多精力跟进的客户,不希望就这样没了音信。

是哪里出了错,我现在该怎么和这个客户联系,客户现在最关注的到底是什么?质量已经知道了,是价格吗?

问题分析

如果是你面临这样的情况,你会如何跟进这样的潜在客户?

京东商城的客户开发策略

京东商城是一个以科技为驱动的自营电商平台,是品牌方与消费者之间的纽带,所以京东的客户除了消费客户外,还有供应商客户。

1. 消费客户的选择与开发

京东的目标消费客户为经常性网络购物的网民,一般为3C产品的主流消费群体,主要是18~35岁的白领阶层、公务人员、事业单位员工、在校大学生和其他有稳定收入但又没有时间上街购物的消费人群。

京东商城为目标消费客户提供了品类丰富的商品,且拥有高效的、高度标准化的后台支撑系统,能够严格掌控从生产需求、产品选购到购买决策,再到支付、配送和售后服务的各个环节,带给用户专业的一体化购物体验。

此外,京东商城价格只是在商品的采购价之上加上5%的毛利即为京东价。这个价格要比3C实体渠道之王的国美、苏宁低10%~20%，比厂商指导价低10%~30%。京东没有实体门店可以节省销售额的10%，没有批发环节可以节省销售额的20%，没有中间商可以节省销售额的20%，而节省下来的费用体现在商品价格上，毫无疑问比传统零售企业的商品更具有竞争力。

除了线上京东商城外，京东还在线下一二线城市的核心商圈建设了多家3C零售体验店"京东之家"和"京东专卖店"。在京东之家，不仅有各个品牌的热卖爆品，更有一些线上难以抢购的首发爆品、专供线上的商品，可以让客户一次体验过瘾。这里的所有商品均来自有品质保障的京东自营，并与京东线上实时同价，不管客户看中哪个商品，都可以当场下单提货，也可以选择京东配送到家，省时又省力。

2. 供应商客户的选择与开发

京东商城签约的供应商涉及IT数码、消费电子、日用百货、图书音像等多个产品领域，并包含自营合作与开放平台的联营品牌。在最具优势的3C领域，京东与宏碁、戴尔、富士通等主流电脑品牌厂商分别签署了独家首发、旗舰店计划，并与包括索尼、TCL、三星等在内的家电、通信厂商达成了采购协议。

京东还具有持续优化供应链的能力，能够聚拢更多品牌商、供应商，形成规模化效应，让产业链的各方获取更大价值，实现多方共赢。

问题分析

从京东商城选择与开发客户的过程中，你有哪些开发客户方面的感悟或收获？

哈根达斯的客户开发策略

哈根达斯，冰淇淋中的劳斯莱斯。1989年，哈根达斯在欧洲知名的富人街区开设了几个环境优雅的冰淇淋大厅并塑造了一种高贵、优质、洁净而自然的气氛，让走进大厅的人都对这个环境流连忘返。

当哈根达斯进入超市和便利店时，它用具有品牌特征的玻璃门冷冻柜，屏示不同口味的产品，这些柜子把哈根达斯和其他品牌随便放在零售商的冷冻架上显得无足轻重的产品分开来。哈根达斯的这种品牌创建是成功的，在为客户创造品牌价值的基础上，哈根达斯走上了顺利发展的道路。

在媒体投放上，哈根达斯从来不与传播电池、洗衣粉之类的"大众媒体"混为一谈，因此它几乎从不大张旗鼓地做电视广告，原因是电视的覆盖面太广、太散，对于哈根达斯来说没必要。哈根达斯的大部分广告都是平面广告，而且是在某些特定媒体上刊登大篇幅的广告。既节省了广告费，又增强了广告效果，以此锁定那些金字塔尖的消费者。哈根达斯的广告语针对的目标客户也十分明确："爱她就请她吃哈根达斯"，将甜蜜的味道与爱情结合在一起十分和谐，给情侣消费一个新的理由。

哈根达斯进入上海市场之前就认真分析了上海消费者的心态。当时上海人认为：出入高档办公场所的公司白领是时尚的代言人。于是，哈根达斯就邀请这些人参加特别活动，吸引电视台、报纸的视线，媒体的争相报道，一举把"哈根达斯"定义为时尚生活的代名词。一批在哈根达斯有过"高贵、时尚生活"的人成了其口碑宣传者，很快更多的人蜂拥而至。这种分析消费者心态、口碑宣传的手法被业内认为是哈根达斯的专长，而且极为有效，每进入一个新的城市，它就如法炮制，从未失手。

与此同时，哈根达斯还有选择地切入了其他零售渠道，以扩大自己的零售面。比如，在上海，它慎重地选择了五六百家超市，进入家庭冰淇淋市场。哈根达斯最经典的动作之一，就是给自己贴上"爱情"的标签，由此吸引恋人们的眼球。在情人节，哈根达斯把店里，店外布置得柔情蜜意，不但特别推出由情人分享的冰淇淋产品，而且还给来消费的情侣们免费拍合影，让他们从此对哈根达斯"情有独钟"。

相对其他冰淇淋而言，哈根达斯是奢侈的，但是对比情侣们的其他消费方式它又是廉价的，再加上耗费大量的人力、物力的选址与环境打造，使精心设计的"哈根达斯一刻"带来的浪漫感觉一点都不廉价。

哈根达斯为了留住消费者，采取了会员制，一位客户累计消费500元，就可以填写一张表格，成为他们的会员。到目前为止，哈根达斯的数据库里已经有几万名核心会员的资料。哈根达斯细心呵护每一位重点会员，其结果是在中国市场上这些消费者对其品牌忠诚度之高、之久，很少有其他品牌能企及。

其具体策略包括：定期寄送直邮广告，自办"酷"杂志来推销新产品；不定期举办核心消费群体的时尚聚会，听取他们对产品的意见；针对不同的消费季节、会员的消费额和特定的产品发放折扣券等。

中国巨大的企业购买市场也吸引了哈根达斯。针对中秋节礼品市场，哈根达斯专门开发了价高质优的冰淇淋月饼，向所在城市的各大公司推销，很多公司把这款月饼作为送给员工和客户的节日礼物，着实让哈根达斯猛赚了一把。哈根达斯的销售员还专门带上新鲜的冰淇淋样品跑遍各大公司，让那些采购主管当场品尝。这种近距离营销的新鲜手法也吸引了一些大客户，如上海对外服务公司在一年中秋前向哈根达斯订了两万多份产品作为客户礼物。

问题分析

哈根达斯运用了哪些开发客户的方法？从哈根达斯开发客户的过程中，你对企业开发客户的途径和方法有哪些感悟或收获？

实 训 设 计

【实训目标】通过接近客户的角色扮演，理解客户的心态，体会接近客户时自己的心理感受，以及运用不同策略时带来的客户反应。

【实训内容】某知名洗护用品公司开发了一款针对高端人群的高档洗护产品，公司计划先针对老客户做些推广工作。高级白领王姐是该产品的忠实客户，试用新产品后感觉非常好，并说她过去的同事李姐肯定也会喜欢这款产品，她建议你去拜访李姐。

你作为该洗护用品公司的客户关系专员，今天要登门拜访老客户王姐推荐的李姐……请模拟登门拜访李姐的全过程。

【实训时间】90分钟。

【操作步骤】

1. 班级成员按5~8人自由组合成工作小组，进行角色扮演模拟练习。各小组选两位成员分别扮演企业客户关系专员和客户李姐，其余成员作为观察者，时间为10~30分钟，观察者要提供观察到的具体情况及观后感,尤其是企业客户关系人员的不同态度,导致客户的不同反应。每位学员尽量都要扮演一次不同的角色。

2. 各小组选派模拟最好的学员作为本小组的代表,向全班汇报表演。

3. 教师总结。

【成果形式】小组模拟实训总结。

【实训考核】

1. 企业客服人员与客户在交流时的言行举止、礼仪等方面是否注意了以下内容。

(1) 打招呼。是否面带笑容、是否适当的尊称对方、是否热忱。

(2) 自我介绍。是否介绍自己的名字、是否介绍自己的企业或公司、是否正确交递名片。

(3) 感谢对方接见。是否向对方表示感谢接见。

(4) 寒暄。是否称赞对方、是否说一些对方感兴趣的话题。

(5) 表达拜访的理由。是否自信地说出拜访的理由。

(6) 是否说了不该说的话。

2. 考核评价表格

	项目	评价	改进意见
服装仪容	头发（胡子）		
	面容		
	着装		
	整体品位		
基本动作	步态、步伐		
	站姿、立姿、坐姿		
	手势		
	名片的收受		
	视线的落点		
	表情		
	身体语言		
声音	声音大小		
	语气、语调		
	开始方式、结束方式		

模块二复习思考题

一、单项选择题

1. 下列属于从企业外部获取客户信息的是（　　）。

A. 从会计部门获取有关客户成本、销售收入、价格、利润等信息

B. 利用政府公布的各种统计资料,如普查资料、统计年鉴、统计资料汇编等

C. 通过公司的现场调研获取客户的资料
D. 通过公司其他部门的市场调研报告，各部门的文件、报告获取重要的客户信息

2. 在特定的市场区域范围内，针对预期的客户，用上门、邮件，或者电话、电子邮件等方式对该范围内的组织、家庭或个人无遗漏地进行寻找与确认客户的方法，称为（　　）。

A. "扫街"法　　　　　　　　　　B. 广告识别法
C. 介绍识别法　　　　　　　　　D. 委托助手识别法

3. 销售人员通过他人的直接介绍或提供的信息进行客户识别，可以通过销售人员的熟人、朋友等社会关系，也可以通过企业的合作伙伴、客户等由他们介绍客户，称为（　　）。

A. 普遍识别法　　　　　　　　　B. 广告识别法
C. 介绍识别法　　　　　　　　　C. 委托助手识别法

4. 选择客户时安全因素也很重要，为此需要评估客户的（　　）。

A. 需求特点　　　　　　　　　　B. 购买力
C. 购买决策权　　　　　　　　　D. 信用

5. "好客户"的特征不包括（　　）。

A. 购买力大　　　　　　　　　　B. 企业为其提供的相对服务成本较高
C. 对价格的敏感度低　　　　　　D. 付款及时，有良好的信誉

二、多项选择题

1. 潜在客户通常具备的基本要素包括（　　）。

A. 用得着　　　　　　　　　　　B. 买得起
C. 说了算　　　　　　　　　　　D. 忠诚

2. 企业寻找潜在客户的方法包括（　　）。

A. 中心开花法　　　　　　　　　B. 代理人法
C. 参加展览会　　　　　　　　　D. 专业市场咨询法

3. 选择"好客户"的原则包括（　　）。

A. 与企业定位一致的客户　　　　B. 有潜力的客户
C. 与企业"门当户对"的客户　　　D. 具备"忠诚"特征的客户

4. 初次接近潜在客户的常用方法包括（　　）。

A. 问题接近法　　　　　　　　　B. 请教接近法
C. 好奇接近法　　　　　　　　　D. 演示接近法

5. 企业定位客户群需要了解的客户特点包括（　　）。

A. 客户的宗教信仰　　　　　　　B. 客户的消费价值观
C. 客户的组织归属　　　　　　　D. 客户所在地域

三、问答题

1. 潜在客户具有哪些基本特征？
2. 企业寻找潜在客户有哪些途径？各途径应注意哪些问题？
3. 营销导向的客户开发策略和推销导向的客户开发策略有什么差别？
4. 企业销售人员接近潜在客户的策略有哪些？各种策略应注意哪些问题？

模块三 客户关系的维护与管理

项目五　客户信息的收集与管理
项目六　客户满意度管理
项目七　客户忠诚度管理

项目五 客户信息的收集与管理

【学习目标】

知识目标

1. 了解客户信息收集的内容,掌握收集客户信息的渠道。
2. 熟悉客户信息档案的基本形式,掌握建立客户信息档案的方法。
3. 了解客户信息档案的内容,掌握客户信息档案分级管理的方法。

能力目标

1. 能够运用所学知识收集客户相关信息。
2. 能够设计客户档案信息表,建立客户信息档案。
3. 能够运用客户分级管理的方法,初步管理客户档案信息。

【引导案例】

一位男士在下班回家路上,走进家附近的杂货店,拿起一瓶酱油,看了看说明及价格,然后放了回去。3分钟后,他又回到那家杂货店,再拿起那瓶酱油看了又看。这时,您如果是杂货店的老板,您会怎么做?商店老板可能会走向那位先生,然后告诉他,"张先生,您太太平常买的就是这种酱油,它含有较丰富的豆类成分,味道更香。另外,您太太是我们的老客户,可以用记账消费月结,而且都打9.5折。您太太上次买酱油大概也有1个月了,应该差不多用完了,您只要签个名,就可以顺道带回去了,您太太一定会非常高兴。"从这个故事中可以看出,其实客户关系管理已经不知不觉地被人们所实践。

思考题:一个具有一定规模的企业还能像那个杂货店老板那样,记住每一个相熟客户的详细信息,并采用相应的服务策略吗?如果具有一定规模的现代企业也想拥有像杂货店老板那样良好的客户关系,应该怎么办?

任务一 客户信息收集的内容

客户信息是指客户喜好、客户需求、客户联系方式等一些关于客户的基本资料。客户信息是现代企业与客户沟通的必备条件,是企业能够提高客户满意度的基础,也是企业产品及服务定位和发展的基础,所以掌握客户信息是企业可持续发展的必备资源。

1. 客户信息的类型

客户信息主要分为描述类信息、行为类信息和关联类信息3种类型。

1)客户描述类信息

客户描述类信息主要是用于理解客户的基本属性的信息,如个人客户的联系信息、地理信息和人口统计信息,企业客户的社会经济统计信息等。这类信息主要来自客户的登记信息,其优点是大多数的信息内容比较容易采集。但是,其中的一些信息往往涉及客户的隐私,如客户的住所、联络方式、收入等,数据采集的准确性具有一定的难度。

2)客户行为类信息

客户行为类信息主要是帮助企业市场营销人员、客户服务人员在客户分析中掌握和理解客户的行为。行为类数据一般都来源于企业内部交易系统的交易记录、企业呼叫中心的客户服务和客户接触记录,营销活动中采集的客户响应数据,以及与客户接触的其他销售人员与服务人员收集的数据信息。有时企业从外部采集或购买的客户数据,也会包括大量的客户行为类数据。例如,客户偏好信息主要是描述客户的兴趣和爱好,有些客户喜欢户外运动,有些客户喜欢旅游,有些客户喜欢打网球,有些喜欢读书,这些客户数据有助于帮助企业了解客户的潜在消费需求。

需要指出的是,客户的行为信息并不完全等同于客户的交易和消费记录。客户的行为特征往往需要对客户的交易记录和其他行为数据进行必要的处理与分析,将得到的信息进行汇总和提炼。客户的行为类信息需要实时记录和采集。

3)客户关联类信息

客户关联类信息是指与客户行为相关的、反映和影响客户行为和心理等因素的相关信息,包括客户满意度、客户忠诚度、客户对产品与服务的偏好或态度等。客户关联类信息经常是客户分析的核心目标,对于高端客户和活跃客户来说,客户关联类信息可以有效地反映客户的行为倾向。对于很多企业,尤其是服务类企业,有效地掌握客户关联类信息对于客户营销策略和客户服务策略的设计与实施是至关重要的。

关联类信息所需要的数据往往较难采集和获得。此类信息可以通过专门的数据调研来采集和获得,如通过市场营销调研、客户研究等,获得客户的满意度、客户对产品或服务的偏好等;有时也需要应用复杂的客户关联分析来产生,如客户忠诚度、客户流失倾向、客户终身价值等。

2. 个人客户信息

收集客户信息越详细越好,但个人客户存档收集的信息内容通常应该包含以下类别,如表5-1所示。

表5-1 个人客户收集存档的信息内容

信息类别	详细内容
基础信息	姓名、性别、年龄;民族、籍贯、出生地;文化程度、职务(职称)、工作单位和居住地及邮政编码;电话号码、经济收入状况、宗教信仰等;消费习惯(在购买时间、地点方式上的特点和规律等)
事业情况	单位、职务、年收入状况;就业经历;对目前单位的态度、对事业的态度、长期事业目标是什么、中期事业目标是什么;最得意的个人成就是什么等
家庭情况	家庭主要成员及单位、职业、职称、收入状况;家庭成员的受教育程度、价值观、特殊偏好、生日、血型、兴趣专长等;对婚姻的看法、对子女教育的看法等

续表

信息类别	详细内容
生活情况	对生活的态度（如座右铭）；休闲习惯、度假习惯；喜欢哪种运动、喜欢聊的话题、喜欢看哪些类型的书、最喜欢哪类媒体；个人生活的中期目标是什么、长期目标是什么；健康状况（有何病史）；是否喝酒（种类、数量）、是否吸烟（种类、数量）、对吸烟和喝酒的看法；喜欢在何处用餐、喜欢吃什么菜等
个性特点	是否热衷政治活动、宗教信仰或态度如何；参加过什么俱乐部或社团、目前所在的俱乐部或社团；忌讳或重视哪些事等
人际情况	对人际关系的看法；待人处事的风格（自己认为个性如何，家人朋友或同事认为他的个性如何）；与亲戚、朋友、邻居、同事相处的情况等
消费情况	消费的频率、每次消费的规模、消费的档次、消费的偏好、购买渠道与购买方式的偏好、消费高峰时点、消费低峰时点、最近一次的消费时间等

小案例

在一家超市中，人们发现了一个特别有趣的现象：尿布与啤酒这两种风马牛不相及的商品居然摆在一起。但这一奇怪的举措居然使尿布和啤酒的销量大幅增加了。这可不是一个笑话，而是一直被商家所津津乐道的发生在20世纪90年代的美国沃尔玛连锁超市的真实案例。

沃尔玛的超市管理人员分析销售数据时发现了一个令人难于理解的现象：在某些特定的情况下，"啤酒"与"尿布"两件看上去毫无关系的商品会经常出现在同一个购物篮中，这种独特的销售现象引起了管理人员的注意，经过后续调查发现，这种现象出现在年轻的父亲身上。原来，美国的妇女通常在家照顾孩子，所以她们经常会嘱咐丈夫在下班回家的路上为孩子买尿布，而丈夫在买尿布的同时又会顺手购买自己爱喝的啤酒。

3. 企业客户信息

企业客户的信息应该由以下类别的内容组成，如表5-2所示。

表5-2 企业客户收集存档的信息内容

信息类别	详细内容
基本信息	企业的名称、业种、经营方向；创立时间、地址、电话
生产经营情况	企业的规模、发展潜力与优势、服务区域、经营观念、经营特点；企业形象、声誉、存在的问题及未来的对策等
组织及财务情况	组织方式、资产、信用状况及出现过的信用问题；与客户的关系及合作态度等
企业关键人物信息	企业的所有者、经营管理者、法人代表；关键部门负责人的姓名、年龄、学历、能力素质、个性特点、兴趣爱好、家庭情况等

任务二 客户信息收集的渠道

1. 企业内部信息收集渠道

企业内部信息渠道主要是指企业通过与客户的各种接触中收集客户信息的途径，包括企业的调研、从客户购买前的咨询开始到售后服务,以及处理投诉或退换产品等环节,这些都是企业收集客户信息的渠道。对客户的服务过程是企业深入了解客户、联系客户、收集客户信息的最佳时机。在服务过程中,客户通常能够直接并且毫无避讳地讲述自己对产品的看法和期望,对服务的评价和要求,对竞争对手的认识,以及其他客户的意愿和销售机会,其信息量之大、准确性之高是在其他条件下难以实现的。

在企业博览会、展销会、洽谈会等客户群体集中和能更多达成购买意向的场所,也可以成为迅速收集客户信息的平台。

小案例

亚马逊网上书店的销售一直保持高速增长,这与其利用客户数据信息不断改进服务质量和客户关系是分不开的。为了使在线购买对消费者来说是一个愉快而迅速的过程,亚马逊书店结合多种工具和手段收集客户信息。例如,通过"一点就通"的 One Click 设计,用户只要在该网站购买过一次书,其通信地址和信用卡账号就会被安全地存储下来,下次再购买时,客户只要用鼠标点击一下货物,网络系统就会自动完成接下来的所有手续。当客户在亚马逊网上书店购买图书时,其销售系统就会自动记录书目,生成有关客户偏好的信息。当客户再次进入书店时,销售系统就会识别其身份,并依据其爱好来推荐书目,巧妙提醒客户去浏览可能会引发兴趣的其他书籍等。客户与书店的接触次数越多,系统了解的客户信息也就越多,服务也就越好,方便、快捷、安全、有效的个性化服务使亚马逊网上书店成为书店行业的典范。

很多企业还有意识地组织一些活动来采集客户信息,如有奖登记卡和折扣券、会员俱乐部、赠送礼品等,以各种方式对自愿登记的客户进行奖励,要求参加者填写他们的姓名、电话和地址等信息,这样的一些活动能够在短时间内收集到较大量的有效客户信息。

小案例

麦德龙是一家实行会员制的企业,会员入会不需要缴纳会员费,只需填写"客户登记卡",主要项目包括客户名称、行业、地址、电话、传真、地段号、市区、邮编、税号、账号和授权购买者姓名。此卡记载的资料输入计算机系统,就有了客户的初始资料,当购买行为发生时,系统就会自动记录客户的购买情况。

2. 企业外部信息收集渠道

在如今信息爆炸的年代,在企业外部,通过社会渠道也有很多的机会能够找到并获取相关的客户数据。

(1) 数据公司

数据公司专门收集、整合和分析各类客户的数据和客户属性,尤其是专门从事某一领域数据研究的公司,往往与政府及拥有大量数据的相关行业和机构有着良好而密切的合作关系,这类公司可以为企业提供成千上万的客户数据列表。在北京、上海、广州、深圳等国内大中城市,这类公司发展非常迅速,已经开始成为数据营销领域的重要角色。

(2) 专业调查公司

在消费品行业、服务行业及其他一些行业中,有许多专注于产品调查的公司。这些公司通过长期的积累和合作,通常具有大量的客户数据。

（3）消费者研究公司

这类组织往往分析并构建复杂的客户消费行为特征，这类数据可以通过购买获取。

（4）杂志和报纸

一些全国性或区域性的杂志和报纸媒体也保有大量的客户订阅信息及调查信息。

（5）政府机构

官方人口普查数据，结合政府资助的调查和消费者研究信息都有助于丰富客户数据列表。政府的行政机关和研究机构往往也有大量的客户数据，如公安户政部门的户政数据、税务机关的纳税信息、社保部门的社会保险信息等。

此外，从战略合作伙伴或老客户，以及行业协会、商会等也可以获取相关的客户信息，还可以通过与相关行业有大量客户数据的公司进行合作或交换的方式获取客户数据，这类行业包括通信公司、航空公司、金融机构、旅行社等。还有一些大型的零售公司、信用卡公司、信用调查公司等，一般都愿意出售客户的信息数据。

总之，客户信息的收集有许多途径，在具体运用时要根据实际情况灵活选择，有时可以把不同的途径结合在一起综合使用。但要强调的是，企业必须对客户负责，对客户的信息严格保密。

小案例

2001年年初，蒙牛牛奶刚进入上海市场时，想采取进入连锁超市的销售方式，但是这些体系的"门槛"太高，于是找到了麦德龙公司。麦德龙公司利用其强大的客户数据优势，将蒙牛牛奶的样品免费赠送给经过分析、精心挑选出的5 000户家庭品尝，随后跟踪客户的反馈信息，同时在网上和直邮单上发布蒙牛牛奶促销的消息，从而促进了蒙牛牛奶在上海的销售，使之从一开始每月只有几万元的销售额一下子增加到几十万元。就这样，蒙牛牛奶没有投入大量资金进行广告宣传，也没有投入巨额的超市"入场费"，而是仅仅投入了数千盒样品就顺利地打开了上海市场。这一切，如果没有麦德龙公司庞大的客户数据系统的支持是不可能做到的。

3. 互联网时代信息收集新渠道

以互联网、大数据、人工智能为代表的新一代信息技术日新月异，网络化、数字化、智能化成为时代大潮，人们的生产、生活方式都随之产生了巨大的变化。因此，企业收集客户数据也有了全新的渠道。

（1）互联网、大数据技术下的信息收集渠道

互联网是建立在计算机技术基础上的信息技术，本质是围绕着数据的传送、解析、存储、分析、可视化、安全的技术发展。互联网能够突破时空限制，实现信息的存储、处理、传输。人们可以利用互联网技术随时随地进行信息的发布与获取，是当今最先进的信息载体。在网络环境下，企业通过网络获得潜在客户也变得更为快捷、简单。

首先，大数据技术下数据是记录的，而非采集的。

以往我们的数据来源都是基于采集的。通过小样本的、基于调查的数据采集方法，通过统计测算的方法，推算和预测人们的行为和偏好。无论数据采集过程如何完善，样本量造成的统计学上的偏差误差是不可避免的。

但是在互联网、大数据技术下，数据来源不是采集获得的，而是记录下来的。数据的获

得方式不再是一种独立的、专门的行动,而是人们消费新媒体的行为过程当中的伴生性产物。也就是说人们在使用互联网和互联网媒体交互的时候,浏览了哪些媒体、点击了哪一篇帖子、在哪一篇帖子里面停留了多长时间、把哪一篇帖子分享出去了、在一篇内容里在哪一个时段跳离了,等等,这些数据都会被记录下来。

其次,大数据记录的是行为数据。

以往我们研究受众和消费者,在调查的时候得到的数据,更多的是态度数据。比如,客户对这个品牌表示喜欢、一般、不喜欢、很讨厌,它验证或者获得的是一种态度的数据,而态度和真实行为之间是有差异的。因为态度和行为,是两个不同的范畴。即便在同样的态度支持之下,由于不同的环境和情境等原因,也会导致不同的行为。还有,作为受访对象的动机是很复杂的,有时候为了伪装或为了某种需求,而提供一些并不符合其真实意图的答案。所以,态度数据的真实性和意义都是有局限性的。

而互联网时代大数据技术下的客户数据,都是基于客户的真实行为而被记录下来的数据,更加真实,对客户未来行为预测的指导意义也更加有效。

总之,互联网时代大数据技术下,企业收集的客户信息数据,不太关注用户是如何想的,它只管记录用户是如何做的,或者说它总是基于用户已经发生的行为,再去分析和归因、推导出用户的态度、是如何思考的,这和传统的数据收集方式有非常大的不同。

同时,大数据一个重要的表征就是数据量是海量的,和我们传统的数据处理在量的层次有一个非常大的不同。大数据记录的总体等于样本。这就意味着数据的处理能力、处理速度、处理方法与传统的方式有非常大的差异。基于大数据的计算,我们可以获得更为精准的结果,可以去预测一些未来的行动。

企业可以利用网络建立属于本企业的站点,将大量的产品信息和企业信息放在网站的主页上,客户可以随时上网了解这些信息。客户浏览企业产品信息若产生兴趣,想进一步了解更多的信息时,可以注册、填写有关资料,这些注册人就会成为企业的潜在客户,而他们浏览过的信息对于企业也是极有价值的,销售人员可以有目的地向他们宣传和推销这些产品,使得他们最终成为企业的客户。

在利用网络发布产品信息的同时,企业也可以在网上通过记录和分析客户的行为,了解当前客户对产品的意见及发现客户的诸多个性化需求,从而使产品的设计和服务更接近客户的需求,提高客户的满意度。客户也可以通过互联网向企业定制产品、发送订单、提出服务请求和服务类型、查询常见的问题、检查订单状态,实现网上的自助服务。

小案例

强生婴儿官方网站选择婴儿护理品为公司网站的形象产品,将企业网站变成了一部"个性化的、记录孩子出生与成长历程的电子手册",增强了强生品牌的感召力。由于企业网站变成了一部记录孩子整个成长过程的电子相册,所以"强生"这个名字可能伴随其一生。

网站界面设计得清新淡雅,明亮简洁,设有"婴儿产品""为您的宝宝做好准备""婴幼儿护理""为您的宝宝洗澡""为宝宝按摩""婴幼儿睡眠""婴儿尿布""如何带孩子玩耍和学习"等栏目,提醒年轻的父母们关注宝宝的睡眠、饮食、哭闹、体温等,帮助年轻的家长学会如何照顾好婴幼儿,并且有相关的栏目帮助人们解答育儿疑问。随着孩子的成长,强生会不时递来沐浴露、纸尿裤、围嘴、爽身粉等孩子所需的产品。年轻父母们会突然发现，孩子的成长已离不开强生。

(2) 移动互联网、自媒体时代的信息收集渠道

移动互联网是终端接入互联网的一种方式。在台式机时代，人们想上网必须固定地点和时间，还不是很便利。随着终端设备越来越小巧便利，上网越来越方便了，人们可以拿着手机在吃饭、睡觉、上厕所等任何情况下连接互联网，尤其是以QQ、微博、微信、陌陌、抖音等应用软件为主要代表的移动社交软件出现后，带来了人们沟通方式和生活方式的巨大变革，实现了人们沟通交流的无距离感、无阻碍性，以更加直接的语音通话和在线视频方式突破了传统沟通方式的局限性，以更加简单的认识渠道和沟通方式打破了忙碌生活状态下都市人群的交流壁垒。

移动互联网时代，人们边移动边上网，或者说很多人随时都在网上，数据采集更方便、更便捷，数据量增长的成本就可以忽略不计。因此，围绕着数据的传送、解析、存储、分析、可视化、安全的技术就会不断发展更新迭代。

移动互联网在客户信息收集方面的作用主要体现在以下几个方面。

首先，移动互联网具有可识别性。移动互联设备是和某个用户强关联的，一台移动互联设备就代表着一个用户，这一特征将极大地简化互联网应用中识别不同用户身份的复杂过程。此外，移动互联网不仅为用户提供价值，同时还能让用户与用户之间相互提供价值。正是基于以上原因，移动互联网不仅产生了包括移动社交在内的、众多基于用户信息识别和交互类的应用，而且提供了通过识别用户而进行精准营销的完美解决方案。

其次，移动互联网具有可定位性。移动网络可以随时随地获得终端的位置信息，而位置信息几乎可以和互联网的任何领域结合，从而为移动互联网带来了丰富多彩的创新性应用。例如，酒店可以通过微信"查看附近的人"的功能，查找到酒店附近的用户，并向他们推送促销信息或优惠活动。

最后，移动互联网具有可移动性。由于移动互联设备的便携性，使其具备天生的可移动性的特点。目前的移动互联设备主要是指手机、平板电脑、电子阅读器、车载导航等设备。同原有的个人电脑相比，它具有终端屏幕更小、更加便于随身携带，更具个性化，以及操作更加简便、灵活等特点。

小案例

江小白在电视剧、电影、综艺节目植入广告，在酒瓶上设计文艺范儿的文案，线上通过微博大V及微信公众号宣传，线下举办"约酒大会"等系列活动，即线上宣传与线下活动相结合，让消费者主动参与品牌传播。

故宫博物院线下开设文创纪念品商店，线上开设淘宝店，利用微信、微博等新媒体进行宣传，传播率高，互动性强，粉丝增长快，宣传成本低。

年糕妈妈是一个基于微信公众号社群营销的母婴类"内容＋精选特卖"的平台，目前公众号总粉丝量已超1000万，成为优质的母婴商品集合地。

随着移动互联技术和设备的发展，人们借助手机、平板电脑等用户终端，将视频、文字、图片、语音等多种数字化信息实时、快速、便捷地传输变成现实，一种全新的传播方式

和手段也应运而生——自媒体。与报纸、广播、电视等传统媒体不同，自媒体是一个相对动态的概念，主要依赖现代化的数字技术和通信技术。

自媒体时代，受众既是信息的接受者，同时也是信息的创造者，可以随时随地将自己看到的内容通过视频、图片等方式，借助网站、论坛、微信、微博、QQ、抖音等平台迅速发布、传播和评价，体现出更强的自主性。

自媒体时代的社交网络具有三大特性。

一是，传播速度快。以微博、微信为代表。

二是，情感共鸣强。一则消息一旦抓住用户的痛点，引发其共鸣，便会产生大范围的传播，一个热点事件引爆网络后很可能引发全民讨论，瞬间点燃整个网络。

三是，黏性强。以微信、微博、直播等主导的社交网络平台将目标客户群聚集在一起，通过互动运营、情感营销增加客户对企业的好感，而这种好感不仅影响到社群成员本身，还会通过社交网络的发散性影响到社群成员周围的人。

同时，自媒体时代是一个流量为王的时代。流量分为公域流量和私域流量两种。公域流量是指一个公共区域的流量，是大家共享的流量，不属于企业和个人。私域流量是相对于公域流量来说的一个社交电商概念，一般是指品牌商家或个人构建的私人流量池。私域流量不用付费，可以在任意时间，任意频次直接触达用户。

公域流量平台的代表主要有小红书、淘宝、百度、抖音等，私域流量主要是微博、微信群、微信公众号、小程序、App、个人微信号等，商家在淘宝、京东等平台通过搜索、推荐等方式获取的流量是公域流量，而通过收藏店铺、小程序、粉丝群等方式获得的便是私域流量。

相对于日益昂贵又稀缺的公域流量，私域流量具有低成本、高黏性、自由触达等优点。私域流量运营的核心是建立社群平台，微信平台的用户体量大，而且活跃度较高，因此也深受企业青睐。当下，微信生态矩阵有微信公众号、小程序、微信社群及视频号等。比如，拼多多就是依靠微信社交裂变吸引了一大批用户，从而逆袭成为互联网电商巨头。

自媒体为企业开展客户关系管理提供了新的传播平台，企业可以对用户信息进行分类汇总，根据用户的需求和消费喜好开发潜在客户，针对产品进行文字描述并配备相应的图片及视频，更好地实施网络推广、广告植入等，从而扩大产品宣传的范围，促进产品宣传的有效性和时效性。

小案例

良品铺子成立于2006年，是一个集休闲食品研发、加工分装、零售服务的专业品牌。2019年1月上榜Top榜，其门店数量已经超过2 000家。

在没做微店之前，良品铺子最头痛的是，有限的线下实体店完全无法容纳品种丰富的产品，很多情况下由于储藏位置有限，爆款产品常常断货。但微信很好地解决了这一问题。良品铺子将线下忠实客户聚集在微信公众号，实体店中只展示零食样品及试吃。若客户决定购买，则由店员指导其在微店下单，已购产品会从仓库直接邮寄至客户指定的地点。

此外，原本良品铺子得先向供货商拿货储存在库房，再从库房调货至每个门店，然后根据每家店的销售情况定时补货。现在，良品铺子可依据销售情况向供应商按量拿货，且产品可从供应商处直接送到客户手中，从而大大节省了物流成本。

任务三 客户信息的管理与使用

1. 客户信息数据挖掘与使用

大数据、云计算等不仅是技术的变革,也是人们思维方式的改变,即从以前因果关系的挖掘转变为如今对相关关系的挖掘。

人工智能的语音识别技术、人脸识别技术、情感感知技术,能够识别客户并且在和客户交流过程中熟悉客户,回答客户提出的问题、介绍产品、语音引导客户办理业务。机器人在客户输入数据办理业务的同时,可以将数据传送到后台进行分析,了解客户的需求并智能地向客户进行产品推荐。

因此,企业通过对客户的所有数据进行相关性分析、聚类分析,可对客户群体进行偏好分类、年龄层分类、消费习惯分类等,根据类别做出相应的销售策略、服务策略,以期满足客户的个性化需求。

大数据技术的发展赋予了我们更先进的客户关系管理手段。过去企业必须采取昂贵的用户调研、焦点小组等方式去了解客户的需求,而且由于种种偏差,结果往往令人不够满意。今天,企业和客户之间的触点越来越丰富,用户论坛、社交网络、网页浏览记录、智能硬件交互等。这些触点留下了客户的痕迹,帮助企业更好地把握客户的需求,提高产品的定制水平。通过无处不在的数字化触点,企业得以与客户展开信息互动,对需求做出快速响应。

> **小案例**
>
> 以马蜂窝提供的旅游服务为例,当客户通过网站、App 进行搜索购买旅行服务的同时,相关的浏览数据如目的地、出行时间、航班、酒店住宿、游玩项目等数据都会传到云端,结合客户的其他数据,马蜂窝可对该客户的行为偏好进行聚类分析,从而为其推荐相应的旅游服务项目,贴合客户的需求。

大数据技术具有 5V 特点,即大量(volume)、高速(velocity)、多样(variety)、价值密度(value)、真实性(veracity)。随着大数据技术的发展,企业可以得到关于客户的各种数据,如年龄、性别、住址、收入、购物习惯等,并通过数据挖掘技术,从客户信息中提取隐含的、未知的、有用的信息。客户信息数据挖掘主要有以下三种应用。

1)客户画像

客户画像,是根据客户的人口统计学信息、社交关系、偏好习惯和消费行为等众多信息而抽象、勾勒出来的客户的虚拟画像、标签化画像,包括客户基本属性、购买能力、行为特征、兴趣爱好、心理特征、社交网络等。企业可以基于客户终端信息、位置信息、消费等丰富的数据,为每个客户打上人口统计学特征、消费行为和兴趣爱好标签,并借助数据挖掘技术(如分类、聚类、RFM 等)进行客户分群,完善客户的 360 度画像,深入了解客户行为偏好和需求特征。

企业还可以基于大数据分析,提取出数据背后的逻辑信息,从而准确地预测、分析市场,并在购买集中度分析等的基础上制定更有针对性的服务策略。

2) 精准营销和个性化推荐

大数据、云计算等新兴技术蓬勃发展，企业可以通过移动通信、物联网、数据分析等技术应用，在客户画像的基础上，对客户基础信息和交易信息进行加工、提炼、挖掘、分析、处理和对比，在海量数据中探求客户现有及潜在的需求、模式、机会，精准把握客户的需求，从而针对目标客户进行精准营销，为客户提供定制化的服务，优化产品和定价机制，实现个性化营销和服务，提升客户体验与感知。同时可减少竞争对手的注意度，有效地避免"促销战""价格战"等公开的对抗行为。

精准营销是依托信息技术手段，对客户的相关数据进行搜集，然后对这些数据运用技术平台进行统计和分析，掌握每一个客户的消费倾向，再通过微信、邮件等传播方式进行的营销，并根据客户反映和市场效果不断进行修改和完善。精准营销非常适合于个性化、分散化的小客户，是对小客户进行管理的一种非常好的方法。

小案例

一般看来，啤酒和尿布是完全不同的商品，但是沃尔玛通过数据挖掘发现，在居民区中尿布卖得好的店面啤酒也卖得很好。原因很简单：一般太太让先生下楼买尿布的时候，先生们一般都会犒劳自己两听啤酒，因此啤酒和尿布一起购买的机会是最多的。这是一个现代商场智能化信息分析系统发现的秘密。这个故事被公认为是商业领域数据挖掘的诞生。

沃尔玛的信息系统是非常先进的，其主要特点是：投入大、功能全、速度快、智能化和全球联网。目前，沃尔玛中国公司与美国总部之间的联系和数据都是通过卫星传送的。沃尔玛能够跨越多个渠道收集最详细的客户信息，并且能够造就灵活、高速供应链的信息技术系统。通过信息共享，沃尔玛能和供应商们一起增进业务的发展，能帮助供应商在业务的不断扩张和成长中掌握更多的主动权。

沃尔玛的模式已经跨越了企业内部管理（ERP）和与外界"沟通"的范畴，而是形成了以自身为链主，链接生产厂商与客户的全球供应链。沃尔玛能够参与到上游厂商的生产计划和控制中去，因此能够将消费者的意见迅速反映到生产中，按客户需求开发定制产品。

新零售是在移动互联技术和新兴消费者群体的带动下，产生并发展起来的以大数据、云计算、物联网、系统仿真、虚拟现实等人工智能技术为支撑，以线上线下物流结合为特点，以消费者为中心的新型零售业态。

在新零售商业模式下，企业利用人工智能技术更好地分析消费者的需求，锁定并抓住目标消费者，精准推送消费者需要的购物信息，分析目标消费者内在的需求。通过客户关系管理系统将消费者的信息收集起来加以分析利用，利用现代化的通信方式向客户传递购物信息、优惠活动等。人工智能的大数据计算可以保留客户的信息，更好地对客户的购物需求及购物能力做出预测，实现客户管理的智能化。

小案例

京东无人商店是京东推出的无人超市业务，采用了人脸识别、行为抓取、智能理货等智能设备与系统应用。客户在购物时刷脸进店，自动识别客户身份，关联客户的京东账户；客户进店后随便拿、随便逛，没有导购员跟在后面，给客户留有私密选购的空间；结算时，客户将要买的物品放在结算台上，就能完成支付，自动识别、自动称重、自动计价；客户出店时也是刷脸，识别之后点击"开门"按钮，完成购物。整个过程没有导购员、收银员，从进店到出店自助完成。

3）实现客户全生命周期的自动化、动态化管理

客户生命周期管理包括新客户获取、客户成长、客户成熟、客户衰退和客户离开五个阶段的管理。在客户获取阶段，可以通过算法挖掘和发现潜在客户；在客户成长阶段，通过关联规则等算法进行交叉销售，提升客户人均消费额；在客户成熟阶段，可以通过大数据方法进行客户分群并进行精准推荐。同时对不同客户实施忠诚计划；在客户衰退阶段，需要进行流失预警，提前发现高流失风险客户，并做相应的客户关怀；在客户离开阶段，可以通过大数据挖掘高潜回流客户。

(1) 可以实现客户服务与管理的自动化

客户数据库能够强化企业跟踪服务和自动服务的能力，使客户得到更快捷和更周到的服务，从而有利于企业更好地保持客户。例如，通过对客户历史交易行为的监控、分析，当某一客户购买价值累计达到一定金额后，数据库可以提示企业向该客户提供优惠或个性化服务。

小案例

澳大利亚国民银行是一家全球性的大银行，它每天都会将所收集到的客户信息放在数据库中，并且设定了一些智能分析机制，对客户交易状态进行管理。对一些非正常的交易金额，即大额的提款和大额的存款进行专门的处理，一旦有客户异常状态发生，客户数据库就会自动做出相关统计，并将统计的结果提交给营销部门的人员，由营销人员及时与客户进行接触，找出客户状态异常的原因。

有一次，银行发现一位77岁的老太太提款很多。原来老太太提款是为女儿买房子，于是银行立即与老太太的女儿联系，表示愿意为其提供买房贷款。结果，老太太将从银行提的款项又全部存回，而且银行为老太太的女儿提供了一笔贷款，女儿还将自己在其他银行的存款转存到这家银行，一举三得，银行和客户共同受益。

(2) 可以实现对客户的动态管理

一是，了解客户的需求变化。运用客户数据库的企业可以了解和掌握客户的需求及其变化。比如，美国通用电气公司通过建立详尽的客户数据库，可以清楚地知道哪些客户何时应该更换电器，并时常赠送一些礼品以吸引他们继续购买公司的产品。由于客户的情况总是在不断地发生变化，所以客户的资料应随之不断地进行调整。

企业如果有一套好的客户数据库，就可以对客户进行长期跟踪，通过调整剔除陈旧的或已经变化的资料，及时补充新的资料，就可以使企业对客户的管理保持动态性。

小案例

富士产经公司建立了包括客户姓名、地址、电话、性别、年龄、成交记录（商品名称、成交数量、总金额）等内容的客户名址库。根据业务需要，还可对客户名址进行重新整理，如4年前购买过婴儿用品的客户，现在成为儿童用品的潜在客户，如果向他们寄发儿童用品专题目录，订货的概率则会较高。公司还对客户名址库实行动态管理，对于长期不购买公司商品的客户，就不再寄送目录。

又如，美国金百利公司建立了一个包括全美74%的孕妇的资料库，这些准妈妈们在怀孕期间就收到了公司寄来的杂志和信件。新生儿出生后，公司带计算机条码的折价券随即送到产妇手中，公司凭此折价券可记录客户的购买情况，并继续追踪客户持续使用该产品的情况。

二是，客户预警管理。客户数据库可以帮助企业进行客户预警管理，从而提前发现问题客户。例如以下几种情况。

外欠款预警。企业在客户资信管理方面给不同的客户设定一个不同的授信额度，当客户的欠款超过授信额度时就发出警告，并对此客户进行调查分析，及时回款，以避免出现真正的风险。

销售进度预警。根据客户数据库记录的销售资料，当客户的进货进度和计划进度相比有下降时就发出警告，并对此情况进行调查，拿出相应的解决办法，防止问题扩大。

销售费用预警。企业在客户数据库中记录每笔销售费用，当销售费用攀升或超出费用预算时就发出警告，并及时中止销售，防止陷入费用陷阱。

客户流失预警。根据客户数据库记录的销售资料，当客户不再进货就发出预警，使企业及时进行调查，并采取对策，防止客户流失。

小案例

商业银行通过对大企业的经营管理状况、资金周转周期、竞争对手经营状况等数据进行分析，可以对大企业客户提供系统、及时的服务，满足大企业客户在资金使用上的及时性需求，从而增加客户对商业银行的黏性及满意度、忠诚度。

同样，商业银行大数据技术对中小企业的风险状况、信用进行评估能够迅速对中小企业客户融资问题做出决策。同时，商业银行通过大数据帮助中小企业提高闲置资金的利用率，提高中小企业的还款能力，降低商业银行的风险。

对于个人客户，商业银行可以通过个人客户的账户数据、交易消费数据、电子平台操作记录数据等，分析出个人客户对风险的偏好、消费习惯、消费能力等信息，从中识别出商业银行所需要的优质客户，并采取个性化的服务来满足不同客户的需求。

此外，商业银行通过大数据对已流失客户群体的业务、行为习惯等因素进行分析，可以分析出流失客户群体的特点及流失的原因，并根据实际情况采取相应的策略尝试挽回。

2. 客户信息分级管理与使用

客户信息分级管理是根据客户对于企业的贡献率大小等指标进行多角度衡量，并按一定的比例进行加权处理后，对客户进行的分类、分级别管理。

1）客户分级管理的意义

尽管每个客户的重要性都不容低估，但是由于不同的客户为企业创造的实际价值不同，而企业的资源又有限，因此把企业资源平均分配给每个客户的做法既不经济也不切合实际。

客户信息分级管理可以根据客户的不同价值有效分配企业资源、可以根据客户的不同需求增强客户服务水平，企业只有对客户进行分级管理，才能强化与高价值客户的关系，降低为低价值客户服务的成本，才能更好地在实现客户利益最大化的同时，实现企业利润的最大化。例如，美国大通银行根据客户的不同贡献将其所有的客户分为以下5个级别。

① 蓝色客户：每年能够为银行提供500万美元的综合效益或300万美元的中间业务收入。
② 绿色客户：每年能够为银行提供300万美元的综合效益或100万美元的中间业务收入。
③ 红色客户：需求比较单一，盈利少，但却是银行的忠诚客户。
④ 转移客户：需求复杂，却不能给银行带来很大利润。
⑤ 清退客户：基本上不能给银行带来利润，甚至亏损。

2）客户分级的标准及管理

（1）客户分级的标准

客户分级一般会根据以下几个维度的评分进行划分。

① 客户的下单金额。统计企业近1年或2年的客户下单金额，然后按照其下单量，从大到小进行排列。下单量可以从下单的金额，也可以从下单的数量进行考核。

② 客户的信用状况。即企业统计客户最近一年的付款情况是否及时，有否拖延及拖延的天数与原因，然后根据这些因素，来判定客户的级别。

③ 客户的发展前景。这主要是针对新客户，企业通过考察、了解等手段，挖掘客户的潜在价值，然后预测判断其重要性。新客户因为没有历史交易的情况，所以很难用具体的数据来支持企业的决策，只有通过主观的判断，指定客户的优先级别。

④ 客户对企业利润的贡献率。这种方法不但从客户下单的金额考虑，还涉及其购买产品的成本与利润问题。统计一年客户的销售订单量及其购买产品的利润率等，然后算出其给企业创造了多少利润。再以这个利润的大小进行优先级的排名。

⑤ 综合加权。以上指标都只是从一个方面进行衡量，不免有点偏颇。例如，虽然客户信用状况很好，但是有可能其一年才下一个100万元的订单，就算其信用状况最好，也没有给企业带来多少价值。又如，客户的下单量虽然比较大，但是其购买的产品都是低利润的产品，或者信用状况不是很好，总是拖欠贷款，因此不一定是价值高的客户。

小案例

某耐腐阀门制造有限公司（以下简称阀门公司）是一个专业生产耐腐阀门和耐腐设备的企业，产品广泛应用于石油、化工、化肥、电力、制药、造纸、食品、冶炼、采矿、环保、管道输送、楼宇建筑、防腐工程等行业。阀门是一个用途广、需求量大的开关装置，凡有管道的地方，必须由阀门来控制。目前，全国大大小小的阀门生产厂家有5 000多家，市场竞争十分激烈。要在激烈的市场竞争中站稳脚跟，求得生存和发展，很重要的一个经验就是搞好信用管理。

阀门公司的产品涉及许多行业，客户遍及全国。一个企业只有客户多了才有希望。但是，客户是不断变化的，新客户不断增加的同时，老客户也在逐渐减少。为了经常不断地对客户进行分析研究，洞察市场变化，完善营销策略，为企业寻找新的市场，建立客户档案是非常重要的。阀门公司客户对档案卡的设置内容有客户名称、住址、邮编、业务联系人、电话、传真，每笔业务的交易记录（产品名称、型号规格、数量、价格），每笔货款回笼记录，客户对质量的反馈意见，客户对产品的技术要求，送货情况和公司为其服务的记录等。阀门公司把客户分成A、B、C、D 4个档次。A类客户是核心客户，与该公司一直保持业务往来，新建项目、日常维修都到该公司进货，年购货额在30万元以上；B类客户是重要客户，与该公司业务往来正常，年购货额在20万~30万元；C类客户是普通客户，虽然有业务往来，但年购货额在20万元以下；D类客户是潜在客户，虽然业务刚开始发生，但以后可能会建立良好的业务关系，并估计有新项目投入。到2004年年底，公司已有230个客户登记在案，其中A类客户有14个，占总数的6%；B类客户有41个，占总数的18%；C类客户有113个，占总数的49%；D类客户有62个，占总数的27%。对不同档次的客户，采取不同的销售策略。

上述的客户分类是按客户的业务量来划分的。建立客户档案的目的主要是对客户定期进行信用评估，这是避免销售风险的重要举措。对客户的信用评估主要从以下8个方面进行分析。

(1) 客户投资项目的可靠性（包括投资项目支持部门、高科技程度、项目发展前途）。
(2) 项目资金实力（自筹、合资、引资、国家拨款）和资金到位情况。
(3) 项目负责人是技术型、经济型，是政府委派，还是行业团体推荐。
(4) 客户信用信息有无不良记录。
(5) 公司对客户能做到多少满意程度，公司的设计、生产制造能力能否适应客户要求。
(6) 公司生产周期与客户要货期的分析，对合同履约能力的把握性分析有多少。
(7) 合同价格和经济效益的分析。
(8) 能否成为今后稳定客户的分析。

经过对客户的评估分析，进行信用分类。客户的信用分类分为甲、乙、丙、丁4级。甲级客户，能百分之百履行合同货款约定，没有拖欠；乙级客户，基本履行合同，货款回笼能在80%以上；丙级客户，货款回笼不超过合同约定的3个月；丁级客户，货款回笼超过合同约定3个月以上。

评定了信用等级后，对不同信用等级的客户采用不同的销售管理策略。对甲级客户，如果客户资金周转偶尔有一定困难，或者合同进货总金额超过30万元，资金暂时不足的A类客户，允许有一定的赊销额度和放宽回笼期限；对乙级客户，也可机动灵活，只要客户答应筹措资金，仍可以先发货后收款；对丙级客户，一般要求先付款后发货；对丁级客户，坚决要求先付款后发货，并在追回货款的情况下，逐步淘汰该级客户。例如，阀门公司通过信用评估对客户进行信用分类后，公司的应收账款明显减少。安徽某化工集团是该公司多年的老客户，2003年进货总金额超过300多万元，但就因为资金拖欠，该公司只能忍痛割爱，2004年不予供货。又如，江苏淮安某化工有限公司，2004年一笔合同达55万元，也因不能按合同约定付款，最后通过法律程序解决，现在已收回全部货款。通过信用评估，2004年年底与2003年同期相比，公司应收款下降72.8%，2004年基本无坏账处理，合同履约率、货款回收率达到98.8%，公司的经济效益也明显提高。

(2) 客户分级

根据不同的客户给企业创造的利润和价值，按照由小到大的顺序排起来就可以得到一个"客户金字塔"模型。金字塔模型的顶部是给企业创造利润和价值最大的关键客户，底部是给企业创造利润和价值最小的小客户，中部是普通客户，如图5-1所示。

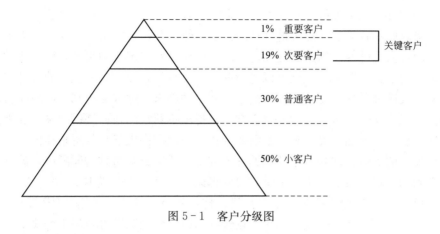

图 5-1 客户分级图

① 关键客户。

关键客户是企业的核心客户，一般占企业客户总数的 20%，企业 80% 的利润靠关键客户的贡献，是企业的重点保护对象。关键客户由重要客户和次要客户构成。

关键客户中的绝大部分是次要客户，一般占客户总数的 19%。这些次要客户也许是企业产品或服务的大量使用者，也许是中度使用者，但是他们通常对价格的敏感度比较高，为了降低风险他们会同时与多家同类型的企业保持长期关系。

位于客户金字塔中最顶层大约 1% 的客户是重要客户，是能够给企业带来最大价值的客户。重要客户为企业创造了长期的绝大部分利润，通常对价格不敏感，乐意试用新产品，还帮助企业介绍客户，不但有很高的当前价值，而且在未来的增量销售、交叉销售方面都有很大的增值潜力。

② 普通客户。

普通客户的数量较大，一般占客户总数的 30%。但普通客户的购买力、忠诚度，能够为企业带来的价值却远远比不上关键客户，所以通常企业没有精力也不必特殊对待。

③ 小客户。

小客户是客户金字塔中最底层的客户。小客户的购买量不多，忠诚度也很低，偶尔购买还经常提出苛刻的服务要求，消耗企业的资源；小客户有时还是问题客户，会向他人抱怨，破坏企业的形象。

例如，知名的旅行社集团托马斯库克根据交易纪录，将客户分成 A、B、C 三级，并针对不同级别给予不同待遇。消费金额最低的 C 级客户如果提出很费时的服务要求（如行程规划），就必须预付 25 美元作为订金，而 A 级和 B 级客户则无须预付订金。其负责人解释说："过滤掉随口问问或三心二意的客户，我们才能把大部分时间放在服务前两级的客户上面。"

(3) 不同级别客户的管理

① 集中优势资源服务于关键客户。

为了进一步提高企业的盈利水平，根据帕累托定律，要为 20% 的关键客户花费 80% 的努力。为此，企业应该保证足够的投入，集中优势"兵力"，优先配置最多、最好的资源，加大对关键客户的服务力度。

一是，充分利用各种方法和途径与关键客户沟通，密切双方的关系。可以有计划地拜访关键客户，经常性地征求关键客户的意见，及时有效地处理关键客户的抱怨或投诉。

二是，采取倾斜政策加强对关键客户的营销工作，并提供"优质、优先、优惠"的个性化服务，从而提高关键客户的满意度和忠诚度。例如，专门定制的服务，以及针对性、个性化、一对一、精细化的服务，甚至可以邀请关键客户参与企业产品或服务的研发和决策，从而更好地满足关键客户的需要；准确预测关键客户的需求，把服务想到他们的前面，领先一步为他们提供能为其带来最大效益的全套方案，持续不断地向他们提供超预期的价值，给关键客户更多的惊喜；增加给关键客户的财务利益，为他们提供优惠的价格和折扣，以及为关键客户提供灵活的支付条件和安全便利的支付方式，适当放宽付款时间限制，甚至允许关键客户一定期限的赊账，目的是奖励关键客户的忠诚，提高其流失成本。

三是，可以成立为关键客户服务的专门机构，实行 VIP 制，创建 VIP 客户服务通道。一方面，协调技术、生产、企划、销售、运输等部门，根据关键客户的不同要求，设计不同的产品和服务方案，更好地为关键客户服务，这对拓展和巩固企业与关键客户的关系，提高关键客户的忠诚度，可以起到很好的作用；另一方面，为企业高层提供准确的关键客户信息，包括获取关键客户相关人员的个人资料，千方百计地保持关键客户，绝不能让他们转向竞争对手。

一般来说，要给重要的关键客户安排一名优秀的客户经理并长期固定地为其服务，规模较小的关键客户可以几个客户安排一个客户经理。例如，英国巴克莱银行为其重要的个人客户（收入或金融资产5万英镑以上）设立了要客经理，为特大户（收入或金融资产在25万英镑以上）设立了私人银行部。该银行在全英设立了42个与分行并行的要客中心，700多名要客经理，每人配一名助理，每个要客经理大约负责为300名要客提供全面的服务。

小案例

宝洁公司与沃尔玛公司的合作堪称是企业与关键客户合作的典范。1977年，沃尔玛公司成为宝洁公司的主要零售商，两家公司的高层主管经过会晤，提出双方的主要目标和关注的焦点始终应该是：不断改进工作，提供良好的服务和丰富优质的商品，保证客户满意。

此后，宝洁公司安排了一个战略性的客户管理小组与沃尔玛公司总部的工作人员一起工作，双方共同制定了长期遵守的合约。宝洁公司还向沃尔玛公司透露了各类产品的成本价，保证沃尔玛公司有稳定的货源，并享受尽可能低的价格；沃尔玛公司也把连锁店的销售和存货情况向宝洁公司传达。双方还共同讨论了运用计算机交换每日信息的方法，宝洁公司每天将各类产品的价格信息和货源信息通过计算机传给沃尔玛公司，而沃尔玛公司每天也通过计算机把连锁店的销售和存货信息传给宝洁公司。两个公司的这种合作关系使宝洁公司更加高效地管理存货，因而节约了约300亿美元的资金，而且毛利大约增加了11％；这种合作关系也使沃尔玛能自行调整各商店的商品构成，做到价格低廉、种类丰富，从而使其客户受益。

资料来源：李伟."宝洁—沃尔玛模式"看渠道创新合作策略．现代家电，2004（10）．

② 通过提升级别和控制成本的方法，区别对待普通客户和小客户。

一是，对于有升级潜力的普通客户和小客户，企业要制订周密、可行的升级计划，通过创造、引领等一系列努力，帮助其成长，增加其对企业的需求，提高他们对企业利润的贡献度。

小案例

美国家居装修用品巨人家得宝公司，锁定两大潜力客户群——想要大举翻修住家的传统客户和住宅小区与连锁旅馆的专业维护人员。为此刻意在卖场内增加"设计博览区"，展示了运用各种五金、建材与电器组成的新颖厨房和浴室，系列产品装修的高档样品房。

这些设计中心为客户提供他们可能会需要的一切产品和服务，包括装修设计服务和装修用品。此外，还提供技术指导、员工培训、管理咨询等附加服务。由于家得宝公司为客户提供了"一条龙"服务，增加了客户对企业的需要，也因此增强了客户与企业的关系，伴随着客户级别的提升，企业的利润也提升了。

资料来源：邵景波，宁淑慧. 基于金字塔模型的客户关系资产管理. 中国软科学，2005（4）.

为此，企业可以设计鼓励普通客户消费的项目，如常客奖励计划，或者对一次性或累计购买达到一定标准的客户给予相应级别的奖励，或者让其参加相应级别的抽奖活动等，以鼓励普通客户购买更多的产品或服务。例如，影音租售连锁店 Blockbuster 运用的客户升级策略，让客户以约 10 美元的会费获得各种租片优惠，包括每月租五张送一张、每周一到周三租一张送一张等，从而刺激了更多的消费，也提升了客户的层级。

企业还可以根据普通客户的需要扩充相关的产品线，或者为普通客户提供"一条龙"服务，以充分满足他们的潜在需求，这样就可以增加普通客户的购买量，提升他们的层级，使企业进一步获利。例如，美国时装零售业巨头丽姿·克莱朋通过扩充产品线，涵盖了上班服、休闲服、超大号服装和设计师服装等系列，有效地增加了客户的购买量，从而实现了客户层级的提升。

二是，针对没有升级潜力的普通客户和小客户，可以通过减少服务或提高服务价格的方法降低成本。

为此，企业可以采取"维持"战略，在人力、财力、物力等方面，不增加投入，以降低交易成本。一方面，可以适当限制为此类客户提供的服务内容和范围，不提供任何附加服务，压缩、减少为他们服务的时间。例如，可以把原来的每天服务改为每周一天提供服务，从而降低成本、节约企业的资源。另一方面，还可以运用更经济、更省钱的方式提供服务，如从原来面对面的直接销售方式转为电话销售或由经销商销售，这样不仅保证了销售收入，也减少了成本，提高了利润水平。例如，银行通过减少分支机构的数量，以及用 ATM 机代替柜员和银行职工，从而降低了服务成本。

小案例

美国电话电报公司（AT&T）采用高新科技手段，将不同层次的客户分配给各个彼此独立的服务中心，分别为他们提供不同的服务并收取不同的费用，但客户对其中的差别一无所知。当客户呼叫客户服务中心时，客户服务中心能迅速甄别出客户类型，根据客户给企业带来的价值不同，这些自动系统能迅速地把客户呼叫转接到不同的服务中心。

AT&T 公司对不同类型客户的服务标准（如不同客户呼叫对应的服务时间长度）不一样，对于带来高盈利的客户，客户呼叫的服务时间没有限制，唯一的目标是满足客户的需要。然而，对于带来低盈利的客户，目标是使客户呼叫的服务时间最短，降低成本，尽量保持从该类型客户得到的盈利。为了不使低盈利客户感到他们被仓促挂线，公司专门对与该类型客户打交道的服务代表进行培训，从而使这些客户感觉享受到的仍然是高水准的服务。

同时，为了避免此类客户对自己所受待遇与其他客户不同产生不满，企业可以有意识地把为不同级别客户提供的服务尽量从时间或空间上分隔开来。

小案例

美国进步保险公司是一家专营摩托车保险等高风险业务的公司。该公司发现，并非所有的摩托车驾驶员风险都高。一般来说，年轻车手比年龄大的车手风险高。为此，该公司对年轻车手的定价较高，对年龄大的车手定价较低。该公司还发现，许多驾车疯狂的车手往往光顾街头路边的保险代理处，为了避开这类客户，公司鼓励自己的代理人把办事处设在僻静的写字楼里，远离交通动脉，同时公司通过直邮广告，主动争取那些年龄较大的摩托车手的业务。

需要注意的是，针对没有升级潜力的普通客户和小客户，企业最好不要简单地把他们淘汰掉。如果企业直接、生硬地把此类客户"扫地出门"或"拒之门外"，可能会引发客户向其他客户或亲戚朋友表达他们的不满，使企业遭遇"口水"之害，甚至遭到投诉，如果加上媒体、行业协会等社会力量的介入，弄不好企业就会背上"歧视消费者"的"黑锅"，给企业形象造成损害。

项目小结

本项目主要介绍了企业应该如何收集客户信息、收集哪些客户信息，以及收集到的信息如何进行管理与使用等内容。帮助学生认知客户信息管理的重要性，树立收集客户信息的意识，能够建立客户档案并掌握客户分级管理的方法。

企业如果能够掌握详尽的客户信息，把握客户需求特征和行为爱好，就可以根据每个客户的不同特点，有针对性地为客户提供个性化的产品或服务，满足客户的特殊需要，并能够保持良好的客户关系，避免盲目高额的广告投入，从而降低企业成本，提高企业利润。企业还可以通过对客户贡献度大小的分析，合理调配企业资源，对客户进行分级管理，实现企业利润最大化。

企业收集客户信息的渠道包括企业内部、外部渠道，以及互联网时代信息收集新渠道。企业内部可以通过博览会、展销会、洽谈会，以及营销活动、客户服务活动等过程中获取客户信息；同时，企业还可以通过购买、租用、交换等方式，从社会专门机构或公司获得客户信息，如各种媒介、咨询公司、市场研究公司、数据公司等。

互联网时代大数据记录的是客户的行为数据，海量信息数据的传送、解析、存储、分析，可视化不断发展更新迭代，有利于客户信息数据的挖掘和使用，比如客户画像，精准营销和个性化推荐，实现客户全生命周期的自动化、动态化管理，以及客户分级管理等。

客户分级管理是指企业在根据客户带来利润和价值的大小对客户进行分级的基础上，依据客户级别设计不同的客户服务和关怀项目,区别对待不同贡献的客户,将重点放在为企业提供80%利润的20%关键客户上,为他们提供上乘的服务,努力提高他们的满意度,维系他们对企业的忠诚度。同时,积极提升普通客户和小客户在客户金字塔中的级别,策略性地放弃劣质客户,从而降低成本,使企业资源与客户价值得到有效的平衡。

案 例 分 析

宝洁公司的客户信息管理

宝洁公司(简称P&G)是一家美国日用消费品生产商,也是目前全球最大的日用品公司。它以其寻求和明确表达客户潜在需求的优良传统,被誉为在面向市场方面做得最好的美国公司。宝洁公司CEO雷富礼2000年上任时提出:客户的声音最值得倾听。宝洁公司也确实在新产品管理上是以客户为核心、以数据为基础的,从创意到概念,从产品测试、开发、包装、价格、广告、销售预测到销售跟踪,每个环节都在与客户互动,是典型的"兵马未动,粮草先行"。

为了能够更好地结合客户需求进行产品创新,宝洁公司除了开发新客户外,还格外关注与老客户保持良好的关系,及时了解并挖掘老客户对宝洁公司各类产品的需求。

在"生活家"官网上,宝洁公司设计了会员制活动。活动说明,首次加入"生活家"的会员,可以获得价值200元的产品试用装;而成为会员,更有每4个月定期派送的免费杂志、试用装、优惠券等。而对于领取试用装的会员,则会要求其登记个人消费信息和对宝洁产品的意见等。如此一来,宝洁公司便可以获得完善的老客户信息。

此外,宝洁公司还特别开设了"客户之家",按照收入、性别、年龄等条件挑选一些老客户来这里生活一段时间,在洗澡、刷牙、洗衣服等过程中体验宝洁公司的产品,而宝洁公司的研发人员则通过实地观察老客户们的使用习惯、喜好等来发现老客户的深层次需求,继而发现产品创新与改进的空间。

宝洁公司坚持以各种方式与客户交流,以期更多、更准确地挖掘和总结客户的核心需求,甚至连宝洁公司CEO麦睿博也会亲自到客户家中去了解客户为什么使用宝洁公司的产品,了解客户需要什么样的产品和对产品的建议。

宝洁公司收集和整理客户信息的方式有很多,而所有信息获得后,都被登记到客户信息系统中加以管理。这些集中有序的资料加强了宝洁公司全体人员对老客户的了解,并在此基础上进行需求分析,为老客户提供个性化服务。例如,销售人员、服务人员根据老客户历次反馈的情况提供产品应用或产品创新的建议,并分析客户不满意之处,继而加以改善。可以说,每一次新产品得以投放市场,皆是宝洁公司有效应用老客户信息的结果。也正是基于此,宝洁公司被视为在面向市场方面做得最好的美国公司。

问题分析

通过宝洁公司的案例,说明当企业能够越来越多地了解客户的需求和喜好,并及时提供所需要的资源支持(创新产品类型、包装形式等),则将更容易赢得客户的忠诚。请你回忆一下宝洁公司老客户信息管理的方法。除了宝洁公司采取的收集客户信息的方法,你还知道哪些途径和方法可以收集到客户的有效信息？

民生银行基于大数据的客户关系管理实践

中国民生银行提出以"数据创造价值"为核心理念，全力推动民生集团大数据平台建设。基于大数据平台，重点打造以"阿拉丁云平台"为代表的立体化数据服务生态圈和以"金融e管家平台"为代表的智能化的客户关系管理体系。

通过阿拉丁和金融e管家在全行的应用推广，大数据量化分析和数字化管理真正实现了与各层级员工的零距离接触，民生银行业务运行的商业模式正悄然发生改变，并逐步形成了高效率的具有独特核心竞争力的智能化客户关系管理模式。

1. 服务客户：让市场人员穿上客户的鞋子走路

民生银行基于大数据的客户关系管理体系在设计伊始，"以市场为中心，以客户需求为导向"的目标就非常清晰而坚定。设计者们基于大数据和移动互联等新技术，在更新视角、更深层次上，帮助市场人员站在客户的角度思考问题，从客户的根本利益中寻找工作方向，从客户的困难和问题中寻找业务突破。市场人员思考业务的原点不再限定在客户本身，还包括客户的"钱从哪儿来，钱去哪儿了"，客户产业链的上游、下游，以及合作伙伴组成的生态圈。

客户经理可以借助大数据平台上源源不断的数据来源和数据分析结果成为客户的外脑和顾问。向客户提供当地最新的市场信息、上下游动向甚至市场开发建议、产品改进建议。比如，民生银行通过大数据分析发现浙江某大型民企客户的关键下游企业实际控制人存在参与民间借贷的迹象，客户经理及时与该民企客户沟通，助其挽回了数千万元的应收货款。以此为契机，民生银行也迅速成为该民企客户的主办银行。

2. 大数据挖掘：智能获客、智能产品推荐、大数据商机挖掘纵贯银企关系整个生命周期

民生银行在新客户关系管理体系建设中充分引入各类大数据智能商机挖掘模型，实现了智能化的目标客户推荐和产品推荐。交易链智能获客模型、客户价值弹性预测模型、产品精准营销模型、客户流失预警模型，纵贯银企关系的整个生命周期，为全行客户经理进行精确化的市场营销提供了利器。大数据模型告诉民生营销和管理人员："哪些潜在客户最易开发？哪些客户最易贡献价值？哪些产品最易被客户接受？哪些客户最易流失？"

举例说明，各银行都存在大量的低价值的休眠对公客户。面对如此巨大的客户数量，依靠传统的以客户经理为主、全面扫描客户的开发模式将会产生巨大的开发成本。针对这个问题，民生银行为市场人员提供了客户价值弹性分析、交易链智能获客模型和产品交叉销售模型，进而精准定位潜在高价值客户群，达到了事半功倍的营销效果。

3. 全民参与：点燃组织内部的大数据激情

民生银行提出做好大数据基础设施和生态圈建设，依托阿拉丁云平台和金融e管家平台让民生银行"人人都是客户关系管理专家"，实现美妙绝伦的大数据用户体验。行内用户的每一个需求和建议都会被公开发布并能够得到及时回复，为用户带来了极大的参与感。数据分析挖掘像游戏一样充分趣味和挑战，让用户玩着玩着就停不下来，彻底点燃组织内部的大数据热情。

问题分析

民生银行基于大数据的客户关系管理方法有哪些？通过本案例，你对大数据量化分析和

数字化管理在企业客户关系管理中的应用有哪些新的理解或收获?

兴业银行的客户分级管理

兴业银行是经国务院、中国人民银行批准成立的首批股份制商业银行之一。截至2008年年底,兴业银行资产总额为10 209亿元,全年累计实现净利润113.85亿元,不良贷款率为0.83%。

兴业银行非常熟悉"80/20"法则,一直强调区别对待不同贡献的客户,合理分配服务资源,将服务的重点力量放在为企业提供80%利润的大客户身上,为他们提供上乘服务,给他们特殊礼遇和关照,努力提高其满意度,以期实现客户价值的最大化。具体而言,兴业银行把大客户分为两个级别——主要客户和重要客户。为主要客户提供白金卡服务,而为重要客户提供黑金卡服务。

1. 对主要客户的白金卡服务

在兴业银行的个人客户,如果其账户中综合金融资产折合人民币达到30万元,或者家庭成员综合金融资产平均达到25万元,即有资格申请白金卡,获得白金卡服务。白金卡客户可以得到的服务包括时尚高尔夫行、机场贵宾服务、免费精灵信使、绿色通道服务、附赠商旅保险。

2. 对重要客户的黑金卡服务

在兴业银行的个人客户,如果其账户中综合金融资产折合人民币达到100万元,或者家庭成员日均综合金融资产平均达到80万元,即有资格申请黑金卡,获得黑金卡服务。黑金卡客户可以得到的服务包括家庭理财顾问、时尚高尔夫行、机场贵宾服务、全国道路救援、免费精灵信使、绿色通道服务、贴心人文关怀、附赠商旅保险、应急支付支持。

很明显,黑金卡客户所获得的服务待遇要远远高于白金卡客户。

此外,兴业银行还会随着客户出入资金情况及时调整客户待遇水平。例如,客户出入资金日均超过100万元,1个月之后系统自动升级,客户可以享受黑金卡级别待遇。反之,两个月日均资金不足100万元,系统自动调整到相对应级别的待遇。

问题分析

请结合案例说明兴业银行是如何对客户进行分级管理的?起到了什么作用?你认为客户分级管理工作应如何操作和应注意哪些事项?

实 训 设 计

【实训目标】

1. 了解客户信息应该包含的内容,明确客户信息对企业的价值。
2. 了解收集客户信息的途径和客户信息管理的方法。
3. 锻炼学生收集客户信息的能力,培养和提高学生运用所学知识研究解决企业实际问题的能力。

【实训内容】帮助校园超市收集客户信息,并对客户进行分类。

【实训时间】收集信息时间一天，课堂汇报、总结时间90分钟。

【操作步骤】

1. 班级成员按5~8人自由组合成工作小组，团结协作。各组讨论得出执行方案，请教师指导通过之后执行。小组成员分工明确，广泛收集资料和数据，共同讨论完成实训报告。

2. 课堂汇报：随机抽出各小组成员讲解本小组的调查经过及实训报告（PPT展示）。

3. 指导教师进行综合评定和总结。

【成果形式】小组实训报告。

【实训考核】

1. 实训报告的质量（翔实性、价值性）：50分。

2. 小组代表汇报的质量（台风、语言等）：30分。

3. 附加分（团队协作、报告形式等）：20分。

项目六 客户满意度管理

【学习目标】

知识目标
1. 正确理解客户满意的理念。
2. 掌握影响客户满意度的因素。
3. 掌握让客户满意的策略和工作方法。

能力目标
1. 具备让客户满意的服务意识。
2. 能够运用所学策略和方法,初步具备为客户提供满意服务的能力。

【引导案例】

一直在美国生活的 Peter 先生把自己的一位牙医相继介绍给自己的太太和 3 个孩子,他们成为这位牙医的病人已经有 30~40 年了。同样地,Peter 先生的孙子孙女们从小到大也只看过这样一位牙医。换句话说,这位牙医与他们全家都有着专职关系。那么,对他们全家人的牙医先生而言,这些客户带来的利润究竟有多少,据粗略的估计起码有 200 000 美元。也许,比利润更弥足珍贵的是推荐——由于对这位牙医工作和态度的满意,他们一家向其他许多病人推荐了他。

思考题:如果 Peter 先生不是十分满意他的牙医,他肯定不会把自己的子女、朋友推荐给这位牙医的。那么有哪些因素会影响客户满意度?客户满意与否如何来衡量?应该怎样做才能让企业的客户满意呢?

任务一 客户满意度的衡量指标

1. 客户满意的含义与意义

菲利普·科特勒认为,"满意是指个人通过对产品的可感知效果与他的期望值相比较后所形成的愉悦或失望的感觉状态"。客户满意与否是客户对某一事项满足其需求和期望程度的一种心理感受,是多种因素共同影响的结果。一般而言,客户满意是客户对企业所提供的产品或服务的直接性综合评价,是客户对企业、产品、服务和员工的认可。当产品或服务的实际消费效果达到客户的预期时,就导致了满意;否则,就会导致客户不满意。

客户满意（customer satisfaction，CS）理论的产生是企业管理观念变迁的必然，从"产值中心论"到"销售中心论"，再到"利润中心论"，再到"市场中心论"，再到"客户中心论"，然后进入"客户满意中心论"阶段。客户满意是企业实现客户忠诚的基础，是企业战胜竞争对手的最好手段，是企业取得长期成功的必要条件。在完全竞争的市场环境下，没有哪家企业可以在客户不满意的情况下得到长足的发展。

企业怎么样才能知道客户是否满意，以及客户满意的程度呢？

2. 衡量客户满意度的指标

客户满意或不满意有程度上的区分，客户满意水平的量化就是所谓的客户满意度。衡量客户满意度的指标通常包括以下 6 种。

1）美誉度

美誉度是客户对企业产品或品牌的褒扬程度。借助美誉度的了解，可以知道企业提供的产品或服务在客户中的满意状况。企业的优质服务往往能带来对企业工作的肯定和美誉。

2）指名度

指名度是指客户指名要消费企业产品或服务的程度。如果客户对某种产品或服务非常满意，他们就会放弃其他选择而指名消费。

3）回头率

回头率是指客户消费了该企业的产品或服务之后再次消费，或者可能愿意再次消费，或者介绍他人消费的比例。当一个客户消费了某种产品或服务后，如果他心里十分满意，那么他将会再次消费。如果这种产品或服务短期内不能重复消费（如汽车、彩电、住宅等耐用消费品），他会向别人推荐，引导其他人加入消费队伍。

4）投诉率

客户投诉是客户不满意的具体表现，投诉率是指客户在购买或消费了某企业的产品或服务之后所产生投诉的比例，客户投诉率越高，表明客户越不满意。客户投诉能让企业了解消费者的态度。研究表明，客户每 4 次购买中会有一次不满意，而只有不到 5% 的不满意客户会投诉，另外 95% 的不投诉客户会默默地转向其他企业。所以，企业不能单纯以投诉数量的多少来衡量客户满意度。

另外，客户对企业产品或服务事故的承受能力，也可以反映客户对某企业产品的满意度。当产品或服务出现事故时，客户如果能表现出容忍的态度，既不投诉，也不流失，表明该客户之前对企业的产品或服务不是一般的满意。

5）购买额

购买额是指客户购买某企业、某品牌的产品或服务的金额多少。一般而言，客户对某企业或某品牌的购买额越大，表明客户对该企业或该产品的满意度越高；反之，则表明客户的满意度越低。

6）对价格的敏感度

客户对企业产品或服务价格的敏感度和承受能力，也可以反映出客户对该产品或服务的满意度。当企业产品或服务的价格上调时，客户如果表现出很强的承受能力，就表明客户对该产品或服务肯定不是一般的满意；相反，如果出现客户的流失与叛离，则说明客户对该产品或服务的满意度还不够高。

总之，客户满意是一种暂时的、不稳定的心理状态。如果客户满意度普遍较高，则说明企业与客户的关系处于良性发展状态，企业为客户提供的产品或服务是受欢迎的，企业就应再接再厉，发扬光大；反之，企业则需多下功夫、下大力气改进产品或服务。

任务二　影响客户满意度的因素

菲利普·科特勒认为，"满意是指个人通过对产品的可感知效果与他的期望值相比较后所形成的愉悦或失望的感觉状态"。由此可见，客户满意是客户的期望和客户的感知价值相比较的结果。由此也就不难看出，影响客户满意度的因素就是客户期望与客户感知价值，如图6-1所示。

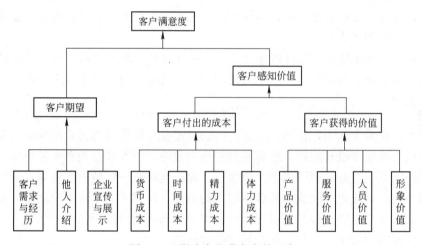

图6-1　影响客户满意度的因素

1. 客户期望

1）客户期望的含义

客户期望是指客户在购买或消费产品或服务之前对该产品或服务的价值、品质、价格、服务水平等方面的主观认识和心理预期。客户期望对客户满意度是有重要影响的，也就是说，如果企业提供的产品或服务达到或超过客户期望，那么客户就会满意或很满意；而如果企业提供的产品或服务达不到客户期望，那么客户就会不满意。例如，客户对自己等待时间满意与否，取决于客户对等待时间的期望值和实际等待的时间。客户期望等待10分钟，而实际上却等待了20分钟，这很可能导致客户很不满意。如果客户期望等待30分钟，而实际上却等待了20分钟，这时客户会比较满意。

人们在接受同一产品或服务的时候，往往有的人感到满意，而有的人感到不满意，很多时候是因为不同的人对该产品或服务的期望不同。还有一种情况，有时好的产品或服务不能让一些人满意，而不够好的产品或服务却能让他们满意。这也并不奇怪，因为好的产品或服务比他们期望的要差，而不够好的产品或服务却比他们期望得要好。

小案例

设想一下，烈日炎炎的夏日，当你经过一路狂奔，气喘吁吁地在车门关上的最后一刹那，登上一辆早已拥挤不堪的公交车时，洋溢在你心里的是何等的庆幸和满足。而在秋高气爽的秋日，你悠闲地等了 10 多分钟，却没有在起点站"争先恐后"的战斗中抢到一个意想之中的座位时，又是何等的失落和沮丧。

同样的结果——都是搭上没有座位的公交车，却因为过程不同，在人们心里的满意度大不一样，这到底是为什么？

显然问题的答案是你的期望不一样，炎热的夏天你的期望仅在于能"搭"上车，如果有座位那是意外之喜，而在凉爽的秋天你的期望却是要"坐"上车，而且最好是比较好的座位。同样的结果，不同的期望值，满意度自然不同。

由上述例子，至少可以得到以下 3 点结论。

(1) 客户满意度是一个相对的概念，是客户期望值与最终获得值之间的匹配程度。

(2) 客户的期望值与其付出的成本相关，付出的成本越高，期望值越高。公交车的例子中付出的主要是时间成本。

(3) 客户参与程度越高，付出的努力越多，客户满意度越高。所谓越难得到的便会越珍惜，因为是一路狂奔、气喘吁吁，所以知道"搭"上这趟车有多么不容易，而静静等待却是非常容易做到的。

在现实中，很多人认为，让客户满意的办法就是要尽可能地为客户提供最好的产品和最好的服务，这个出发点没有问题，也容易被理解和接受，但究竟要用多大的成本、做到多好才能实现客户满意，企业必须讲成本、讲效益，而不能不顾一切地做到最好，否则很可能得不偿失。能不能花费比较小的成本就获得客户的满意，这就必须了解客户期望的是什么、期望是多少，如果企业能够掌握甚至引导客户的期望，那么就可以用最小的代价——只要超出客户期望，甚至有时超出一点点，就能够获得客户的满意。

2) 影响客户期望的因素

影响客户期望的因素主要有以下方面。

(1) 客户个人的经济状况、价值观、需求、消费偏好等自身因素

不同的客户由于身份地位、个人经历、文化程度和经济状况等的差异，会产生不同的消费价值观、需求、习惯或偏好，导致不同的客户面对同样的产品或服务会产生不同的期望。有的人对所有的事情都期望过高，而有些人总是期望很低，更多的人是对不同的事情有不同的期望。另外，同一个客户对同一个产品或服务在不同的时期也会产生不同的期望。例如，上一次消费时客户对产品或服务提出了意见或建议，那么下一次其对该产品或服务的期望就较高。如果客户提出意见和建议的产品或服务没有改进，就会令其不满意。

(2) 客户以往的消费经历、体验等

客户在购买某种产品或服务之前往往会结合以往的消费经历、消费经验，对即将要购买的产品或服务产生一个心理期望值。例如，客户过去吃一份快餐要 10 元，那么其下次再去吃快餐可以接受的价格，即对快餐的价格期望值也是 10 元；如果过去吃一份快餐只要 5 元，那么客户下次再去吃快餐可以接受的价格，即对快餐的价格期望值就是 5 元。又如，以往打热线电话在 10 秒钟之内就能够接通，这一次超过 20 秒仍无人接听就会令人难以忍受；反

之，以往热线电话根本打不进去，现在1分钟内被受理了，客户的感觉就比较好。所以，客户以往的消费经历、消费经验会影响其对下次购买的期望。

对于那些没有消费经历和消费经验的客户，如果有消费阅历（亲眼看见他人的消费经历或他人分享的消费体验），那么也会影响其的期望。如果感觉不错就会形成较高的期望，如果感觉不好则会形成较低的期望。

（3）他人的介绍或推荐

人们的消费决定总是很容易受到他人尤其是亲戚、朋友的影响。如果客户身边的人极力赞扬，说企业的好话，那么就容易让客户对该企业的产品或服务产生较高的期望；相反，如果客户身边的人对企业进行负面宣传，则会使客户对该企业的产品或服务产生较低的期望。尤其是在中国大陆，人们普遍存在从众心理，他人的介绍对客户期望的影响远远超出人们的想象，这就是直销模式能够在中国迅猛发展的基础。

（4）企业对产品和服务的宣传

企业宣传主要包括广告、产品推广活动、包装上的说明、员工的讲解等，这些都会让客户对企业的产品或服务在心中产生一个期望值。肆意地夸大宣传自己的产品或服务，会让客户产生过高的期望值，而客观的宣传则会使客户的期望比较理性。例如，药品的广告宣称服用3天见效，则药品的服用者也就期望3天见效；如果广告宣称是服用3周见效，则药品的服用者也就期望3周见效。

此外，企业预先提醒客户可能需要等待的时间，也会使客户有一个心理准备，产生一个合理的期望。一些研究表明，那些预先获得通知需要等待的客户会比那些没有获得通知需要等待的客户满意。

（5）产品或服务的价格、包装、有形展示的线索等

客户还会凭借价格、包装、环境等看得见的有形展示线索来形成对产品或服务的预期。例如，如果餐厅环境污浊，服务人员穿着邋遢、不修边幅，显然会令客户将其定位为低档消费场所，认为其根本不可能提供好的服务；相反，较高的价格、精美或豪华的包装、舒适高雅的环境等可使客户产生较高的预期，如果服务档次跟不上，就会让客户产生不满。

2. 客户感知价值

1）客户感知价值的含义

客户感知价值（customer perceived value，CPV）是客户在购买或消费过程中能感知到的利益与其在获取产品或服务时所付出的成本进行权衡后，对产品或服务效用的总体评价。客户感知价值体现的是客户对企业提供的产品或服务所具有价值的主观认知，而区别于产品或服务的客观价值。

客户感知价值实际上就是客户的让渡价值，它等于客户购买产品或服务所获得的总价值与客户为购买该产品或服务所付出的总成本之间的差额。客户感知价值直接影响客户是否满意，即如果客户感知到企业提供的产品或服务的价值多于或远多于自己付出的成本，那么客户就会满意或非常满意；如果客户的感知价值少于付出的成本，那么客户就会不满意。

客户感知价值的概念能说明很多用满意度无法解释的问题。客户满意度调查结果可以使企业懂得客户对于产品或服务的认知，并为改良和提升的方向提供参考；而客户感知价值反映了客户使用某项产品或服务的本源驱动——获取某种利益或价值，能比较直接地预测客户下次购买行为。

小案例

美国商用航空公司的客户服务一直以来都不好,满意度指数始终非常低。美国"9·11"事件之后,研究者们预测人们有更多理由不选择乘坐飞机。然而,乘客的数量仅仅在最初的几个礼拜有轻微的减少,不久之后人们又开始纷纷乘坐飞机。如果从满意度的角度来看,这一现象很难解释,为什么人们对航空服务极不满意,但还要选择乘坐飞机呢?从客户感知价值的角度来看,人们认为坐飞机能带来节省时间、提高效率等利益,同时也需要付出一些成本,如忍受不好的服务,甚至是有对安全的担心等,但两相比较,人们认为坐飞机带来的利益要高于所付出的成本,因此人们即便不满意,也仍然选择乘坐飞机。

2) 影响客户感知价值的因素

到底哪些因素会影响客户的感知价值,目前的研究还没有得出一致的结论,但绝大部分研究者都比较认同感知利得和感知利失的二维结构。研究者最早将利得和利失等同于质量和价格,随着研究的深入,逐渐发现利得和利失的范畴更为宽泛。利得可以是有形的产品质量,也可以是无形的服务质量,甚至是品牌所带来的心理体验等,利失不仅包含货币成本,也包括非货币成本,如时间成本等。

① 客户从消费产品或服务中所获得的总价值越多越容易感到满意,客户可能获得的价值包括产品价值、服务价值、人员价值、形象价值等,即在产品购买和使用中产品的物理属性、服务属性、可获得的技术支持等。

价值中收益成分包括显著的内部特性、外部特性、感知质量和其他相关的高层次的抽象概念。虽然,许多客户将产品质量(内部特性)作为价值收益中的主要部分,但总体上衡量价值收益仍包括诸如包装、颜色等外部特性,以及产品或企业的信誉、便利、形象等更高层次的抽象的利益。而且,产品的内部属性本身可能并不直接与客户所感知到的价值相关;相反,它们往往要透过产品的外部特性甚至客户个人所感知的抽象利益才能得到体现。

② 客户在消费产品或服务中需要耗费的总成本越少越容易感到满意,客户可能耗费的成本包括购买者在采购时所面临的全部成本,包括货币成本、时间成本、精神成本、体力成本等,如购买价格、运输、安装、订购、维护修理,以及采购失败或质量不尽如人意的风险等。

感知价值中所付出的包括货币成本和非货币成本。客户付出货币和其他资源(如时间、精力、努力)以获得产品或服务。对于一些价格感知程度高的客户而言,货币方面的付出是关键性的因素,减少货币上的支出即是增加了感知价值;对于那些价格感知程度低的客户而言,减少时间、精力方面支出更能增加感知价值。

③ 外部特性是"价值信号",能够在一定程度上取代客户在收益与成本之间进行的费神的权衡。在评定产品价值时,客户对组成产品的各种要素的认知能力是有限的,大多数客户并不认真考虑价格与收益,而是依赖于暗示,经常是外来的暗示——"不经意"地形成自己对价值的印象,他们只对已获取的信息进行少量加工便实施购买行为。他们重复购买一个信任的品牌,利用外部价值暗示来简化其挑选过程。

④ 客户感知价值是动态的。价值的感性认识依赖于客户进行估价的参照系统,即依赖于进行估价的背景。例如,在不同的购买地点、购买时间、消费时间与地点,客户对价值的感知就不一样。

此外，具体的利得和利失因素界定需要结合具体的行业背景、产品和使用情境等信息进行综合考虑。例如，电子产品能给用户带来提高工作效率、为生活提供便捷、带来乐趣等方面的利益，同时也需要用户付出资费、学习使用难度和时间等成本，这二者的权衡将会形成用户感知的价值。

总之，客户总是在希望获得更多价值的同时，又希望把成本降到最低，只有满足了客户的期望，客户的感知价值才会高。

任务三　提高客户满意度的策略

从以上影响客户满意度的因素分析中不难看出，要实现客户满意，必须从两个方面着手：一方面是把握好客户的期望；另一方面是提高客户感知价值，并且要让客户感知价值超出客户期望。

1. 把握好客户期望

众所周知，如果客户期望过高，一旦客户对企业提供的产品或服务的感知价值没有达到客户期望，客户就会感到失望，从而导致客户不满；但是，如果客户期望过低，就可能没有兴趣购买或消费企业的产品或服务。客户期望过高、过低都不利于企业发展。所以，企业必须对客户期望加以把握。

小案例

营销人员引导客户期望的技巧

技巧1：向客户展示其忽视的因素。

客户："这件衣服100元可以吗？"

店员："对不起，太低了，要200元！"

客户："这不是普通棉布做的吗？怎么这么贵呀？"

店员："噢，您没看出来吧？这可是正宗的巴西进口的精细棉，不会起皱，透气性也很好，所以要贵些！"

客户："是这样啊，好吧，那我买两件！"

技巧2：修正客户的经验。

客户："这件童装多少钱？"

店员："200元。"

客户："怎么这么贵？我上次给自己买的比这件大多了，但只要100元，除了布料比这件多些外，其他都没什么不一样啊？怎么这件这么贵？"

店员："噢，是这样的，童装虽然用的布料少，但做工要求更高、更精细，所以价格会更贵些！"

技巧3：修正对方的思维模式。

客户："这部手机多少钱？"

店员："2 000元。"

客户:"上星期我的一个朋友在另外一家店买这部手机才花1 500元啊!"

店员:"噢,那几天这款手机刚上市,为了做广告,所以按优惠价格销售,当时我们这里也是卖1 500元,可现在促销期已经过了,所以要按正常价格销售了。"

从影响客户期望的因素分析中可以知道,客户以往的消费经历、消费经验、消费阅历,客户的价值观、需求、习惯、偏好、消费阶段,他人的介绍,这3项都属于客户个人因素,也是企业很难控制的因素,企业在这些方面发挥作用的余地和机会很小。所以,企业必须从自身做起,从小事做起,从细节做起,坚持不懈地努力为客户提供质量过硬的产品或服务,逐渐在客户中形成良好的印象与口碑,就能够使客户形成对企业的良好期望。

1) 企业宣传要留有余地,不要过度承诺

企业要根据自身的实力对产品或服务进行适当的承诺,只承诺能够做到的事情。承诺的事情如果得以实现,将会在客户中建立可靠的信誉。正如IBM公司所言:"所做的超过所说的且做得很好,是构成稳固事业的基础。"

客户期望对客户感知企业产品或服务的满意程度,具有决定性的影响。在通常情况下,企业的承诺越多,客户的期望也会越高。尽管从客观的角度来看,客户体验到的内在价值可能很高,但由于他们的期望更高,两者就会形成差距,从而降低了客户感知的满意程度。并且,如果承诺过度却未能兑现,则会造成对客户的欺诈,导致客户极度不满甚至遭受投诉。例如,人们对承诺捐赠却没有兑现捐赠的企业的反感程度,远大于未捐赠也未承诺捐赠的企业,就说明了这一点。

所以,企业在宣传时恰到好处并且留有余地,或者干脆丑话说在前头,使客户的期望保持在一个合理的状态,则客户感知就有可能轻松地超过客户期望,客户就会因感到"物超所值"而"喜出望外",自然对企业十分满意。

小案例

一些知名企业在提供产品或服务的过程中会很好地管理和运用客户的期望心理,为客户提供满意的服务。

迪士尼乐园作为全球三大娱乐服务品牌之一,非常善于在各个环节设定客户期望,而后给客户以超值的惊喜。例如,有一种娱乐设施广播通知需要等待45分钟,这时选择这种娱乐设施的客户就会对等待时间产生需要45分钟的期望。然而,迪士尼乐园总是能够在不到45分钟时就提前让客户达成心愿,这样的结果客户总是很满意。

又如,日本美津浓公司销售的运动服里有纸条写着:"此运动服是用最优染料、最优技术制造,遗憾的是还做不到完全不褪色,会稍微褪色。"这种诚实的态度既赢得了客户的信赖,又使客户容易达到满意——因为期望值不高。假如运动服的褪色不明显,客户还会很满意。因此,这家公司每年的销售额都达到4亿日元。

2) 通过产品或服务的价格、外包装、环境等的合理定位来影响和引导客户期望

产品或服务的价格可以影响客户期望,如果定价较高,就会使客户形成较高期望;企业也可以通过包装、环境布置等有形展示来引导客户期望,如试图使客户形成高期望,可以通过精美豪华的包装、高档的装修、现代化的设施与装备等来实现。

此外,冠有××之星、××标兵、××模范称号的机构和人员,也会增强客户的期望。

当然，如果企业试图使客户的期望不那么高，相应地，价格、包装、环境布置等有形展示也就不应该过高、过好或过于考究。

总之，企业要提高客户满意度，必须采取相应的措施来引导甚至修正客户对企业的期望，让客户的期望值处在一个对企业有利的恰当水平，这样既可以吸引客户，又不至于让客户因为期望落空而失望，从而产生不满。

2. 让客户感知价值超越客户期望

如果企业善于把握客户期望，然后为客户提供超过客户期望的感知价值，必定能使客户产生惊喜，这对于提高客户满意度将起到事半功倍的作用。例如，一对已经相处了多年的恋人，在过去几年的情人节那天，先生总是送女士9朵玫瑰，而今年男士送她99朵玫瑰，这大大超出了她的预期，她一定会高兴得跳起来。

企业要使客户获得的总价值大于客户付出的总成本，这样才能提高客户的感知价值。所以，提高客户的感知价值必须从两个方面入手：一方面，要努力增加客户的总价值，包括产品价值、服务价值、人员价值和形象价值；另一方面，要尽量降低客户的总成本，包括货币成本、时间成本、精神成本和体力成本。

1）增加客户的总价值

（1）不断创新，提升产品质量，满足不同客户的需求

首先，质量是企业的生命线。通用电气公司前CEO韦尔奇说："质量是通用电气公司提升客户忠诚的最好的保证，是通用电气公司对付竞争者最有力的武器，是公司保持增长和盈利的唯一途径。"产品质量是提高客户感知和客户满意度的基础，高质量的产品本身就是出色的推销员和维系客户的有效手段，无论如何也不能企求人们去购买那些质量低劣的产品。企业如果不能保证产品的质量，或者产品的质量随时间的推移有所下降，那么，即使客户曾经满意，也会逐渐不满意。

小案例

美国哈雷摩托车公司就始终坚持质量第一的信念，其对产品质量的要求是苛刻的，在工业化批量生产、追求规模效应的今天，哈雷摩托车公司仍然坚持手工工艺和限量生产，从而使每一辆哈雷车的品质都很过硬，给每一位车迷都留下坚固、耐用、物有所值的满足感。

其次，企业在提高产品和服务质量的同时，还要不断创新。任何产品和服务都有生命周期，随着市场的成熟，原有的产品和服务带给客户的利益空间越来越小。因此，企业要顺应客户的需求趋势，不断地根据客户的意见和建议，站在客户的立场上去研究和设计产品，根据不同客户的不同需求制造适合不同人群的特色产品或个性化服务，不断提高客户的感知价值，从而提高客户满意度。

小案例

海尔集团致力于不断创新，以适应各地消费群体的不同需求。海尔集团为北京市场提供了采用最新技术的昂贵的高档冰箱；为广西市场开发了有单列装水果用的保鲜室的"果蔬王"冰箱；海尔冰箱从"大王子"到"小王子"再到"双开门"，为的就是适应上海居民住房很小的现状，后来又为上海家庭生产了瘦长体小、外观漂亮的"小小王子"冰箱。四川的客户反映，用海尔的洗衣机洗地瓜时，经常阻塞出水道。为了满足四川农民轻松洗地瓜的要

求,海尔集团又为四川市场开发了"地瓜洗衣机",能洗土豆、地瓜。尽管"地瓜洗衣机"的销量不大,但却真正体现了产品开发以客户为导向的理念,因而提高了客户的感知价值和满意度。由于满足了不同客户群的需求,客户对海尔集团的美誉度和满意度得到了大幅度提升,海尔集团也得到了丰厚的回报。

肯德基公司自1987年在北京前门开出中国第一家餐厅到如今已成为中国规模最大的快餐连锁企业。30多年来,肯德基公司坚持"立足中国、融入生活"的策略,推行"营养均衡、健康生活"的食品健康政策,积极打造"美味安全、高质快捷;营养均衡、健康生活;立足中国、创新无限"的新快餐,在产品多样化上不断创新,尤其注重蔬菜类、高营养价值食品的开发。目前,除了吮指原味鸡、香辣鸡腿堡、香辣鸡翅等代表产品外,由中国团队研发的老北京鸡肉卷、新奥尔良烤翅、四季鲜蔬、早餐粥、蛋挞等都受到好评和欢迎。

最后,企业要不断塑造自己的品牌。品牌是品质的保证,可以帮助客户节省时间成本、精神成本和体力成本,可以提高客户的感知价值,进而可以提高客户的满意水平。同时,品牌还是一种客户身份的标志,许多客户已经逐渐由产品消费转为品牌消费,这就要求企业在打造产品质量的同时,还要努力提高品牌的知名度和美誉度。任何一个有损品牌形象的失误,哪怕是微小的失误,都有可能严重削弱客户的满意度,因此企业要坚持树立良好的品牌形象。

(2)站在客户的角度,提升服务质量和水平

首先,随着人们购买力水平的提高,客户对服务的要求也越来越高,服务的质量对购买决策的影响越来越大,能否给客户提供优质的服务已经成为提高客户的感知价值和客户满意度的重要因素。这就要求企业售前及时向客户提供充分的关于产品性能、质量、价格、使用方法和效果的信息;售中提供准确的介绍和咨询服务;售后重视信息反馈和追踪调查,及时答复和处理客户的意见,对有问题的产品主动退换,对故障迅速采取措施排除或提供维修服务。企业如果能够站在客户的角度,想客户所想,一定能够在服务内容、服务质量、服务水平等方面提高档次,从而提升客户的感知价值,进而提高客户满意度。

小案例

麦当劳快餐店专门设置了儿童游乐园,供孩子边吃边玩,游乐园里播放用重金聘请的美国著名小丑演出的电视节目,这些滑稽逗乐的节目,常使孩子们笑得前仰后合。麦当劳快餐店还专门为小孩子们举办生日庆祝会,吃什么、花多少钱,由家长决定,一切游乐服务则由快餐店负责。

"IBM就是服务"是IBM公司一句响彻全球的口号。IBM公司从客户的要求出发,帮助用户安装调试,排除故障,定期检修,培养技术人员,及时解答他们提出的各种技术问题,提供产品说明书和维修保养的技术资料,听取使用产品后的评价和意见等。

通过多种多样的服务,使客户或用户达到百分之百的满意,从而建立了企业的信誉,营造出独特的IBM文化。众所周知的美国纽约华尔街停电事件发生时,纽约的证券交易所都关门了,银行一片混乱。在这紧要关头,IBM纽约分部的每个员工都忘我地工作,争取把客户的损失降到最低限度。在25个小时的停电期间,户外温度高达35℃,空调、电梯、照明一概没有,IBM公司的员工不辞辛苦攀爬一些高层大楼,包括100多层的世界贸易中心大楼,他们带着各种急需的部件为客户维修设备。还有,费城信赖保险公司大楼失火,当时

所有的导线被烧坏，计算机的其他主要部件及设备也被破坏，IBM 公司立即调来服务小组，进行 24 小时不停顿地抢修，经过连续 3 天的昼夜抢修，终于使信赖保险公司恢复了正常业务，几乎没有耽误什么工作。

正是 IBM 公司这种优质、及时的服务赢得了客户的满意，奠定了公司繁荣兴旺的基础。

其次，企业"老板"的经营理念，全体员工的业务能力、应变能力和服务态度等，在与客户的沟通中直接影响客户对企业产品及服务价值的判断，对客户的感知价值及客户的满意度的影响作用不可小觑。企业可以通过培训和加强管理制度的建设来提高员工的业务水平与服务态度，提高员工为客户服务的娴熟程度和准确性，从而提高客户的感知价值，进而提高客户满意度。

小案例

日本东京的一家贸易公司有一位小姐专门负责为客商购买车票的事务，她经常为德国一家大公司的商务经理购买往返东京与大阪的火车票。不久，这位德国经理发现，每次去大阪，座位总在右窗口，从大阪返回东京，座位总在左窗口。经理问这位小姐，这是怎么回事。这位小姐笑答道："我想，大家都喜欢日本富士山的壮丽景色，所以我特意安排了座位。您去大阪时，富士山在您的右边，就买了右窗口的票。您返回东京时，富士山在您的左边，我就买了左窗口的票。"听了这席话，德国经理大受感动。他想，在这样一件微不足道的小事上，这家公司的职员能够想得这么周到，那么跟他们做生意还有什么不放心的。于是，决定将与这家日本公司的贸易额由 400 万马克提高到 1 200 万马克。

资料来源：斐然．细致入微方显企业制胜魅力．连锁与特许，2003（6）．

（3）提升和塑造良好公众形象

企业是产品与服务的提供者，企业形象好，会形成对企业有利的社会舆论，为企业的经营发展创造一个良好的氛围，也提升了客户对企业的感知价值，从而提高对企业的满意度，因此企业应高度重视自身形象的塑造。

企业形象可以通过形象广告、公益广告、新闻宣传、赞助活动、庆典活动、展览活动等方式进行提升。

小案例

公益广告具有极强的舆论导向性和社会教育性，是体现发布者对社会、对环境关怀的一种最有效的表达方式，可以提升发布者的形象。

例如，在最早发现"非典"疫情的广东，民企香雪药业得知疫情有蔓延的迹象后，第一时间增加了 1 000 万元的广告经费，买断了当地主要电视台和主流媒体的黄金时段和黄金版面，大做公益广告，其中就有献给白衣天使和坚守岗位的劳动者的电视短片《感谢你》。正是这种对公众利益的关心和对公益事业的支持，使香雪药业给公众留下了一个良好的印象，同时也提升了企业的形象价值。

又如，赞助活动可使企业的名称、产品、商标、服务等得到新闻媒介的广泛报道，有助于树立企业热心社会公益事业、有高度的社会责任感等形象，从而扩大企业的知名度和美誉度，赢得人们的信任和好感。

再如，沃尔玛公司创始人沃尔顿积极资助公立和私立学校，还成立特殊奖学金，协助拉丁美洲的学生到阿肯色州念大学。沃尔玛公司在公益活动上大量的长期投入和活动本身所具有的独到创意，大大提高了品牌知名度，成功塑造了沃尔玛公司在广大客户心目中的卓越形象。作为一个出色的企业公民，沃尔玛公司自进入中国以来就积极开展社区服务和慈善公益活动，如开展"迎奥运、促和谐、做先锋""奥运年，中国心""关爱农民工子女"等公益活动，对非营利组织和公益事业（如学校、图书馆、经济发展团体、医院、医学研究计划和环保方案等）的捐赠也十分慷慨，从而在中国市场上树立了良好的公益形象。

2）降低客户的总成本

客户在消费产品或服务中需要耗费的成本主要包括货币成本、时间成本、精神成本、体力成本等，消耗越少越容易感到满意。所以，要降低客户成本应该从以下方面入手。

（1）降低客户付出的货币成本

提高产品的质量是提高客户感知价值和满意度的有效途径，合理地制定产品价格，让客户感觉"物有所值"甚至"物超所值"，也是提高客户满意度不可或缺的重要手段。因此，企业产品或服务的定价必须从客户角度出发，考虑客户的心理需求和承受能力，降低客户的货币成本，尽可能做到按客户的"预期价格"定价，坚决摒弃追求暴利的短期行为，减少客户的成本付出，才能提升客户的感知价值和客户满意度。

小案例

作为"世界500强"领袖企业的沃尔玛公司在与供应商的关系方面，绝对站在消费者采购代理的立场上，苛刻地挑选供应商，顽强地讨价还价，提出"帮客户节省每一分钱"的宗旨和"天天平价、始终如一"的口号，并努力实现价格比其他商号更便宜的承诺，这无疑是使沃尔玛公司成为零售终端之王的根本原因。

美国西南航空公司把自己定位为票价最低的航空公司，公司的策略是在任何市场环境下，都要保持最低的票价。按照传统的经商原则，当飞机每班都客满，票价就要上涨，但西南航空公司不提价，而是增开班机，有时西南航空公司的票价比乘坐陆地运输工具还要便宜。

当然，降低客户的货币成本不能仅仅体现在价格低上，还有很多方式同样可以让客户感知到货币成本付出的减少。例如，提供灵活的付款方式和资金融通方式、延期付款或赊购、开发替代产品、使用价格低的包装材料或使用大包装等措施，都可以降低客户的货币成本，从而提高客户的感知价值和满意度。

（2）降低客户付出的时间成本

摩托罗拉公司有句话值得深思：我们不关照客户，那么别人是会代劳的！在保证产品与服务质量的前提下，尽可能减少客户的时间支出，是世界知名企业降低客户购买总成本的一个重要手段。

小案例

世界著名的花王公司在销售其产品的商场中安装摄像头，以此来记录每位客户在决定购买"花王产品"时所用的时间。根据这些信息，花王公司改进了产品的包装和说明，对产品摆设进行重新布置并调整产品品种的搭配，让客户可以在最短时间内完成消费行为。经过产品摆设的重新布置和品种调整后，客户决定购买花王洗发精所用的时间比过去少了40秒钟。

如果你是美国租车公司 Avis 的老客户，当你乘飞机到达目的地后，不用做任何事情，就可直接到 Avis 公司在机场的停车场，这时钥匙已经插在车里面，你发动汽车就可以把它开走，只要在门口把你的证件给工作人员看一眼就可以了，没有任何多余的手续，根本不用到柜台去排队。这样周到的服务节省了客户的宝贵时间，降低了客户的时间成本，提升了客户的感知价值，自然也提高了客户的满意度。

在麦当劳餐厅，当客户排队等候人数较多时，麦当劳会派出服务人员给排队客户预点食品。当该客户到达收银台前时，只要将点菜单提供给收银员即可，提高了点餐速度。同时，实施预点食品还能降低排队客户的"不耐烦"心理，提高了客户忍受力，可谓一举两得。

(3) 降低客户付出的精神成本

① 降低精神成本最常见的做法是对客户进行产品或服务的承诺和保证。安全性、可靠性需求越高的购买或消费，企业的承诺就越重要。许多世界知名企业都对产品和服务质量进行全面承诺，为的就是降低客户的精神成本，提高客户的感知价值和满意度。

小案例

在韩国的一些高层旅馆里，每个房间的床下都备有一条"救命绳"，绳子坚韧结实，端部有金属环，遇到火灾或其他险情，旅客来不及从门撤出，可用这条救命绳套在室内稳固的物体上，迅速从窗口顺墙滑下逃生。天有不测风云，人有旦夕祸福。有了这条"救命绳"，旅客就可以高枕无忧了。

美容业推出"美容承诺"，并在律师的确认下与客户签订美容服务责任书，以确保美容服务的安全性、无后遗症等；航空公司、旅行社、运输公司等为旅客或乘客购买保险，目的就是减少客户的购买风险，从而降低客户的精神成本。

② 提供细致周到、温暖、便利的服务也是降低客户的精神成本的手段。细节最能体现企业对客户的关怀和尊重，从而给客户留下美好的印象，降低了客户的精神成本。如果客户想到的企业都能给予，客户没想到的企业也能提供，这必然会超出客户预期，降低精神成本。

小案例

企业员工在为客户安装、维修时，自己带上鞋套和毛巾，安装、维修好后顺便带走安装废料等，尽量把对客户的打扰减少到最低限度。

当人们到银行办理业务的时候，填写各种单据是一件非常头痛的事情。于是，招商银行就推出窗口免填单服务——客户不再需要填写任何单据，而只需要告诉窗口的服务代表自己想要办理的业务就行了，剩下的手续会由服务代表帮你完成。由于招商银行推出免填单的服务超出了客户的期望，客户自然对招商银行非常满意。

此外，积极、认真、妥善地处理客户投诉，也是降低客户的精神成本必不可少的重要手段。

(4) 降低客户付出的体力成本

提供多种销售渠道，使自己的产品或服务更容易接近客户，减少客户为购买产品或服务的体力付出，也可以提高客户的感知价值和满意度。现今电子商务的迅猛发展并被越来越多的人接受，与其能方便快捷地送货上门、降低客户体力支出不无关系。对于装卸和搬运不太方便、安装比较复杂的产品，企业如果能为客户提供良好的售后服务，如送货上门、安装调试、定期维修、供应零配件等，就会减少客户为此所耗费的体力成本，从而提高客户的感知价值和满意度。

项目小结

　　客户满意是一种心理活动，是客户的需求被满足后形成的愉悦感或状态，当客户的感知没有达到期望时，客户就会不满、失望；当感知与期望一致时，客户就会满意；当客户的感知超出期望时，客户就感到"出乎预料"，就会喜出望外而很满意。客户满意是企业实现客户忠诚的基础，是企业战胜竞争对手的最好手段，是企业取得长期成功的必要条件。

　　客户满意度可以通过美誉度、指名度、回头率、投诉率、购买额、对价格的敏感度等指标来衡量。

　　影响客户满意度的因素是客户期望与客户感知，因此要实现客户满意，必须从以下两个方面着手：①把握客户期望，即企业采取相应的措施，影响消费前客户对企业的期望，让客户对企业有一个合理的期望值，这样既可以吸引客户，又不至于使客户因为期望落空而失望，产生不满。②提高客户的感知价值，即提高客户的让渡价值，这也可以从两个方面来考虑，一方面，增加客户的总价值，包括产品价值、服务价值、人员价值和形象价值；另一方面，降低客户的总成本，包括货币成本、时间成本、精神成本和体力成本。

案例分析

宜家的客户满意策略

　　宜家家居是目前世界上最大的家居供应商，瑞典知名的家居企业，是20世纪中几个令人炫目的商业奇迹之一。宜家家居公司自1943年年初创立，从一点"可怜"的文具邮购业务开始，现在已经发展到在全球共有200多家连锁商店，分布在42个国家，雇用了7万多名员工的企业航母。

1. 不断提高客户价值

　　宜家家居产品系列广泛，共有10 000多种产品供客户选择。基本上，任何品位的客户都可以在宜家买到所需的家居产品，客户无须往返于不同的专卖店去购买家居用品。在宜家可以找到从客厅家具、玩具、煎锅到餐具刀叉，从办公家具到绿色植物的所有物品。宜家还有一种"四季被"，属三被合一，一层是温凉舒适的夏季被，一层是中暖度的春秋被，你也可以把两层放在一起，那就是温暖的冬季被。

　　宜家除木制家具外，还有陶土、金属、玻璃、硬纸等制品。小到杯子、刀叉，大到组合家具，宜家的产品简约、精美、时尚、温馨，搭配丰富的色彩，不矫揉造作。在满足人们物质、生理需要的同时，也满足了人们对美感的需求，这就是宜家创造的家居文化。另外，绝大部分的宜家产品都被设计成可分拆运输的结构，外包装是平板式，这样可以充分利用运输和储存的空间。

在宜家，商品测试是夺人眼球的一道风景线。在厨房用品区，宜家出售的橱柜从摆进卖场的第一天就开始接受测试器的测试，橱柜的柜门和抽屉不停地开、关着，数码计数器显示了门及抽屉可承受开关的次数，至今已有209 440次。也许人们难以相信，即使经过35年、26万次的开和关，橱柜门仍能像今天一样正常地工作。

此外，宜家集团还致力于不断提高服务价值，如提供送货上门——送货服务只收取合理的费用，运费从未被加到购买家具的售价中；组装服务——宜家的家具都采用平板包装，内含指示和说明及宜家的特殊工具，客户可以自行组装，如果需要帮忙，宜家也乐意提供上门服务；布料加工服务——宜家为客户提供指定式样的窗帘、靠垫套和桌布的布料加工服务；付款方式——宜家接受现金、转账支票，以及有银联、VISA和MASTER标记的储蓄卡、借记卡和信用卡；儿童服务——宜家为孩子们专门开设了由专人看护的儿童乐园，孩子们可以在商场内任意玩耍。宜家餐厅和咖啡厅为孩子们准备了儿童餐、高脚凳和奶瓶加温设施。

十几年前，宜家集团便开始有计划地参与环境保护事宜，涉及的方面包括材料和产品、森林、供货商、运输、商场环境等。1990年，制定宜家集团第一个环境保护政策；1991年开始履行关于热带林木使用的严格规定；1990年禁止在宜家产品及其生产过程中使用对高空大气中的臭氧层有害的CFCs和HCFCs；1995年采用严格标准，控制偶氮染料的使用；1998年宜家集团按照环境标准评审宜家在欧洲的所有运载设备；2000年为了推动林业的可持续发展，宜家集团在瑞典出资支持了一项林业专业研究等。这些举措都大大提高了企业的形象价值。

2. 不断降低客户成本

由于宜家集团的大多数货品采用平板包装，客户可以方便地将其运送回家并独立进行组装，这样客户就节省了提货、组装、运输等费用，享受了低价格。宜家集团还不断采用新材料、新技术来提高产品性能并降低价格。例如，奥格拉（椅子）是近乎完美的一种椅子，很漂亮、很结实、很实用，重量又轻。起初，奥格拉椅子用木材生产，后来采用木材塑料合成物（木材纤维和丙烯塑料）等新材料，以降低客户的货币成本。

宜家的卖场设计也有其标准规范，客户进入商场后，地板上有箭头指引客户按最佳顺序逛完整个商场。主通道旁边为展示区，展示区的深度不会超过4米，以保证客户不会走太长的距离。展示区按照客厅、饭厅、工作室、卧室、厨房、儿童用品和餐厅的顺序排列，这种顺序是从客户习惯出发制定的。这种展示方法有利于给客户一个装饰效果的整体展示，还有利于连带购买，同时又为客户节省购物时间成本。

宜家集团规定，除非客户要求店员帮助，服务人员不得主动向客户推销，不得像其他家具店的店员一样对着客户喋喋不休，以便降低客户的精神成本，让客户静心浏览、体验，轻松、自在地逛商场和挑选家具。

宜家集团还精心为每件商品制定"导购信息"，有关产品的价格、功能、使用规则、购买程序等几乎所有的信息都一应俱全。例如，在宜家家居商店，会用漫画的形式告诉客户如何鉴别毛毯的质量：①把地毯翻开来看它的背面；②把地毯展开来看它的里面；③把地毯折起看它鼓起来的样子；③把地毯卷起看它团起来的样子。

宜家集团还鼓励、引导客户进行随意全面的体验。例如，拉开抽屉、打开柜门、在地毯上走走、试一试床和沙发是否坚固等。所有能坐的商品，客户都可以坐上去试试感觉，一些沙发、餐椅的展示处还特意提示客户："请坐上去！感觉一下它是多么的舒服！"

立体式的逼真展示，无人打扰的购物范围，自由自在的随心体验，还有体贴入微的配套服务都让人感觉在宜家家居商场就像在家里一样放松、惬意。客户在逛宜家家居商场时，累了，可以在床上或沙发上休息；饿了，宜家餐厅有美味实惠的瑞典食品和适合本地客户口味的中国食品。在北欧淳朴浪漫的音乐环境中，客户心情渐归平静、回归自然，而宜家洗手间的水永远比五星级酒店的水更温暖，一年四季都是舒适的温度，这些美好的环境叫人不忍离去，宜家集团就这样用"春风化雨"的方式俘获了每位光顾者的心。

总之，宜家集团处心积虑地努力降低客户的精神成本，为客户创建温馨、娱乐的购物体验。宜家集团已不仅仅是一个家具销售商，它更出售一种生活方式、一种家居文化——不奢华、不夸张，在简单之中体现品质和品位，以科技照顾生活的每个细节，正如其广告语所说的，"好生活，宜家有办法"。

宜家集团倡导的这种简约实用、有品位的生活方式，迎合了现代大多数人的一致追求，最终使其自然而然地融入越来越多人的生活，并升华为中产阶级的一种文化符号。对于本土企业来说，宜家集团给人们带来了不少有益的启示，而其核心就是"以人为本"，一切以满足人的本性和需求出发。

资料来源：王逸凡. 宜家：卖家具，更卖生活. 连锁与特许，2007（6）.

问题分析

宜家集团是如何做到让客户满意的？你从中能够得到哪些收获或启示？

北京全聚德烤鸭店的客户满意服务策略

北京前门全聚德烤鸭店是北京全聚德烤鸭集团的起源店（老店），创建于1864年，以经营传统挂炉烤鸭蜚声海内外，是京城著名的老字号。1993年，全聚德成立股份公司，前门店进入股份公司，当年的营业收入是4 500万元，至2001年12月16日，前门店的年营业收入已达到9 000万元，企业用了8年时间在硬件没有大的改变的条件下，营业收入翻了一番。

对于一些新兴产业来说，这个进步可能并不算什么，但对于一个受诸多限制的国有体制餐饮企业来说，却是一个很大的飞跃。前门店总经理沈放说，餐饮行业是劳动密集型行业，每一分钱的利润都是厨师一刀一刀切出来、服务员一句句话讲出来的，非常不容易。

8年来，前门全聚德烤鸭店靠专业技术、科学管理、菜品创新和诚信营销在2 600平方米的餐厅内创造了接近顶峰的辉煌：全店900个餐位，平均每个餐位实现年销售收入10万元；全店400名员工，平均每名员工实现年销售收入22.5万元，在整个餐饮业处于领先地位；曾创造过餐饮单店日销售67.7万元的全国最高纪录。其经营策略是"攻击型服务"。

所谓"攻击型服务"，就是要求服务员针对不同类型的就餐客户，提供不同的服务对策。北京前门全聚德烤鸭店按照人的4种不同气质类型，总结了以下具体服务对策。

（1）多血质——活泼型。这种类型的客户一般表现为活泼好动，反应迅速，善于交际，但兴趣易变，具有外倾性。他们常常主动与餐厅服务人员攀谈，并很快与之熟悉并交上朋友，但这种友谊常常多变而不牢固；他们在点菜时往往过于匆忙，过后可能改变主意而退菜；他们喜欢尝新、尝鲜，但又很快厌倦；他们的想象力和联想力丰富，受菜名、菜肴的造型、器皿和就餐环境影响较大，但有时注意力不够集中，表情外露。

服务对策：服务员在可能的情况下，要主动同这一类型的消费者交谈，但不应有过多重复，否则他们会不耐烦。要多向他们提供新菜信息，但要让他们进行主动选择，遇到他们要求退菜情况，应尽量满足他们的要求。

（2）黏液质——安静型。这种类型的客户一般表现为安静、稳定、克制力强、很少发脾气、沉默寡言；他们不够灵活，不善于转移注意力，喜欢清静、熟悉的就餐环境，不易受服务员现场促销的影响，对各类菜肴喜欢细心比较，缓慢决定。

服务对策：领位服务时，应尽量安排他们坐在较为僻静的地方，点菜服务时，尽量向他们提供一些熟悉的菜肴，还要顺其心愿，不要过早表述服务员自己的建议，给他们足够的时间进行选择，不要过多催促，不要同他们进行太多交谈或表现出过多的热情，要把握好服务的"度"。

（3）胆汁质——兴奋型。这种类型的客户一般表现为热情、开朗、直率、精力旺盛、容易冲动、性情急躁，具有很强的外倾性；他们点菜迅速，很少过多考虑，容易接受服务员的意见，喜欢品尝新菜；比较粗心，容易遗失所带物品。

服务对策：点菜服务时，尽量推荐新菜，要主动进行现场促销，但不要与他们争执，万一出现矛盾应避其锋芒；在上菜、结账时尽量迅速，就餐后提醒他们不要遗忘所带物品。

（4）抑郁制——敏感型。这种类型的客户一般沉默寡言，不善交际，对新环境、新事物难以适应；缺乏活力，情绪不够稳定；遇事敏感多疑，言行谨小慎微，内心复杂，较少外露。

服务对策：领位时尽量安排僻静处，如果临时需调整座位，一定要讲清原因，以免引起他们的猜测和不满；服务时应注意尊重他们，服务语言要清楚明了，与他们谈话要恰到好处；在他们需要服务时，要热情相待。

问题分析

北京前门全聚德烤鸭店是如何做到让客户满意的？通过本案例的学习，你认为企业细分客户群体的意义是什么？

实训设计

【实训目标】
1. 了解消费者购物的心理、购买动机和购买的行为类型。
2. 理解影响客户满意度的因素。
3. 锻炼学生的观察和分析能力，培养和提高学生分析客户心理、解决企业实际问题的能力。

【实训内容】选择两种不同业态或不同档次的零售商店，了解并记录购物者的信息（如年龄、性别、收入、职业等），以及与所购买商品有关的行为，分析其购买需求和心理。

【实训时间】收集信息时间1天，课堂汇报、总结时间90分钟。

【操作步骤】

1. 班级成员按5～8人自由组合成工作小组，团结协作。小组成员共同讨论执行方案，明确分工，广泛收集资料和数据，共同讨论总结并完成实训报告。

2. 课堂汇报：随机抽出各小组成员讲解本小组的观察经过及实训报告（PPT展示）。

3. 指导教师进行综合评定和总结。

【成果形式】小组实训报告。

【实训考核】

1. 实训报告的质量（翔实性、价值性）：50分。

2. 小组代表汇报的质量（台风、语言等）：30分。

3. 附加分（团队协作、报告形式等）：20分。

项目七 客户忠诚度管理

【学习目标】

知识目标

1. 正确理解客户忠诚的理念。
2. 掌握影响客户忠诚度的因素。
3. 掌握让客户忠诚的策略和工作方法。

能力目标

1. 具备实现客户忠诚的服务意识。
2. 能够运用所学策略和方法，初步具备实现客户忠诚、提供满意服务的能力。

【引导案例】

一位天南海北跑生意的商人朋友和我说过这样一个故事。10年前，他入住香港丽晶酒店时，碰巧遇见该酒店的总经理。闲聊中，总经理问他最喜欢喝什么饮料，他说是胡萝卜汁。大约6个月后，他再次住进丽晶酒店时，在房间的冰箱里意外地发现了一大杯胡萝卜汁。他说："10年来，无论我什么时候入住丽晶酒店，房间冰箱里都有为我准备好的胡萝卜汁。在最近的一次旅行中，飞机还没在香港启德机场降落，我就想到了冰箱里等着我的那杯胡萝卜汁，顿时很有幸福感。10年间，尽管丽晶酒店的房价涨了3倍多，我还是入住这家酒店，就因为这杯胡萝卜汁！"这个故事告诉人们，好的客户服务跟表现形式无关，或许它什么也不是，只是留在客户心里的一种幸福的感觉。

思考题：企业如何才能真正留住客户的心？

任务一 客户忠诚度的衡量

1. 客户忠诚的含义

1) 客户忠诚

所谓客户忠诚，是指客户对某一特定产品或服务产生了好感，形成了偏好，进而重复购买的一种趋向。客户因为产品或服务满足了自己的需求，而对企业或品牌产生心理上的依赖，进而一再重复购买，而不是偶尔重复购买同一企业的产品或服务。

客户忠诚是不同于客户满意却又与之有一定关联的态度和行为的共同体，它有两个主要特征：行为特征和态度特征。即客户忠诚度是基于心理满足与客户价值实现的基础上，对某一品牌或某一品牌系列产品进行多次的重复购买行为，并且乐意向周围的亲朋好友进行宣传，不受竞争者营销行为影响的行为。

2) 忠诚客户的特点

忠诚的客户通常都具备以下特点。

① 忠诚的客户能够自觉地排斥"货比三家"的心理，能在很大程度上抗拒其他企业提供的优惠和折扣等诱惑，而一如既往地购买所忠诚企业的产品或服务。

② 忠诚的客户注重与企业在情感上的联系，寻求归属感，他们对所忠诚企业的失误会持宽容的态度，当发现该企业的产品或服务存在某些缺陷时，能谅解并且主动向企业反馈信息，而不影响再次购买。

③ 当忠诚的客户想购买一种他们曾经购买过的产品或服务时，他们会主动去寻找原来向他们提供过这一产品或服务的企业，有时因为某种原因没有找到所忠诚的品牌，他们也会搁置需求，直到所忠诚的品牌出现。

忠诚的客户是企业最基本的、可以信赖的客户，他们是企业的产品或服务的长期、持续、重复的购买者，他们的忠诚也表明企业现有的产品或服务对他们是有价值的。

3) 客户忠诚的分类

不同学者依据不同的侧重点对客户忠诚进行了分类，主要有以下两类。

(1) 以态度取向和行为取向进行划分

以态度取向和行为取向两个维度的组合进行划分，分为真实的忠诚、潜在的忠诚、虚假的忠诚和不忠诚。

① 真实的忠诚。这是指客户同时具有较高态度忠诚和行为忠诚。该类忠诚的客户对品牌具有良好的态度且会进行重复购买行为，该种重复购买行为是建立在肯定的态度甚至情感依赖的基础上。客户对产品或服务满意，并逐步建立一种信赖关系，随着时间的推移这种信赖就成为一种忠诚。这种忠诚相对可靠度、持久性高。这种忠诚是企业实施客户关系管理所追求的忠诚。

② 潜在的忠诚。这意味着客户对某品牌具有较高的态度取向，却因为多种因素的制约没有较高的重复购买行为，但是一旦条件允许，他们会进行购买。例如，一些非常在意生活品质但消费能力偏低的人，他们对一些品牌产品的质量非常认可，只是由于经济能力方面的原因暂时不会购买这些产品，但这些人是该品牌潜在的忠诚客户。

③ 虚假的忠诚。这是指客户虽然具有较高的行为取向，可能仅是因为习惯或路途方便等原因进行的假意购买。例如，很多人会因为习惯而固定地光顾邻近的超级市场购物；有些人会因为企业给予的额外利益，如价格刺激、促销活动等，而对企业的产品或服务表现出忠诚；有的企业产品或服务在行业中处于垄断地位，消费者无论满意与否，都只能长期使用这些产品或服务，如城市居民用的自来水、电力服务等。

④ 不忠诚。在这种状态下的客户行为取向和态度取向都很低。他们之所以购买企业的产品，或许是受低价策略等营销策略影响而进行的短时行为取向。

(2) 依据客户忠诚度划分

依据客户忠诚度进行划分，可以分为行为忠诚、意向忠诚和情感忠诚。

① 行为忠诚。这是指客户实际表现出来的重复购买行为。

② 意向忠诚。这是指客户在未来可能购买的意向。

③ 情感忠诚。这是指客户过去及未来对产品的态度，其中包括客户会积极宣传企业的产品。

4）客户忠诚的意义

很多人包括大部分媒体资讯，甚至国内80%的企业家都认为，"客户满意"等同于"客户忠诚"，认为客户满意必然会带来客户的再次购买行为，也就会为企业带来直接的利润。其实这是个误区，因为满意只是一个心理状态，仅仅让客户满意是不够的，客户没有采取实际的多次重复购买行动就不能帮助一个企业在未来的市场上生存下去。所以，争取客户的忠诚才是目标。

忠诚客户是企业的无价资产，企业拥有了忠诚的客户，便有了持续的竞争优势和利润增长空间。具体来说，忠诚的客户对企业盈利能力和成长能力的推动主要表现在以下方面。

（1）忠诚客户为企业带来盈利

20/80定律告诉人们，企业收入的80%来自20%的客户。20%的客户不仅为公司创造利润，还补贴其他客户所造成的亏损。企业通过努力留住20%的客户不仅是可行的，而且是高回报的。

（2）忠诚客户是最好的口碑传播者

经常接受企业服务而感到满意的客户会成为企业"义务"的市场广告员，提高回头率，通过良好的口碑传播为企业带来新客户，从而节约了成本、增加了收益，还会为企业带来一些潜在的不可量化的效益。

（3）帮助企业获得溢价效益

实践证明，如果客户注意并看重一家企业的服务，会愿意为某些服务支付额外费用。在许多行业中，忠诚客户比其他客户更愿意以较高的价格来接受企业的优质服务。

（4）更多的重复购买

忠诚客户会增加其购买量和服务项目，从而增加企业的收入。而这种更多的购买，来自对原有服务的满意而非广告或降价。因此，忠诚客户的多少在很大程度上决定了市场份额的大小。

（5）可以降低成本

研究发现，忠诚客户每增加5%，所产生的利润增幅可达到25%~85%，争取一位新客户的成本是保留一位现有客户成本的5倍。而且，客户满意以至忠诚还可以降低交易费用、沟通成本和减少企业浪费，为客户服务的成本减少了，会增加企业盈利，也为企业的成长奠定了基础。

所以，企业只有赢得一定数量的忠诚客户，才能为企业的发展带来良性循环，给企业带来长久的收益。

2. 客户忠诚度的衡量指标

客户忠诚度的基本指标是反映客户忠诚状态和行为趋势的指标。通常衡量客户忠诚度有3个层次的指标：基本指标、附加指标和属性指标。基本指标用于判断和描述客户的忠诚状态，附加指标和属性指标是描述与评价客户忠诚度的辅助性指标。

1）衡量客户忠诚度的基本指标

① 客户的重复购买率。即一个客户对一种产品的重复购买率越高，就意味着该客户对

这一产品的忠诚度越高。客户的重复惠顾是最直接的忠诚关系表现。

② 客户对本企业产品价格变动的敏感度。即客户对价格变动的敏感程度越低,则表明客户对本企业的忠诚度越高。

③ 客户购买时间的长短。即客户在挑选产品时所花费的时间越短,则表明该客户对本企业的忠诚度越高。

④ 客户对竞争产品或品牌的态度。一般而言,对某种品牌忠诚度高的客户会自觉排斥其他品牌的产品或服务。如果客户对其他企业的同类产品表现出越来越多的偏好,则表明该客户对本企业的忠诚度在下降。

⑤ 客户需求的满足率。即客户在一定时期内对某一品牌支付的费用占购买同类产品支付的费用总额的比例,这个比例越高,则表明客户的忠诚度越高。

2) 衡量客户忠诚度的附加指标

① 愿意购买企业的其他产品或服务。企业经常用客户是否愿意购买企业的其他产品或服务这一指标来衡量客户购买企业产品组合的潜力。通常来说,客户购买企业产品或服务的类型越多,客户的忠诚度也越高。

② 客户推荐意愿。客户推荐意愿是指客户愿意将企业和企业的产品或服务推荐给其他人的可能性。从客户推荐意愿中引申出的是客户口碑。在互联网信息时代,口碑营销已经成为非常重要的营销方式,口碑营销的影响力也越来越重要。越是乐意将产品或服务推荐给其身边亲朋好友的客户,其忠诚度也越高。

3) 衡量客户忠诚度的属性指标

客户忠诚度的属性指标通常用来衡量客户的行为特性,用于辅助判断客户内在的忠诚程度。常用的客户忠诚度的属性指标包括客户的守时性、客户的特有性、客户的参与性、客户的稳定性和客户的建设性。

在很多情况下,客户的守时性是一个非常重要的指标。如果企业组织一次客户活动,有些客户会很早就打电话给客户经理,提前订位,并且会提前很长时间就到场,也有许多客户在活动开场后才出现,也有些客户邀请多次才答应,但还是经常不出现。通常守时的客户更加忠诚。

任务二　影响客户忠诚度的因素

学者们对影响客户忠诚度的因素做了很多研究。有人认为,影响客户忠诚度的因素主要有两个方面:满意因素和约束因素;也有人认为,影响客户忠诚度的因素既有企业方面的,也有竞争对手方面的、客户自身方面的和社会环境方面的,等等。

1. 影响客户忠诚度的因素

概括各方面的观点可以看出,影响客户忠诚度的因素主要包括以下方面。

1) 企业品牌

众所周知,品牌是用以识别某企业的产品或服务,并使之与竞争对手的产品和服务区别开来的商业名称及其标志。品牌就其实质来说,代表着企业对交付客户的产品特征、利益和服务的一贯性的承诺。久负盛名的品牌就是优良品质的保证，因此企业品牌有助于促进产品销售，树立企业形象。而对于客户来说，品牌便于其辨认、识别商品和选购商品。更因为名牌企业要维护自己的品牌形象和声誉，都十分注意恪守对客户的承诺，并注重同一品牌的产品质量水平统一化。因此，客户可以在企业维护自己品牌时获得稳定的购买利益。因此，企业品牌也成为影响客户忠诚度的主要因素。

2) 服务质量

很多研究表明，服务质量对客户忠诚度有着更为直接而根本的影响。有人指出，服务质量是影响客户行为意向的一个重要的决定性因素。有人对服务质量、重复购买、推荐意愿之间的关系进行研究，结果发现服务质量与重复购买、推荐意愿是正相关关系。即服务质量直接决定着客户的忠诚与否。因此，改善服务质量自然会提高客户的忠诚度，提高企业的盈利能力和经营绩效。

3) 客户的满意度

许多学者的研究表明，客户的满意度越高，则该客户会购买更多该公司的产品，对公司及其品牌忠诚更久。大量的有关客户满意度和客户忠诚度的研究也支持以下观点：无论行业竞争情况如何，客户忠诚度都会随着客户满意度的提高而提高。可以说，客户满意度是推动客户忠诚度的最重要因素之一。

4) 购物的方便性

由于地理位置等因素的制约造成购买者不能很方便地获得产品时，也会影响客户忠诚度。这里分两种情况，一种情况是当消费者无法找到替代品或没有竞争者时，就可能形成潜在的忠诚。这种情形在一些服务行业中更为常见。例如，很多人会长期而固定地选择一家超市进行购物，原因仅仅就是这家超市距离自己家很近。人们将这种由于方便需求或是惰性而形成的忠诚称为惰性忠诚。这种忠诚并不牢固，一旦客户发现了更加方便或更为满意的目标后，这种忠诚也就随之减弱或消失。

5) 转换成本的高低

转换成本是指客户从一个企业转向另一个企业时的一次性成本，除了货币成本外，还有面对一个新的企业所导致的不确定性引起的心理与时间上的成本。因此，较高的转换成本构筑了较高的转换壁垒，当客户改变企业将涉及高的资金成本、老主顾折扣的丧失等成本时，客户就可能不愿意更换供应商。例如，会员制、积分返还等是目前企业常用的构筑转换成本、提高客户忠诚度的重要手段。

此外，经济实力、购物环境、社会因素、教育程度等因素也在不同程度上影响客户的忠诚度，在此不再赘述。

小案例

王永庆15岁小学毕业后，到一家小米店做学徒。第二年，他用父亲借来的200元钱做本金自己开了一家小米店。为了和隔壁的日本米店进行竞争，王永庆颇费了一番心思。

当时大米加工技术比较落后，出售的大米里混杂着米糠、沙粒、小石头等，买卖双方都是见怪不怪。王永庆则多了一个心眼，每次卖米前都把米中的杂物拣干净，这一额外的服务深受客户欢迎。

王永庆卖米大多是送米上门，他在一个本子上详细记录了客户家有多少人、一个月吃多少米、何时发薪等。算算客户的米该吃完了，就送米上门；等到客户发薪的日子，再上门收取米款。他给客户送米时，并非送到就算，他要帮人家将米倒进米缸里。如果米缸里还有米，他就将旧米倒出来，将米缸刷干净，然后将新米倒进去，将旧米放在上层。这样，米就不至于因陈放过久而变质。王永庆这个小小的举动令不少客户深受感动，铁了心专买他的米。

就这样，王永庆的生意越来越好。从这家小米店起步，他最终成为今日台湾工业界的"龙头老大"。后来，王永庆在谈到开米店的经历时，不无感慨地说："虽然当时谈不上什么管理知识，但是为了服务客户做好生意，就认为有必要掌握客户需要，没有想到，由此追求实际需要的一点小小构想，竟能作为起步的基础，逐渐扩充演变成为事业管理的逻辑。"

这个故事给了人们很深的启发甚至是感动。同样是卖米，为什么王永庆能将生意做到这种境界，关键是他用了心。用心去研究客户，研究客户的心理，研究客户的需要，研究如何去满足客户的需要。不单纯卖给客户简单的产品，而是将客户的需求变成自己的服务项目，与产品一同给予客户。

由此人们可以看出服务的价值。客户从其他米店也可以买到米，但从王永庆的米店里买米，会感觉自己的所得是超于产品价值的，这超出的价值便是服务。

2. 影响大客户忠诚度的因素

随着竞争变得越来越激烈，非价格因素取代价格因素成为影响大客户忠诚度的重要因素。这里列出了影响大客户忠诚度的7种非价格因素。

1) 完美的购买经历

企业要始终在大客户的记忆中保持良好的形象，让客户拥有一个完美的采购经历，这往往是大客户决定是否忠诚于企业的关键。

2) 理念

正确的应该是"理念"的销售而不是产品或服务本身，企业在销售过程中应当鲜明地体现企业的服务理念。

3) 真正的互动

所谓互动，是双方达成这样的共识：三流的企业出售产品，二流的企业出售技术，一流的企业出售理念。在企业与大客户之间培养真正的互动，首先是要求企业能够尽力去了解不同客户的具体情况，以便有针对性地提供优质的服务。

4) 优质的服务

一套出色的服务流程，能够使产品销售变得非常容易。优质的服务不仅能使大客户感到被尊重和重视，还能帮助大客户提升利润空间，从而达到提升大客户忠诚度的目的。

5) 客户的参与决策权

重视客户、尊重客户是赢得客户忠诚度的先决条件。使大客户参与企业决策是对客户表示尊重的一条最佳途径。

6) 关系质量

关系质量是指大客户对企业及其员工的信任感和满意感。企业不仅应为大客户提供优质产品和服务，提高大客户的消费价值，而且应提高关系质量，与客户建立、保持并发展长期合作关系。

7) 产品差异化

产品差异化是培养大客户忠诚度的重要方式。企业产品的差异化表现为不同的层次水平。

(1) 外观差异化

外观是大客户与产品的第一个接触点，对于产品来说，这个差异化属于较低层次，也比较容易做到。

(2) 功能差异化

功能是大客户购买产品的真正理由。功能的差异化意味着产品性能的不断优化。

(3) 定位差异化

一切差异化的目的，最终是为了定位的差异化。定位是"产品在大客户头脑中的地位"。

小案例

美国西北大学凯洛格商学院（KGSM）教授、整合营销创始人唐·舒尔茨（Don Schultz）曾预言："零售商未来的成功模式只有两种，一种是沃尔玛模式，即通过提高供应链效率，挤压上、下游成本，以价格和地理位置作为主要竞争力；另一种是 Tesco 模式，即通过对客户的了解和良好的客户关系，将客户忠诚计划作为企业的核心竞争力。没有任何中间路线。"乐购（Tesco）超市公司是英国最大的食品超市公司之一，该公司 9 年前开始实施的忠诚计划——"俱乐部卡"（Clubcard），帮助公司将市场份额从 1995 年的 16％上升到了 2003 年的 27％，成为英国最大的连锁超市集团。乐购超市公司的"俱乐部卡"被很多海外商业媒体评价为"最善于使用客户数据库的忠诚计划"和"最健康、最有价值的忠诚计划"。

乐购超市公司"俱乐部卡"的设计者之一，伦敦 Dunnhumby 市场咨询公司主席克莱夫（Clive Humby）非常骄傲地说："俱乐部卡的大部分会员都是在忠诚计划推出伊始就成了我们的忠诚客户，并且从一而终，他们已经和我们保持了 9 年的关系。"

1."俱乐部卡"绝不是折扣卡

克莱夫介绍道："设计之初，'俱乐部卡'计划就不仅仅将自己定位为简单的积分计划，而是乐购的营销战略，是乐购整合营销策略的基础。"在设计"俱乐部卡"时，乐购超市公司的营销人员注意到，很多积分计划章程非常烦琐，积分规则很复杂，消费者往往花很长时间也不明白具体积分方法。还有很多企业推出的忠诚计划奖励非常不实惠，看上去奖金数额很高，但是却很难兑换。这些情况造成了消费者根本不清楚自己的积分状态，也不热衷于累计和兑换，成为了忠诚计划的"死用户"。

1) 消费代金券

乐购超市公司"俱乐部卡"的积分规则十分简单，客户可以从他们在乐购超市消费的数额中得到 1％的奖励。每隔一段时间，乐购超市公司就会将客户累计的奖金换成"消费代金券"，邮寄到消费者家中。这种方便实惠的积分卡吸引了很多家庭的兴趣，据乐购超市公司的统计，"俱乐部卡"推出的头 6 个月，在没有任何广告宣传的情况下，就取得了 17％左右的"客户自发使用率"。

2) 客户数据库

在 Sainsbury、Asda 等连锁超市也相继推出类似的累计积分计划以后，乐购超市公司并没有陷入价格战和加大客户返还奖励等误区之中。公司通过客户在付款时出示"俱乐部卡"，掌握了大量翔实的客户购买习惯数据，了解了每位客户每次采购的总量，主要偏爱哪类产品、产品使用的频率等。克莱夫说："我敢说，乐购超市公司拥有英国最好、最准确的消费者数据库，我们知道有多少英国家庭每个星期花12英镑买水果，知道哪个家庭喜欢香蕉，哪个家庭爱吃菠萝。"

在英国，有35%的家庭加入了乐购"俱乐部卡"计划。据统计，有400万家庭每隔3个月就会查看一次他们的"俱乐部卡"积分，然后冲到超市，像过圣诞节一样疯狂采购一番。

3) 利基俱乐部

通过软件分析，乐购超市公司将这些客户划分成了10多个不同的"利基俱乐部"，如单身男人的"足球俱乐部"、年轻母亲的"妈妈俱乐部"等。"俱乐部卡"的营销人员为这十几个"分类俱乐部"制作了不同版本的"俱乐部卡杂志"，刊登最吸引他们的促销信息和其他一些他们关注的话题。一些本地的乐购连锁店甚至还在当地为不同俱乐部的成员组织了各种活动。

目前，"利基俱乐部"已经成为一个个社区，大大提高了客户的情感转换成本（其中包括个人情感和品牌情感），成为乐购超市公司有效的竞争壁垒。

2. 有效的成本控制

乐购超市公司要维持一个拥有1 000万会员的俱乐部，而且是以现金返还为主要奖励方法，还要为不同"利基俱乐部"成员提供量身定做的促销活动，这其中的日常管理和营销沟通非常繁杂。如果不进行有效的成本控制，公司肯定会陷入自己设计的成本泥潭中。

1) 直邮信函代替电视广告

首先，乐购超市公司几乎从来不使用电视等大众媒介来推广"俱乐部卡"。克莱夫解释说："乐购超市公司以前是电视媒体的主要广告商之一，但是后来我们通过调查发现，直接给客户寄信，信息到达率更高，更能引起消费者的注意。而且，很多消费者认为，定期收到一些大公司的沟通信件，让他们的社会地位有被抬高了的感觉。在英国这个有限的市场里，公司的市场目标不可能是赢得更多的消费者，而是怎样增加单个消费者的价值，所以直接和消费者建立联系，既便宜又有效。"

如果有的"利基俱乐部"要进行一次"获得新客户"的营销活动时，他们往往会选择一两本这些细分市场经常阅读的杂志。然后，花费很低的广告费，在杂志中夹带"利基俱乐部"的促销信件。

2) 与供应商联手促销

为了更好地控制成本，乐购超市公司还经常和供应商联手促销，作为返给消费者的奖励，把维系忠诚计划的成本转移到供应商身上。

由于乐购超市公司这种按照消费者购买习惯细分市场的"利基俱乐部"数据库，内容真实详细，促销非常具有针对性，供应商十分愿意参加这样的促销活动，提高品牌知名度，加强与消费者的关系。与沃尔玛公司强迫供应商降价促销相比，供应商基本上都是自愿与乐购超市公司联手，实现了共赢。

3. 总结：如何赢得客户忠诚

乐购超市公司采用的是与航空公司类似的"常旅客计划"，奖励经常到超市购物且达到一定量的消费者。在有选择的情况下，消费者倾向于选择自己持有"会员卡"的超市，以便获得各种奖励。这种积分计划在一定程度上可达到转换成本的效果。因为，一旦消费者转换到另一家超市，以前的积分可能就被放弃或被推迟兑现了，从而产生了转换成本。乐购超市超市公司正是因此类忠诚计划建立了企业的核心竞争力。

乐购超市公司赢得客户忠诚的主要原因如下：
（1）俱乐部卡积分简单，提供实在的优惠。
（2）建立数据库对客户进行分类，掌握客户详细的购买习惯。
（3）有效降低营销成本。
（4）关注客户特别需求，如推出"瘦身购物车"等。

任务三　实现客户忠诚的策略

对任何企业来说，拥有忠诚客户才是基业长青的根本。而拥有忠诚客户的前提是为客户创造价值和超额价值。因此，如何为客户创造价值，就成为企业最关注的问题。通过建立和分析企业的"服务价值链"，可以找到解决这一问题的基本出路。"服务价值链"是企业通过基本服务活动和辅助服务活动，创造价值的动态过程，形成一条循环作用的闭合链，如图7-1所示。

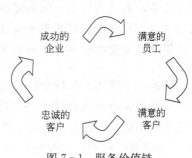

图7-1　服务价值链

服务价值链模型体现了企业以客户为导向的经营理念，表明满意的员工可以创造满意的客户，满意的客户可以转变为忠诚的客户，忠诚的客户可以创造成功的企业。满意的员工、满意的客户、忠诚的客户犹如3只有力的手，推动着企业快速发展。

1. 练好内功，提升产品和服务的竞争力

1）首先培养员工的忠诚度，进而提升客户忠诚度

员工是组成企业的基本单位，企业的各项活动都是由员工参与并完成的，而客户的忠诚是由员工建立并保持的。员工在与客户的交往过程中逐步建立了以人的情感为基础的联系，随着互动的持久和深入，员工与客户之间的情感演变成信任关系。如果员工不能很好地理解企业文化，并因此产生误解以至于反映在自己的行为上，这将会造成客户的流失。因此，企业首先要与员工建立伙伴关系，培养员工主人翁的责任感和员工的忠诚度，进而培养客户的忠诚度。

① 培训所有员工树立以客户为中心的服务理念，通过对企业整体工作流程的分析，使每位员工认识到，他们的工作如何影响客户和其他部门的人员，从而影响企业的生存和客户的忠诚。

② 提倡企业全员参与，给予一线员工充分授权和灵活性，可以激发员工的创造性思维，解决流程、生产、服务等各环节的问题，激发员工有所创造，超越客户期望，赢得客户忠诚。

③发现和嘉奖业绩突出的员工，有效的激励可以促进员工的工作激情，挖掘员工的工作潜力。

2) 提高服务的独特性与不可替代性

个性化的产品或服务是客户关系发展到一定程度时客户的必然要求。一个企业如果不能满足客户的这种要求，将始终无法成为客户心目中最好的企业，也就无法成为客户的唯一、持久的选择。由于客户会积极寻找能提供个性化产品或者服务的企业，一旦发现这样的企业，客户便会毫不犹豫地转向新的企业。

因此，企业如果能够开发出独特的产品或服务，不断地提供竞争对手难以模仿的个性化产品或服务，如提供个性化的信息、个性化的售后服务和个性化的技术支持，甚至个性化的全面解决方案，就能够成功地与竞争对手的产品和服务相区分，有效地抵制竞争对手对客户的诱惑，增加客户对企业的依赖性，形成不可替代的优势，就能够达到提升客户忠诚度的目的。

小案例

"IBM 就是服务"，这句话从国外传到国内。事实上，IBM 公司确实存在差异于竞争对手的绝对竞争优势。IBM 全球服务部不仅可以为客户提供基于软硬件维护和零配件更换的售后服务，更重要的是，还能提供诸如独立咨询顾问、业务流程与技术流程整合服务、专业系统服务、网络综合布线系统集成、人力培训、运维服务等信息技术和管理咨询服务，从而满足客户日益复杂和个性化的需求，正是这种服务优势实现了客户对 IBM 公司的忠诚。

当然，个性化、量身定制可能会带来成本问题，但企业可以用"模块化"方法来降低成本，即预先生产出几百种产品"模块"，然后根据每个客户的需要将合适的模块配置起来，就能生产出数千个甚至上百万个产品式样。例如，利维公司仅仅是把 227 种腰围/臀围尺码与 25 种裤腿尺码组合，就为其 Original Spin 品牌牛仔裤生产出 5 700 种可选的尺码。

此外，企业还可以通过技术专利与竞争对手拉开差距，构筑防止竞争者进入的壁垒，从而降低客户的"跳槽率"，实现客户的忠诚。例如，微软公司就是凭借其功能强大的 Windows 系列产品，几乎垄断了 PC 操作系统软件市场，而功能实用、性能良好的 AutoCAD 在计算机辅助设计领域占有很高的市场份额，这些公司都是凭借不可替代的产品或服务赢得了客户的忠诚。

3) 找准品牌定位，打造品牌形象

形成品牌忠诚的目的是减少选择商品时需投入的非经济成本，降低购买风险。培养品牌偏好，不断关注品牌传递的消费信息，通过品牌保持自己与钟爱产品及企业的联系，这正是现代消费观的表现之一。在现实中，消费者往往将品牌等同于产品质量和企业信誉。品牌的出现，可以使客户形成一定程度的信任度、追随度和忠诚度。因此，品牌只有细分产品定位，寻求差异化经营，找准目标客户的价值取向和消费能力，才能真正培养出属于自己的"忠诚客户群"。

同时，要加强品牌宣传和推广，倡导符合企业产品的消费观念。广告作为促销方式或促销手段，是一门带有浓郁商业性的综合艺术。虽说广告不一定造就品牌产品，然而品牌产品一定需要广告宣传。企业通过形象诉求、价值观和消费观的引导，来改变由于社会文化、社会规范和个人因素等对客户消费观念产生的影响，倡导符合企业产品和服务的消费观念，从而引领消费潮流，促进购买，维系忠诚。只有不断的广告宣传才能使人们保持对产品的记忆，这样在购买产品时人们才会有购买本产品的欲望。也就是说，要对成熟或衰退的产品进行广告宣传，以提醒客户，使其产生"惯性"需求。

4）提高客户的转换成本

一般来说，如果客户在更换品牌或企业时感到转换成本太高，或者客户原来所获得的利益会因为更换品牌或企业而损失，或者将面临新的风险和负担，就可以加强客户的忠诚度。

小案例

如果软件企业一开始为客户提供的有效服务支持，包括免费软件、免费维修保养和事故处理等，并帮助客户学习如何正确地使用软件。那么，一段时间以后，客户学习软件使用所花的时间、精力将会成为一种转换成本，使客户在别的选择不能体现明显的优越性时会自愿重复使用，成为忠诚客户而不会轻易流失。

采取成套礼品等方法，如机票的贵宾卡、超市的积分卡和快餐店的组合玩具等，也可以提高客户的转换成本。因为，客户一旦流失就将损失里程奖励、价格折扣、集齐玩具等利益，这样就可以将客户"套牢"，使客户从主观上尽量避免流失而尽可能地忠诚，尽管这种忠诚很可能是势利忠诚、虚假忠诚。

此外，个性化的产品或服务在可能增加客户满意度的同时，也增加了客户的特定投入，如时间、精力、感情等，即增加了转换成本，因而能够提高客户的退出障碍，从而有效地阻止客户的叛离。

小案例

Amazon网上书店具有基于历史交易数据的客户需求推荐系统及积分系统，客户能够从中获益。如果客户转向另一网上书店，就将损失其在Amazon书店中的交易积累和大量交互点击的投入，失去本来可以得到的利益，这样就会使客户选择留下。

但是，必须认识到，提高客户的转换成本只是一种辅助手段。如果企业仅仅靠提高转换成本来维系客户的忠诚，而忽视了企业形象及产品或服务本身，那将会使客户置于尴尬和无奈的境地。尽管可能出现一时的红火景象，但是一旦情况有变必将导致客户的众叛亲离。

5）有选择地建立客户忠诚，实施客户差异化服务

越来越多的企业认识到，提高客户满意度，建立客户忠诚往往要付出昂贵的代价。如果盲目地为建立客户忠诚而开展工作，可能导致企业不能承受其负担，而最终放弃对客户提供的某种服务。建立客户忠诚必须考虑企业的承受力，要通过分析市场，有选择地建立客户忠诚，这是企业保证这项工作坚持不懈地开展下去的重要因素。

首先，根据客户所带来的利润，可以将客户分为高利润、中利润、低利润和无利润4组；根据客户所带来的交易量，可以将客户分为大客户、中客户、小客户。高利润和大客户组应是企业关注的焦点，针对不同客户群的特点，企业可制定一对一的营销策略，争取客户忠诚。

其次，对忠诚客户也要进行细分，以方便实施差异化服务。

① 忠诚客户是企业最有价值的客户，他们的忠诚表明企业现有的产品或服务是有价值的，企业一定要重视来自客户的反馈信息，以便保持企业的产品充满吸引力。

② 潜在的忠诚客户有较高的情感忠诚度，只是由于一些客观的原因妨碍了他们频繁购买的主观愿望，面对这种情况，需要帮助他们成为忠诚客户。

③ 虚假的忠诚客户大多受购买便利性、优惠条件和环境的影响，也可能是因为企业产品缺乏替代品。虚假忠诚客户的情感忠诚度很低，企业在提供服务时要设法吸引他们的购买力，让这类客户在利益的驱动下保持忠诚。

④ 对于长期没有业务关系的客户，也不排除产生忠诚的可能性，企业可以采取物质和服务双管齐下的策略，在他们中间发现可能的忠诚客户。

这需要企业建立一套完整的客户档案资料，其中包括客户的全部历史资料、简历，甚至个人爱好，以便有效地对客户进行分类管理。在这方面，俱乐部的营销体制可以发挥很好的作用。

小案例

在关系营销中，"俱乐部营销"是一种非常成功的培养客户忠诚度的方式，即将"客户"组成会员团体或是俱乐部，通过加强内部的联系，让客户产生参与感与归属感，进而发展成为忠诚客户。俱乐部营销是一种网络营销方式。这种方式无论是在国外还是在国内，都已受到日益广泛的关注与应用。目前，已有为数众多的国内企业，尤其是服务性企业，采用了俱乐部的营销方式。在这种方法中，物质利益的吸引是基础，而情感的建立才是关键。竞争者可以通过提供类似的物质利益争取客户，但却难以控制在这种情感交流环境中建立的客户忠诚。

2. 与客户保持良好、有效的沟通

与客户保持良好、有效的沟通，是实现客户忠诚的基础。有效的客户沟通是指企业通过与客户建立信息交流与互换的桥梁或纽带，加深与客户的感情，从而赢得客户满意与客户忠诚所采取的行动。

1) 与客户有效沟通的作用

企业经常与客户进行沟通，向客户灌输双方长远合作的意义，描绘合作的远景，才能在沟通中加深与客户的感情，稳定客户关系。如果企业与客户缺少沟通，那么好不容易建立起来的客户关系，可能会因为一些不必要的误会没有得到及时消除而土崩瓦解。因此，企业要及时、主动地与客户保持沟通，并且要建立顺畅的沟通渠道，这样才可能实现客户忠诚，才可能赢得一大批稳定的老客户。

根据美国营销协会的研究，不满意的客户有三分之一是因为产品或服务本身有毛病，其余三分之二的问题都出在企业与客户的沟通不良上。可见，客户沟通是使客户满意的一个重要环节，企业只有加强与客户的联系和沟通，才能了解客户的实际需求，才能理解他们的预期。特别是当企业出现失误时，有效的沟通有助于更多地获得客户的谅解，减少或消除客户的不满。此外，企业与客户进行售后沟通，还能够减少退货的发生。

小案例

某企业近期发现自己的经销商客户在面对竞争对手高利润的诱惑下有些动摇、蠢蠢欲动，为了使经销商不叛离，企业及时与经销商客户沟通，说服他们抵御诱惑："请大家想一想，对于差异化程度不大、成本相差不大的产品来说，他们许诺的高利润和高返利从哪里来呢？没有人会做亏本买卖！'羊毛出在羊身上'，他们一定是在产品质量上打了折扣，或者在其他我们还不知道的方面做了手脚。如果你们经销这样的产品，就会有很大的风险，弄不好还可能要坐牢！我们的产品虽说价格高一点，但产品质量可以保证，而且我们生产的这种产品有一定的科技含量，市场潜力巨大，我们还有很好的信誉，返利可以顺利到达你们手中，经销我们的产品保证你们能得到稳定的收益……"通过及时的沟通，经销商们没有被竞争者诱惑，依旧为该企业服务。

2）与客户沟通的内容

与客户沟通的内容主要包括：信息沟通、情感沟通、理念沟通、意见沟通和政策沟通等。

信息沟通，就是企业把产品或服务的信息及时传递给客户，也包括客户将其需求或者要求的信息反映给企业；情感沟通，是指企业主动采取相关措施，加强与客户的情感交流，加深客户对企业的情感依恋；理念沟通，主要是指企业把自己的经营宗旨、理念等介绍给客户，加深客户的印象及对企业的理解和认同；意见沟通，主要是指企业主动向客户征求意见，或者客户主动将对企业的意见（包括投诉）反映给企业；政策沟通，主要是指企业把有关的政策、规定、制度等向客户传达、宣传等，帮助客户及时了解最新的政策动态。

3）与客户有效沟通的策略

一是，向客户表明诚意。由于沟通的成功有赖于双方的共同努力，因此企业与客户沟通时，首先要向客户表明自己的诚意，通过真诚的交流和情感沟通，增进彼此的理解。如果企业没有诚意，就不要指望得到客户的响应，更不要指望与客户的沟通能够获得成功。

二是，站在客户的立场与客户沟通。一方面，客户通常关心的是自己切身利益的事；另一方面，客户购买的不仅仅是产品或者服务，还包括企业对客户的关心及客户对企业的信任。因此，企业只有站在客户的立场上，充分考虑客户的利益，把客户放在一个合作伙伴的角色上，才能获得沟通的成功。

三是，建立有利于客户与企业沟通的制度。企业要积极建立客户沟通制度、建议制度、投诉制度，使客户清楚客服中心和投诉管理部门的联系方式与工作程序。

4）与客户有效沟通的形式

企业与客户之间的沟通应当是双向的，既要让客户了解企业，也要使企业了解客户。这样，企业与客户之间才能增进彼此的了解和交流，才能够消除隔阂、化解误会、取得双赢。所以，企业与客户之间的沟通形式应当包括两个方面。

一方面，企业要积极保持与客户的联系，通过人员沟通和非人员沟通的形式，把产品或服务信息及时传递给客户。

另一方面，企业要为客户提供各种畅通的渠道，使客户可以随时随地与企业沟通，如反馈意见、建议或投诉。

5）与客户有效沟通的途径

（1）通过人员与客户有效沟通

企业人员可以向客户介绍企业及其产品或者服务的信息，及时答复和解决客户提出的问题，并对客户进行主动询问和典型调查，了解客户的意见及客户对投诉处理的反馈等。

例如，雅芳通过专业的美容代表与客户进行面对面的沟通，她们不仅把雅芳的产品和服务信息、促销活动等传递给客户，更向客户传授各种美容心得，并教给客户一些美容方面的技巧。通过业务人员扎实的专业美容知识和亲切耐心的讲解，不仅让客户更直接地了解雅芳，也让客户懂得更多美容方面的知识，从而更加信赖雅芳。

小案例

百事可乐要求所有的销售代表必须按照公司制定的"计划拜访八步骤"拜访小店客户。"拜访八步骤"是百事可乐服务客户、制胜终端的武器。

第一步：准备工作。

每天销售代表在拜访客户前都要做好相应的准备工作。一是检查个人的仪表。销售代表是公司的"形象大使"，百事公司要求销售代表要服装整洁、仪容仪表得体、夏天不准穿凉鞋和拖鞋，同时还要保持自身交通工具（百事公司配发的摩托车、自行车等）的清洁等。二是检查客户资料。百事公司采用的是线路"预售制"销售模式，销售代表每天都要按照固定的线路走访客户。在拜访客户之前需要携带当天线路的客户卡、线路拜访表、装送单（订单）、业绩报告等。三是准备产品生动化材料，主要包括商标（品牌贴纸）、海报、价格牌、促销牌、冷饮设备贴纸，以及餐牌POP广告。销售代表在小店内充分利用这些材料可以准确地向消费者传递产品信息，有效地刺激消费者的购买欲望。四是准备清洁用品。销售代表带上干净的抹布，帮助小店清洁陈列的百事产品。

第二步：检查户外广告。

销售代表应及时更换外观污损的海报，并选择最佳的张贴位置，达到最佳的宣传效果。

第三步：和客户打招呼。

百事公司要求销售代表进入小店时面带微笑，合情合理地称呼店主的名字，以展现自身的亲和力，树立公司的良好形象。与此同时，对店内的其他人员也要以礼相待。和客户寒暄时，销售代表不要直接谈及订货的事情，而是通过友好的交谈了解其生意状况，甚至要帮助客户出出点子，想办法提高他的经营业绩，以及百事产品在其店内的销量。让客户感觉到你是在真切地关心他，而不仅仅是出于生意的关系才来拜访。这样有助于销售代表和客户之间形成良性的互动，为建立坚实的客户关系奠定良好的基础。

第四步：做终端及冷饮设备生动化。

产品生动化是百事销售代表拜访客户的重点环节，并且是提升零售点销量的最有效途径之一。百事公司要求销售代表根据小店的实际状况按照百事模式的生动化标准来执行小店的产品陈列，如小店内摆放百事公司的冷柜、现调机等冷饮设备，则要按冷饮设备的陈列标准，进行生动化操作；该设备内缺货，则立即补充。

第五步：检查库存。

做完产品生动化之后，销售代表要按品牌/包装的顺序清点库存，主要清点两个地点的存货，即前线存货和库房存货。前线存货主要是指小店的货架、柜台上所摆放的没有售卖完的产品，库房存货则是指存放在小店仓库中用于补货的产品，两个地点的存货数量加在一起，就是小店的实际库存。

第六步：提出订货建议。

清点库存之后，销售代表必须按照"1.5倍的安全库存原则"向客户提出订货建议。根据该原则订货，可以使客户在正常的经营状况下不至于发生缺货或断货的现象，避免造成生意上的损失，还可以帮助客户有效地利用空间和资金，不发生货物积压、资金无效占用的现象。向客户提出建议订货量之后，客户大多会提出异议，销售代表要善于处理客户的异议，说服客户接受自己提出的建议订货量。同时，销售代表要主动推荐新产品，并努力做到百事产品的全系列铺货。如果公司有小店促销计划时，销售代表要积极地介绍促销内容，并向客户提出操作建议，从而成为客户的专业营销顾问。

第七步：订货。

拜访结束后，销售人员要再次确认客户的订货量，并按照客户的实际订货量填写客户卡和订单。销售代表要养成良好的填写习惯，以便详细了解客户的需求，更好地为客户提供服务。

第八步：向客户致谢并告知下次拜访时间。

"定时、定线、定人、定车"是百事公司对销售代表的要求。"定时"是指拜访每一位客户的时间要固定。"定线"是指每天的销售线路是固定的。"定人"就是一个销售区域设一个主任，每条销售线路设一个销售代表和一个驾驶员。"定车"是指每条销售线路固定一辆送货车，自己线路的订货由自己的车送货。每一个小店客户都在销售代表的计划拜访路线之上，销售代表在拜访客户结束后都要表示谢意，并要明确告知其下次拜访时间，这样可以加深客户对销售代表在固定时间来拜访自己的记忆，从而有助于客户形成在固定时间接待销售代表的习惯，以提高客户的满意度。

(2) 通过活动与客户有效沟通

通过举办活动可以让目标客户放松心情，从而增强沟通的效果。

一种是通过座谈会的形式，定期把客户请来进行直接的面对面的沟通，让每一位客户都畅所欲言，或者发放意见征询表，向他们征求对企业的投诉和意见。通过这种敞开心扉的交流，可使企业与客户的沟通不存在障碍，同时，这也是为客户提供广交同行朋友的机会。在座谈会上，客户们可以相互学习、相互取经。

一种是通过定期或不定期地对客户进行拜访的形式，与客户进行面对面的沟通，也可以收集他们的意见，倾听他们的看法、想法，并消除企业与客户的隔阂。

还有，邀请客户联谊也是加深与客户感情的好方式。比如一个可携带配偶出席的晚会将增进企业与客户的情谊。联谊活动有多种形式，如宴会、娱乐活动、健身活动、参观考察等。联谊的目的是拉近与客户的距离，与客户建立一种朋友式的关系。比如，花旗银行为了加强与客户的联系，经常为客户举办招待酒会、宴会、邀请少数大客户周末去郊区活动，观看演出、运动会等。花旗银行的客户说，任何一家银行都没有像花旗银行那样对客户的热情。

当然，企业还可以通过促销活动与客户沟通，使潜在客户和目标客户有试用新产品的理由，也使现实客户有再次购买或增加购买的理由，从而有利于提升和发展客户关系。

小案例

雅芳举办了"雅芳春天之约"大型活动，发放了雅芳品牌的宣传材料，尤其是品牌精髓中与青年学生生活能产生共鸣的契合点，同时，通过"爱情宣言""告别情感冬天""爱我就给我美丽"等游戏和活动，将每种产品形象化。例如，选择洗发水的人对爱人的感情是山高水长，选择护肤液的人对爱人的感情是温和细腻，选择护手霜的人对爱人的感情是体贴入微,选择唇膏的人对爱人的感情是真挚热烈等,更好地诠释了雅芳产品的特性,给客户更加深刻的感受。

此外,通过开展公益活动也可以达到很好的沟通效果。沃尔玛自进入中国就积极开展社区服务和慈善公益活动,如开展"迎奥运、促和谐、做先锋""关爱农民工子女"等公益活动,沃尔玛对非营利组织和公益事业(如学校、图书馆、经济发展团体、医院、医学研究计划和环保方案等)的捐赠也十分慷慨,从而树立了企业良好的公益形象。

(3)通过新渠道与客户有效沟通

随着技术的进步和沟通实践的发展,新的沟通渠道在不断地出现,特别是互联网的兴起彻底改变着企业与客户沟通、交流的方式,企业可以在强大的数据库系统支持下,通过电子商务的手段,开设自己的呼叫中心和服务网站,为客户提供产品或服务信息,与客户进行实时沟通,从而缩短企业与客户之间的距离。

企业呼叫中心和服务网站的座席客服在与客户沟通过程中要注意以下几个关键点。

一是,快速理解客户问题。在呼入型呼叫中心,客户主动拨打电话过来通常都有明确的服务需求,但每个人的教育程度、表达方式、表达习惯和生活环境不一样,导致表达出来的效果不一样,座席客服只有快速理解客户的问题和需求,才能针对性地提出解决方案。座席客服要积累一些客户的问法,掌握客户询问的一般规律,学会在交谈中找准客户的需求。另外,呼叫中心也应该在培训中增加案例教学,把日常收集的应对场景告知座席客服,给他们足够的支撑。

二是,快速找到解决办法。在理解了客户的问题和需求后,座席客服应快速熟练地为客户提供有效的解决方案。为此,座席客服要经常进行业务培训,同时,后台应建立准确清晰的知识库存并及时更新,否则会影响座席客服解决问题的效率。

三是,简明、清晰、扼要地告知客户。座席客服理解了客户的问题并找到解决方法后,要简单明白地告诉客户,让客户能够理解和听懂。座席客服应不断提升自己的沟通能力,不断总结各种问题的解决办法。培训部门应及时为座席客服开展话术培训和案例教学。

另外,现代通信手段的发展,使企业还可以通过微博、微信公众平台等形式与客户沟通,向客户提供产品及服务信息。例如,一些餐厅在菜单上标注官方微信二维码,客户关注之后,可以对菜品进行评价,经营者则可以向客户推送促销信息,为客户提供就餐指导。这样长期的线上与线下交流,可使经营者与客户建立良好的关系。企业还可以在微信公众平台设立投诉、意见箱,并要求相关负责人及时处理,做好事后跟踪。

(4)通过广告与客户有效沟通

广告的形式多样,传播范围广,可对目标客户、潜在客户和现实客户进行解释、说明、说服、提醒等,是企业与客户沟通的一种重要途径。

广告沟通的优点很突出:迅速及时,能够准确无误地刊登或安排播放的时间,并可全面控制信息内容,能让信息在客户心中留下深刻的印象。同时,广告沟通的缺点也很明显:单向沟通,公众信任度较低,易引起客户逆反心理。这就要求企业的广告要减少功利的色彩,多做一些公关广告和公益广告,才能够博得客户的好感。

小案例

以雅芳唇膏的广告为例,艺人大S代言的雅芳色彩全效唇膏的广告语为:"唇膏,怎样才更好？颜色要饱满漂亮。雅芳色彩全效唇膏，四种功效，智慧锁定，四重美丽，创造美唇奇迹。"短短14秒的广告，有效地利用大S"美容大王"的形象，充分诠释了雅芳色彩全效唇膏的特性和功效。同时，广告词的最后一句"雅芳，比女人更了解女人"，再次向客户展示了雅芳的宗旨和理念，赢得了客户的信赖。

除了电视广告之外，杂志也是雅芳选择的主要广告媒体之一，如在《瑞丽》《消费者》等杂志上，雅芳进行了大量的广告宣传，包括产品、理念、促销活动等方面的宣传。

同时，雅芳还利用自己创办的电子杂志，为客户更好地了解雅芳供了一个平台，促进了雅芳与客户更有效的沟通。雅芳还通过网站发布视频、图片等各种广告形式，利用网络信息量大、受众面广的优点增强了沟通的效果。

另外，雅芳还通过留言板等形式与客户进行互动，并且及时得到了客户的反馈，与客户进行沟通的效果非常明显。

(5) 通过宣传活动与客户沟通

企业可以通过公共宣传与客户沟通。公共宣传信息的可信度强，因为它是一个与获利者无关的评论，比较可靠；另外，公共宣传还可使企业与客户沟通信息得到免费曝光的机会，从而提高对客户的影响力。但公共宣传的方式也有其局限性，企业对信息没有控制权，企业希望得到宣传的未必被新闻机构所采用，即使采用，企业也无法控制时间。

企业还可通过内部刊物发布企业的政策与信息，及时将企业经营战略与策略的变化信息传递给客户。这里的信息包括新产品的开发信息、产品价格的变动信息，新制定的对客户的奖励政策、返利的变化，以及促销活动的开展等。

小案例

宜家精心为每件商品制订"导购信息"，有关产品的价格、功能、使用规则、购买程序等几乎所有的信息都一应俱全。对于组装比较复杂的家具，宜家则在卖场里反复放映录像和使用挂图解释如何组装该家具。此外，宜家的《商场指南》里写着："请放心，您有14天的时间可以考虑是否退换。"

(6) 通过包装与客户沟通

企业给客户的第一印象往往是来自它的产品，而产品给客户的第一印象，不是来自产品的内在质量，而是包装。包装是企业与客户沟通的无声语言，好的包装可以吸引客户的视线，给客户留下良好的印象，激发客户的购买欲望。

包装还可以传达企业对社会、对公众的态度，以及对自然和环境的态度。现在有越来越多的生产厂商采用了无污染的能够生物分解或循环利用的包装材料，这就向客户传达了自己对环境的爱护，从而给客户留下这家企业爱护环境、富有社会责任感的印象。

小案例

招商银行就非常重视服务环境的"包装"，投入了大量资源进行营业厅环境改造，如提高装修水平，设置服务标识，配备饮料，设置报纸、杂志，安装壁挂电视。让客户休闲地坐在椅子上，享受着报纸、杂志、牛奶、茶水、咖啡，看着电视等着办理业务，并由此衍生出微笑站立服务、设置低柜服务，改变了传统银行冷冰冰的面孔和服务模式。

当其他银行的客户在柜台前排起长龙等待办理金融业务的时候，招商银行率先推出叫号机，后来又改善排队叫号器设置，在叫号器界面上设立不同业务种类，客户按照银行卡的种类取号，分别在不同的区域排队等候，减少了相互干扰，保证营业厅秩序。从而营造舒适的氛围。

总之，企业与客户保持沟通的途径多种多样，其目的是通过经常性的沟通，让客户清楚企业的理念与宗旨，让客户知道企业是他们的好朋友，企业很关心他们，为了不断满足他们的需要，企业愿意不断地提升产品或者服务的品质及其他一切方面，这样才能够维护客户关系和客户的忠诚。

3. 提高大客户忠诚度的策略

提高大客户忠诚度的策略，是让我们选择的大客户也选择我们。

① 双方形成共生的、势均力敌的合作关系，互为依赖的战略伙伴关系。

这需要企业不断修炼自己的内功，提升自己的能力，打铁还需自身硬。比如，富士康公司与苹果公司之间就是一种战略型伙伴关系。如果因为苹果公司，富士康公司的生产线停工一天，苹果公司需要对停滞的生产线予以赔偿。因为富士康在产品制造的过程中成本管理能力很强，品质、成本、质量控制能力可以达到业界最优，因此无法被取代。

② 构建大客户的黏性，即增加大客户离开我们的成本。

如果大客户离开我们的成本很低，那么我们随时都有可能被替换。而企业的资源有限，要把资源与能力构建在大客户最需要的地方，就必须持续思考现在和将来我们对于大客户的价值究竟是什么。

在企业发展的不同阶段，大客户对企业的价值认知与价值选择也会不同。

小案例

华为早年的客户，特别是海外客户之所以选择华为，是希望在原有的利益格局中引入供应商的潜在竞争对手，增强供应商的竞争意识，把华为作为一个比价对象，让自己在议价过程中处于更为有利的位置。对西方厂家来说，华为报价只有其他供应商的一半，如果其他供应商不降价，厂家就把订单给华为。

客户与华为合作之后，他们发现华为更多的优点。比如，华为的服务很好，随叫随到。另外，华为很重视客户的需求，响应速度很快。西方厂家不承接的需求，华为肯做，而且很快就能做出来。

比如，欧洲沃达丰公司有一个需求，手机在高速行驶的列车上信号很差，打不了电话，非常影响客户体验，他们希望设备厂家能帮助他们解决这个问题。但是别的厂家认为这种场景是特殊场景，影响的客户数量很少，没有市场价值，所以不接受这个订单。处于无奈，他们找到了华为，想看看华为能不能帮助他们解决这个问题。为了解决这个问题，华为租下了从上海到杭州中间20公里长的高铁线路，投入了100多人，花费了几千万元，用了一年的时间反复测试，开发并实现了客户的需求。

随着合作的进一步深入，客户发现华为是一家很有追求的企业，有远见、格局和正向的价值观，他们与华为在企业文化、价值观、战略发展方面找到了更多的利益共同点，因此与华为建立了更深厚的互信关系和更深层次的合作关系。

因此，提高大客户黏性，首先要分析大客户选择我们企业的原因是什么，大客户对企业的主要诉求是什么，不同客户选中企业是因为哪些不同的价值。

比如，企业的进取心、解决方案的创新能力、快速响应能力、定制化服务、价格低、融资服务、商业咨询、便利性等，这些都是企业能为大客户带来的价值，而企业提高大客户黏性的策略就是要识别和实现这些价值。

企业可以从大客户对自身的所有诉求中，选定几个与自身对该客户的诉求一致且短期内有机会实现的，将这些诉求作为客户的核心价值去实现。

在识别和实现客户的核心价值时，企业的重点在于构建自身的战略控制能力，也就是自身与竞争对手相比，对客户的价值差异是什么？不同客户对企业的价值诉求不同，企业应该思考的是，如何给不同的客户带来不同的价值？企业准备通过哪些解决方案满足不同客户对企业的价值诉求？比如，轻资产运营、风险转移或分担、创新的商务解决方案、商业咨询、流量经营等。

③ 细化大客户服务策略。

企业在为大客户创造价值、实现客户价值诉求的同时，要根据企业对该客户长期获利的关键要素，构建战略控制点。战略控制点可以理解为过去帮助企业成功且不能丢失的（如技术开发、响应速度、客户关系）及未来取得成功不可或缺的能力。

把大客户服务策略细化为业务管理规则，以此作为各个组织开展工作的依据。比如客户接待标准、商务水平、服务响应速度、需求接纳的优先级，以及生产调度系统供货计划保障的优先级，都与客户的分级有关。有了这样明确的规则之后，组织与组织之间的沟通协调工作就可以大幅度地减少，避免事事都要管理升级，需要跨体系的大领导去协调，从而加快企业运作的效率。

项目小结

客户忠诚是指客户一再重复购买，而不是偶尔重复购买同一企业的产品或服务的行为。客户忠诚可以节省企业开发客户的成本，降低交易成本和服务成本；客户忠诚还可以使企业的销售收入增长，并且获得溢价收益；客户忠诚也可以降低企业的经营风险并且提高经营效率；客户忠诚还能使企业获得良好的口碑效应，从而壮大企业的客户队伍，使企业发展实现良性循环。总之，客户忠诚是企业稳定的收入来源，是企业取得长期利润的保障，如果企业赢得了大批的忠诚客户，无疑就拥有了稳定的市场。

行为忠诚比意识和情感忠诚更具有现实的意义，但是意识和情感不忠诚的客户难以做到持久的行为忠诚。所以，从长远来说，企业应当追求客户的行为忠诚、意识忠诚和情感忠诚的三合一。

客户忠诚度可以通过客户重复购买的次数、客户挑选时间的长短、客户对价格的敏感程度、客户对竞争品牌的态度、客户对产品质量的承受能力、客户购买同类产品的比例等指标进行衡量。

企业要实现客户忠诚，首先应当努力实现客户满意，但满意的客户并不一定是忠诚的客户。因此，企业必须采取一定的措施，如首先培养员工的忠诚度，进而提升客户忠诚度；提高服务的独特性与不可替代性；找准品牌定位，打造品牌形象；提高客户的转换成本；有选择地建立客户忠诚，实施客户差异化服务，与客户保持良好、有效的沟通，以及提高大客户忠诚度策略等，最终实现客户的忠诚。

案例分析

新加坡航空：两个忠诚度创造非凡价值

1993年，英国伦敦著名的杜莎夫人蜡像馆出现了一尊东方空姐蜡像。这是杜莎夫人蜡像馆第一次以商业人像为原型而塑造的蜡像，其原型是美丽的新加坡航空公司小姐，人们称她们为"新加坡女孩"（Singapore girl）。让杜莎夫人蜡像馆破例的原因，则是基于新加坡航空公司（简称新航）完善的机舱服务和长久以来成功塑造东方空姐以客为尊的服务形象。

如何通过高质量的产品或服务，保持客户的忠诚度，这是一个令众多公司绞尽脑汁、冥思苦想的问题，因为忠诚的客户往往带来高额的商业利润。不可否认，享誉世界的新航无疑是最有资格回答这一问题的公司之一。

1. 关注客户——优质服务塑造客户对公司的忠诚度

"不管你是1名修理助理，或者是1名发放工资的职员，或者只是1个会计，我们能有这份工作，那是因为客户愿意为我们付费，这就是我们的'秘密'。"新航前总裁Joseph Pillay在创业伊始就不停地以此告诫员工，塑造和灌输"关注客户"的思想。事实上，正是持之以恒地关注客户需求，尽可能为客户提供优质服务，新航才有了今天的成就。

在这一点上，Joseph Pillay和劳特朋不谋而合。作为4C营销理论的倡导者，劳特朋认为，要了解、研究、分析消费者的需要与欲求，而不是先考虑企业能生产什么产品；要了解消费者满足需要与欲求愿意付出多少钱（成本），而不是先给产品定价；要考虑客户购物等交易过程如何给客户提供方便，而不是先考虑销售渠道的选择和策略；要通过互动、沟通等方式，将企业内外营销不断进行整合，把客户和企业双方的利益无形地整合在一起。显而易见，4C营销理论的4个方面都在强调同一个问题，这就是关注客户。

"只有新生事物才能创造出其不意的效果。我们要为客户提供他们所意想不到的服务，产品创新部会不断地关注这些新的需求趋势：为什么人们以某种方式去做事，为什么人们去做某种事。然后我们把眼光放在3~5年内，设法去跟踪短期和长期的趋势。了解他们潜在的需求，并提供服务。"新航负责产品和服务的高级副总裁Yap先生曾在接受媒体采访时透露。

在长达32年的经营中，新航总是果断地增加最好的旅客服务，特别是通过旅客的需求和预测来推动自身服务向更高标准前进。早在20世纪70年代，新航就开始为旅客提供可选择餐食、免费饮料和免费耳机服务；20世纪80年代末，新航开始第一班新加坡至吉隆坡之间的"无烟班机"；1992年年初，所有飞离新加坡的新航客机都可以收看美国有线电视网络的国际新闻；2001年，新航在一架从新加坡飞往洛杉矶的班机上首次推出了空中上网服务——乘客只需将自己的手提计算机接入座位上的网络接口，就可以在飞机上收发电子邮件和进行网上冲浪。在过去3年内，新航花费将近4亿元提升舱内视听娱乐系统，为将近七成

（所有远程飞机）飞机换上这个系统，花费了超过6亿元提升机舱娱乐设施和商务舱座位。

"如果你的客户选择了竞争对手，那将是一件让人沮丧的事情。而避免沮丧的有效办法是获得客户忠诚度。"学者 Abel Chica 在 MBA 教程中写道，"获得客户忠诚度并不仅仅是让他们感到真正的满意。这只是实现忠诚度的一个必要条件。对于客户，最直接的关于满意的概念是，将企业提供给他的'价值'与竞争对手所提供的加以比较。同时，如果想使客户忠诚，就不能只考虑短期的利益，而必须考虑怎样长期地发展这种关系。"

随着竞争的加剧，客户对服务的要求也像雨后破土的植物一样疯长，"人们不仅仅把新航和别的航空公司做对比，还会把新航和其他行业的公司，从多个不同的角度进行比较。"Yap 先生清醒地意识到新航遇到的挑战永无止境。事实上，"任何时候都要从整个服务过程出发，去寻找可以改进的地方"，这样的理念在新航已经成为一个清晰的文化和政策。

"即使是一道鸡饭，也要做成本地市场中最好的鸡饭。"为了在竞争中保持优势地位，新航成为世界上第一家引入国际烹饪顾问团（SIA International Culinary Panel，ICP）和品酒师的航空公司，该顾问团每年为新航提供4次食谱和酒单。硬件只是基础，软件才是真功夫。当然，服务的一致性与灵动性同时受到关注。例如，怎样让一个有十三四个人的团队在每次飞行中提供同样高标准的服务。新航在对服务进行任何改变之前，会对所有的程序都精雕细琢，研究、测试的内容包括服务的时间和动作，并进行模拟练习，记录每个动作所花费的时间，评估客户的反应。

力求服务做到灵活且富有创造性，这一点也是新航对员工的要求。当一位乘客要求吃素食，而飞机上正好没有准备这种食物，新航希望乘务人员做到的是，返回厨房想办法找出一个解决方案，如把各式各样的蔬菜和水果拼在一起，而不是告诉乘客没有准备这种食物。

2. 向内"吆喝"——培育员工对公司的忠诚度

所有培养客户忠诚度的理念文化、规章制度都需要人来执行。这就意味着，如果新航内部员工没有对公司保持足够的满意度和忠诚度，从而努力工作，把好的服务传递给客户，那么，客户的忠诚度将无从谈起。事实上，科林·米切尔（Colin Mitchell）曾在《营销别忘了向内"吆喝"》的文章中提到，在市场营销中，除了外部市场，其另一个"市场"也同等重要，这就是公司的员工。

注意倾听一线员工的意见，关注对员工的培训，这些都是新航能够在市场上取得优异表现的根本所在。换句话说，只有内部员工对企业忠诚，才能使外部客户对企业忠诚。

"新航对待员工的培训几乎到了虔诚的地步！"在以动态和专注于培训而闻名的新航，从上到下，包括高级副总，每个人都有一个培训计划，一年会有9 000名员工接受培训。新航所属的新加坡航空集团有好几个培训学校，专门提供几个核心的职能培训：机舱服务、飞行操作、商业培训、IT培训、安全培训、机场服务培训和工程培训。即使受到经济不景气打击时，员工培训仍然是新航优先投资的重点项目。假如员工完成了很多培训课程，就可以去休息一段时间，甚至还可以去学习一门语言，做一点儿新的事情，其目的是"使员工精神振奋"。

注意倾听一线员工的意见是新航的另一个传统，因为新航认为，机组人员和乘客的接触是最紧密的，他们是了解客户的"关键人物"。

3. "服务上比对手好一点点就够了"——控制服务成本与商业利润之间的平衡

众所周知，美国西南航空公司是一家成本导向的公司，卓越的成本控制法使与地面客运企业争夺市场的西南航空公司取得了非凡的成就。而客户导向型公司的重点是客户的满足感,满足甚至超前满足客户需要,以此培育相对高端客户的忠诚度。当然,在这方面表现出色的新航并没有忽略成本控制,相反,他们同样懂得精打细算。

"从加入新航的那一天,一种思想就渗透到我们脑袋里:假如我们挣不到钱,新航就要关门。我们还有一条很有远见的声明:我们不想成为最大的航空公司,我们想成为最盈利的航空公司。"新航负责产品和服务的高级副总裁Yap先生如是说。在新航刚刚成立时,新加坡政府就明确表示,政府不会补贴。公司的所有员工都根据公司的盈利状况论功行赏,新航有一个激励系统,它会根据公司的盈利状况来给员工发奖金,从上到下,所有人的奖金都是由同一公式计算出来的。

因此,新航不仅仅致力于为客户提供优质的服务,而且通过各种方式力求控制服务成本与商业利润之间的平衡。的确,新航希望提供最好的座椅、最好的客舱服务、最好的食物,以及最好的地面服务,但是同时还要求这些所有的代价不能太高。例如,在往返新加坡和曼谷之间的短途航班上,最好的食物不可以是龙虾,那样做会导致破产。"只要在每一项服务上比对手好一点点就够了",这样就能确保每个航班多赢得一点儿利润,也有能力再去创新。另外,从一些细节也能看出新航对成本的关注。在原油价格达到每桶40美元时,新航及时向客户收取每趟航程5美元(新加坡至马来西亚航线4美元)的燃油附加费。同时,它还密切关注油价,以便及时作出是否提高燃油附加费的决定。

在1972年,新航还只是一个拥有10架飞机的小型航空公司,如今几乎每年新航都会获得各种世界性的营销服务大奖,也一直是世界上最盈利的航空公司之一。对于这家保持30多年领先,并总是能够获得丰厚利润的航空公司而言,成功的原因可能很多,但是"致力于培养员工和客户对企业的忠诚度"无疑是其中一个重要的答案。

问题分析

你认为新加坡航空公司保持客户忠诚的做法有哪些是值得借鉴的?你还知道哪些提升客户忠诚度的思路或方法?

数字化时代一汽-大众公司的客户忠诚策略

一汽-大众公司秉承实事求是的原则,利用大数据等技术精准把握客户的期望,针对汽车的主要特色和性能进行个性化、定制化管理与服务,让客户在与车的进一步的接触中感受意外的惊喜,从而提高客户对一汽的满意度,进而提高客户的忠诚度。一汽-大众公司通过产品、服务、奖励忠诚、提高转换成本、增加客户对企业的信任和情感依赖等方式来提高客户的忠诚度。

一、产品

自成立以来,一汽-大众公司始终把产品质量放在中心工作的位置上,使其真正成为产品生产过程中的灵魂。1996年,一汽-大众公司率先在中国汽车领域竖起了"质量至上"的旗帜。直到今天,一汽-大众公司从产销规模到市场占有率,从生产技术、产品技术到管理都发生了深刻的变化。在产品款式设计上,通过对中国消费者心理需求独特的把握,一汽-大众公司始终以独特的设计理念和新颖的设计来打动消费者,设计出给客户带来耳目一新感觉的产品。

二、服务

1. 人性化服务

人性化服务主要体现在以下五个方面。

一是，保证电话畅通率。客服热线保持了 24 小时畅通，给客户带来良好的体验。

二是，规范接听电话态度。服务热线接听人员对客户来电接待用语实行规范化与标准化，尤其是统一问候用语。

三是，客户的指导。对首次进服务站的客户提供全面的指导。

四是，客服人员能够给客户提供保养中的注意事项、保养政策等信息。

五是，客服人员对客户投诉的问题给予及时的解释和帮助，并给出相应的客产指引和处理意见。

2. 管理软件拉动服务

在一汽-大众公司，数字技术的应用与提升在管理服务软件方面也有很重要的体现。一汽-大众公司的售后核心流程和配套的教材，在全国的服务站全面推广，这进一步提升了一汽-大众公司的售后服务质量。一汽-大众公司不是仅仅停留在手工订单和手工操作方面，而是每家服务站都装上了这套软件，并要求加以贯彻实施。一汽-大众公司标准化、定制化的服务核心流程再加上先进的服务站内部的管理软件，不仅提高了服务站的服务质量和服务效率，而且为服务站省去了不少麻烦。

3. 数字化体验中心

一汽-大众公司的数字化品牌零售中心，让客户的体验方式实现了"数字化"。一汽-大众公司的数字化品牌零售中心突破了"店"的概念，是一个沉浸式的数字化交互空间，并以空间和圈层理念来塑造社区化的轻松氛围，把有趣好玩的3D打印咖啡/巧克力、儿童互动等功能区融为一体。在这里，客户能够充分体验娱乐、餐饮、亲子互动等服务，在舒适、放松的温馨环境中享受着轻松看车、购车等服务。

4. 超级App

一汽-大众公司还推出了超级App，这是一款基于全新大众汽车品牌设计的全球首个超级App。超级App是量产汽车品牌中理念最先进、流量最大、用户体验最佳、覆盖旅程最完整、迭代最敏捷的品牌App，目标是为用户提供极致体验的一站式车生活平台。

三、奖励忠诚

1. 奖励车友

积分兑奖超值回馈活动：一汽-大众公司每年都举办积分兑奖超值回馈活动。活动礼品包括工时费、电器、日用品、车饰和维修项目等，可以根据积分情况选择兑换相应礼品。

2. 奖励大客户

对大客户制定适当的奖励政策。生产企业对客户采取适当的激励措施，如各种折扣、合作促销让利、销售竞赛、返利等。

四、提高转换成本

一汽-大众公司通过各种免费活动"拴"住客户、增加客户的依赖性，同时减少客户流失。一汽-大众公司的会员、部分地区的客户在一汽-大众的4S店可以享受以下会员待遇：

(1) 全年免费洗车（车身外表）、充气；

(2) 免收换机油、机滤、空滤的工时费；

(3) 全年免费四次全车打蜡；

(4) 全年六次36项全车免费检查、计算机检测；

(5) 正常维修保养工时费7折（事故车除外），部分配件9折；

(6) 免费全程代办肇事车辆理赔业务（第三者除外）；
(7) 免费提供保险咨询、续保业务；
(8) 定期组织联谊试驾自驾游活动，费用 AA 制，并免费提供救援车辆；
(9) 免费参加汽车知识方面讲座，培训活动与会员生活相关专业知识咨询。

五、增加客户对企业的信任和情感依赖

一汽-大众公司承诺"严谨就是关爱"的售后服务品牌的核心内容，为车主提供专业、周到和可信赖的服务。

一汽-大众公司承诺，面向全国的上百万辆车主提供一年 365 天、每天 24 小时的全天候服务，并保证一般业务即刻回复，复杂业务 24 小时回复、疑难投诉 72 小时回复、紧急救援实时处理、每半小时跟踪处理情况的服务保障等。如果接到消费者对不遵守规定的经销商的投诉，经销商将被取消销售资格。

问题分析

一汽-大众公司是从哪几个方面建立客户忠诚的？通过本案例，你对客户忠诚策略在企业客户关系管理中的应用有哪些新的理解或收获？

保持大客户忠诚的秘诀

大客户销售是渠道管理中的经典课题，如何维持和发展与大客户的忠诚关系，简单地说，厂家大客户经理只需做好一件事：花费 80% 的时间和精力去研究如何满足 20% 大客户的需求，这种满足客户需求的方法应该是独一无二的，应该是难以被对手模仿和超越的。

先看一个对手难以模仿的案例。

某年 8 月，浙江台州有一场 50 年未遇的台风。一个企业大客户的仓库正好位于海堤内 40 米处，由于位置特殊连保险公司也拒绝接受投保。在台风紧急警报发布后，该经销商还存有侥幸心理，认为台风未必在当地登陆，企业的客户经理曾经一再对其告诫，必须改变仓库位置并参加保险，该经销商一直未有动作。但这次情况非同小可，企业的客户经理特地赶往台州，再次规劝经销商马上把货物转移到安全的地方，这次经销商终于听从了劝告。随后发生的台风和伴随的海啸在当地历史上是少有的，在同一仓库放货的另一客户遭受了灭顶之灾，价值 100 多万元的水泥全部冲入了大海，顷刻之间倾家荡产。事后这个经销商非常后怕，同时也对企业的客户经理非常感激，庆幸接受了意见，虽然当时花费 1 万多元的仓储和搬运费，但保住了价值 60 多万元的货物。后来经销商对企业客户经理说："其实厂家完全可以不予关心，因为这完全是经销商买断的货，无论损失与否都和厂家无关，但你们是把我真正当成家里人来看待了，今后我还有什么理由不好好与厂家合作。"

再看一个对手难于超越的案例。

周老板是公司在湖北的一个很有潜力的客户，其连锁式仓储大卖场在省内经营得有声有色，十分成功，是行业内公认的头面人物，还有意进入当地政界发展。在连锁式仓储大卖场开业 3 周年庆时，周老板盛情邀请了当地党政领导、商界朋友和厂家供应商前来参加庆祝，也邀请了公司派代表参加。周老板是个十分爱面子的人，他私底下知道，公司的亚太地区总裁恰好在中国广州公干，所以与客户经理商量是否请其来参加庆典活动。因为，高鼻子蓝眼睛的老外在当地本不多见，再加上当地政府正在大力开展招商引资活动，有个世界 500 强的老外的到来，不管是什么目的，对周老板都是一件很风光的事情，也许还会对其的政治仕途有影响。当时,公司客户经理很为难,因为这完全是在总裁中国之行的计划之外,而且还是他上司的上司的上司,不过客户经理最终还是幸运地请到了亚太地区总裁来参加周老板的庆典大会,还发表了热情洋溢的讲话。当地各大报纸争相采访和报道,周老板不但在当地政府官员和各位来宾面前很有面子,报纸还免费为其公司作了广告。事后周老板十分高兴地对公司客户经理说:"你们公司如此给我面子,这可比多给我5个折扣点还要好呢。"

再看一个案例。

拜访大客户是客户经理们最日常的工作,为了更有效地拜访,企业要求客户经理以固定的拜访线路,每周在固定的一天和固定时间,去拜访固定的客户,风雨无阻无须再与客户预约,这是一个不能轻易改变的约定,除非客户要求改变。这个在外人看来非常死板的制度有以下好处:规范了销售人员的行动;客户相信其代理的品牌的企业是一个遵守承诺的公司;对客户自身的工作安排也带来很多好处。经过企业潜移默化的影响,客户也养成凡事做计划和遵守承诺的好习惯。客户称,对某些厂家的业务员拜访无预约、预约后又不准时的,以及轻易就能许下美丽诺言的公司他是不会与之合作的。

做好了大客户最关心的小事,就等于已经感动了上帝,但革命尚未成功,价格上的争议往往是大客户管理的最后一关,也是最难的一关。大客户通常会以采购数量的多少为基础要求价格优惠,企业的客户经理也喜欢依赖这种方式来保持客户的忠诚度。但竞争者往往会出更低的价格。事实上,为了争取新客户竞争对手甚至可以开出比其原有经销商更低的价码。当然,企业可以用年度折扣点来约束大客户,但这种以价格优惠为前提的条件,只能够保持客户一年的忠诚度,一年后怎么办。还是那句话,必须寻找除价格以外的、难以被对手模仿和超越的方法来满足大客户的需求。

事实上,大客户对附加值的需求远远大于对价格的需求。例如,旺季优先发货、员工培训计划、与公司上层和各部门沟通渠道的畅通。因此,企业应该避开与大客户的价格争议,把重点放在服务、质量、交货、技术能力和其他能产生新价值的因素上,提供竞争对手没有的产品和服务。

A经销商是公司在浙江的一个重要客户,船运是其主要的到货运输方式,上年影响A经销商销售和利润的最大问题是公司船期无法保证,造成其断货现象时有发生,尤其在台风季节其运输矛盾更为突出,而这时恰恰又是销售旺季。A经销商声称上年由于公司到货不及时的原因,造成其经济的损失,若今年的运输状况未有改善则应给予其相应价格上的补偿。

单纯给予价格上的优惠不是解决这个问题的好办法,客户经理经过与公司物流部门协商和讨论,在取得公司上层的支持后,决定在台风季节改船运为火车运输,这会相应增加公司一部分运输成本。但公司认为,对大客户来说,这样的投资是值得的,它比单纯降低价格和给折扣点要有利得多,因为以提高服务水平等附加价值的方式来保持客户的忠诚度更安全和更有效。当然客户对这样的处理也很满意。

大客户经营的产品一般都很多,由于管理水平有限有时不可能对各项产品的库存、销售状况了如指掌。还是这个A经销商,其仓储式销售的营业场地有几千平方米,必须用闭路电视来管理货物。由厂方销售代表根据产品市场趋势和库存状况下订单,然后由客户盖章签字是对经销商提供的最有价值的服务。想一想,一个享受惯厂家如此贴身服务的经销商,还有多少勇气离开企业投入其他企业的怀抱。

如果企业在满足大客户的附加值需求方面做得很出色,同时更注意对大客户的感情投资，为客户做好每件小事，则大客户会对企业产生很强的依赖性，竞争对手要模仿和替代的难度就增大了。即使企业的竞争对手出价更低，但大客户可能会担心其交货是否会及时、产品质量如何，以及与新厂家的沟通成本加大影响渠道运作等问题，毕竟与老东家各方面都很熟了，做生不如做熟，还是做老品牌放心。

问题分析

你认为保持大客户忠诚的主要思路或方法有哪些？

实 训 设 计

【实训目标】

1. 了解影响客户忠诚度的因素。
2. 了解企业提高客户忠诚度的措施。
3. 锻炼学生的观察和分析能力，培养和提高学生分析客户心理、解决企业实际问题的能力。

【实训内容】选择一家品牌商店或直销商店，观察其购物者的购买行为，了解购买者认同该商品的原因，以及购买频次；了解商家对待老客户和大客户的策略。

【实训时间】收集信息时间一天，课堂汇报、总结时间90分钟。

【操作步骤】

1. 班级成员按5~8人自由组合成工作小组，团结协作。小组成员共同讨论执行方案，明确分工，广泛收集资料和数据，共同讨论总结并完成实训报告。
2. 课堂汇报：随机抽出各小组成员讲解本小组的观察经过及实训报告（PPT展示）。
3. 指导教师进行综合评定和总结。

【成果形式】小组实训报告。

【实训考核】

1. 实训报告的质量（翔实性、价值性）：50分。
2. 小组代表汇报的质量（台风、语言等）：30分。
3. 附加分（团队协作、报告形式等）：20分。

模块三复习思考题

一、单项选择题

1. 将客户分为个人消费者、中间商客户、制造商客户、政府和社会团体客户，这是哪类客户档案分类方法？（ ）

A. 按产品线分类　　　　　　　　B. 按客户性质分类
C. 按贸易关系分类　　　　　　　D. 按客户购买规模分类

2. 将客户分为关键客户、普通客户、小客户的客户分类依据是（　　）。
A. 客户性质　　　　　　　　　　B. 时间序列
C. 交易数量和市场地位　　　　　D. 交易过程
3. 影响客户满意度的因素是（　　）。
A. 客户期望与客户获得价值　　　B. 客户期望与客户付出成本
C. 客户需求与客户获得价值　　　D. 客户期望与客户感知价值
4. 客户感知价值体现的是（　　）。
A. 客户对企业提供的产品或服务价值的主观认知
B. 企业产品或服务的客观价值
C. 客户的购买行为
D. 客户满意度
5. 对客户期望理解正确的是（　　）。
A. 客户期望越低越好　　　　　　B. 客户期望越高越好
C. 客户没有期望最好　　　　　　D. 客户期望保持合理最好

二、多项选择题

1. 客户信息的主要类型包括（　　）。
A. 描述类信息　　B. 思想类信息　　C. 行为类信息　　D. 关联类信息
2. 客户分级一般会根据以下哪几个维度进行评分来划分？（　　）
A. 客户的下单金额　　　　　　　B. 客户的信用状况
C. 客户的发展前景　　　　　　　D. 客户对企业利润的贡献率
3. 下列属于衡量客户满意度的指标有（　　）。
A. 美誉度、指名度、回头率　　　B. 抱怨率
C. 购买额　　　　　　　　　　　D. 对价格的敏感度
4. 下列能够影响客户期望的有（　　）。
A. 客户的经济状况、价值观、需求、消费偏好、以往的消费经历、体验等
B. 产品或服务的价格、包装等
C. 他人的介绍或推荐
D. 企业对产品和服务的宣传
5. 客户忠诚可以分为（　　）。
A. 潜在的忠诚　　　　　　　　　B. 真实的忠诚
C. 虚假的忠诚　　　　　　　　　D. 不忠诚

三、问答题

1. 如何理解客户忠诚的含义及其意义？
2. 怎样衡量客户的忠诚度？
3. 影响客户忠诚度的因素有哪些？
4. 企业如何做才能提升客户忠诚度或实现客户忠诚？

模块四 客户关系的破裂与挽救

项目八　客户抱怨与投诉
项目九　客户流失

项目八 客户抱怨与投诉

【学习目标】

知识目标

1. 了解客户抱怨与投诉的主要原因。
2. 熟悉处理客户异议和投诉的原则。
3. 掌握不同类型、不同原因、不同方式客户投诉的处理方法。

能力目标

1. 能够分析投诉客户的类型,应对客户异议和抱怨。
2. 初步具备处理客户投诉的能力。

【引导案例】

张女士在某家电专卖店购买冰箱时,导购员向她推荐了一款冰箱。导购员说:"这款冰箱采用了新技术,静音且省电。"可是,使用了一个星期之后,张女士感觉冰箱的制冷效果不太好,主要是制冷速度慢。于是,张女士找到商家要求换货。商家不同意,说:"又想马儿好,又想马儿不吃草怎么可能呢。这就如同鱼和熊掌不能兼得一样。既然省电环保,当然不能速效制冷。"但是,张女士认为,导购员在她选购冰箱时存在故意突出冰箱优点,隐藏冰箱不足的误导行为。因为,导购员当时除了向张女士大力宣传节能环保的特点外,并没有如实提醒她制冷效果较慢等不足之处。现在,张女士知道了这一不足,认为这款冰箱不适合自己的使用,要求商家给她换一款其他制冷速度快、制冷效果好的冰箱。可是,商家不同意,认为张女士既然选择了这款冰箱,而冰箱又不存在质量问题,没有理由要求换货。双方争执不休。最后,张女士一气之下,提出:"现在我不想换了,要求退货。"商家更不愿意退货了。于是,张女士向消费者协会和工商部门进行了投诉并咨询了律师,表示如果商家不能满足其要求,她就要向当地法院起诉。

思考题:你认为张女士准备向法院起诉有道理吗?你如何看待张女士投诉企业这件事?你认为商家应该如何应对客户的投诉?

任务一 正确看待客户抱怨与投诉

客户抱怨与投诉是指客户对企业的产品或服务不满意,而提出的口头或书面的异议、抗议、索赔等要求解决问题的行为。

抱怨与投诉是客户对企业产品或服务不满意的表达方式,几乎每个企业都不可避免地会遇到。因此,如何正确看待和处理客户抱怨和投诉,已成为企业管理的重要内容之一。

1. 客户抱怨与投诉可能给企业带来的负面影响

1) 导致企业声誉、品牌形象受损

客户不满意必然会有抱怨与投诉,人们发泄和表达不满的方式与途径很多。研究表明,公开的攻击比不公开的攻击会让人获得更多的满足感。例如,有一位客户在互联网上宣泄自己的不满时写道:"只需要5分钟,我就向数以千计的客户讲述了自己的遭遇,这就是对厂家最好的报复……"

在如今的自媒体时代,随着智能手机的普及,现今社会信息的传播速度惊人,世界上任何角落发生的一件事瞬间就能传遍全球。借助于Internet、微博、微信等自媒体,这些不开心的客户很容易让成千上万的人知道他的感受,这必定会影响或误导很多潜在客户对产品和品牌产生不好的感知,严重损害企业的声誉和品牌形象。因此,企业必须要在这个不愉快的事情发生之前迅速解决。

小案例

日本某百货公司在接待美国记者基泰丝出现失误后,立即采取紧急行动,通过35次紧急电话的搜寻,终于找到了基泰丝。在工作人员真诚地表示歉意、解释失误原因之后,深受感动的基泰丝用《35次紧急电话》代替了早已准备披露的对该公司不利的报道《笑脸背后的真面目》,转而对该公司大加赞扬。

2) 导致客户数量的下降

客户如果产生不满,不但会终止购买该企业的产品或服务,而且还会向他人诉说自己的不满,给企业带来非常不利的口碑传播,造成企业潜在客户减少。研究发现,一个不满意的客户会把他的经历告诉其他至少9名客户,其中13%的不满客户甚至会告诉另外的20多个人。而通常25~50个不满意的客户中大约会有一个对企业投诉。这个结果意味着,企业每收到一个客户的投诉,可能已经失去500~1 000个潜在客户了。所以,客户的抱怨与投诉如果处理不当会给企业带来不可估量的损伤。

2. 客户抱怨与投诉可能给企业带来的价值

通常情况下,很多企业或商家一听到客户有抱怨或投诉就认为是坏事儿,于是极力遮掩否认,生怕暴露了自家的问题。其实,客户的抱怨与投诉就像"爱之深恨之切"一样,也是帮助企业建设和发展的一个辅助支持,对企业的可持续发展是有价值的,这主要体现在以下方面。

1) 免费的市场信息

客户的抱怨与投诉能为企业提供许多有益的信息。丹麦的一家咨询公司的主席Claus Moller说:"我们相信客户的抱怨是珍贵的礼物。我们认为,客户不厌其烦地提出抱怨、投诉,是把企业在服务或产品上的疏忽之处告诉我们。如果我们把这些意见和建议汇总成一套行动纲领,就能更好地满足客户的需求。"

研究表明,大量工业品的新产品构思来源于用户需要,客户投诉一方面有利于纠正企业的问题与失误;另一方面还可能反映企业产品和服务所不能满足的客户需要,仔细研究这些需要，可以帮助企业开拓新市场。

从这个意义上，客户投诉实际上是常常被企业忽视的一个非常有价值且免费的市场研究信息来源，客户的投诉往往比客户的赞美对企业的帮助更大，因为投诉表明企业还能够比现在做得更好。

小案例

松下公司创业初期，创始人松下幸之助偶然听到几个客户抱怨现在的电源都是单孔的，使用起来很不方便。松下幸之助得到启发，马上组织力量进行研发，很快就推出了"三通"插座，可以同时插几个电器，投放市场后取得了巨大成功，也为松下公司的进一步发展积累了丰厚的资金。对此，松下幸之助总结说："客户的批评意见应视为神圣的语言，任何批评意见都应乐于接受。"

例如，某客户向沙发厂投诉，由于沙发的体积相对大，而仓库的门小，搬进、搬出都很不方便，还往往会在沙发上留下划痕。两个月后，可以拆卸的沙发研制出来了，不仅节省库存空间，而且给客户带来了方便。这个创意正是从客户的投诉中得到的。

又如，某商场老板偶然听到两位客户投诉卫生纸太大。细问原因才知道，原来是低档宾馆的投宿客人素质较低，每天放到卫生间里可用几天的卫生纸往往当天就没了，造成了宾馆成本的上升。这个商场老板立刻从造纸厂订购了大量小卷卫生纸，并派人到各个低档宾馆去推销，结果受到普遍的欢迎。

2）危机预警

一些研究表明，客户在每4次购买中会有1次不满意，而只有5%以下的不满意的客户会投诉。所以，若将对企业不满的客户比喻为一座冰山的话，投诉的客户则仅是冰山一角，不满客户这个冰山的体积和形状隐藏在表面上看起来平静的海面之下，只有当企业这艘大船撞上冰山后才会显露出来，如果在碰撞之后企业才想到补救，往往为时已晚。

所以，企业要珍惜客户的投诉，正是这些线索为企业发现自身问题提供了可能。例如，从收到的投诉中发现产品的严重质量问题，而回收产品的行为表面上看损害了企业的短期效益，但是避免了产品可能给客户带来的重大伤害，以及随之而来的更为严重的客户纠纷及赔偿。事实上，很多企业正是从投诉中提前发现严重的问题，然后进行改善，从而避免了更大的危机。

3）留住客户的最后机会

现代市场竞争的实质就是一场争夺客户资源的竞争，但由于种种原因，企业提供的产品或服务不可避免地低于客户期望，造成客户不满意，客户投诉是难免的。美国运通公司的一位前执行总裁认为，"一位不满意的客户是一次机遇"。向企业投诉的客户一方面要寻求公平的解决方案；另一方面说明他们并没有对企业绝望，希望再给企业一次机会。相关研究也发现，50%~70%的投诉客户，如果投诉得到解决，他们还会再次与企业做生意，如果投诉得到快速解决，这一比重上升到92%。因此，客户投诉为企业提供了恢复客户满意和忠诚的最直接的补救机会，鼓励不满客户投诉并妥善处理，能够阻止客户流失，留住客户。

小案例

在菲律宾的宿雾，我找到了一家度假中心。一楼房间的落地窗一推开，就能直接滑进偌大的礁湖中游泳,放眼望去有沙洲、有椰林,再加上一望无际的水波,风景真是棒极了。真好,我当下就决定多待上几天。没想到,第二天一大早推开落地窗,天啊,原先的一大池水怎么全不见了?映入眼帘的景象换成了几个工作人员,拿着震天响的清洁机器,站在池子中央来回地工作。

我的水呢?沧海桑田,竟然发生在一夕之间。我看着身上的泳装,决定打电话问个分明。两分钟后,饭店的当班经理珍娜亲自回了电话,以下是她的响应:"张小姐,谢谢你打电话来告诉我们你的不满,让我们有立刻改进的机会。很抱歉,由于我们的客房通知系统出了问题,没将泳池定期清理的消息通知你,造成你的不便,的确是我们的错误,我感到非常的抱歉。"原来如此,我心想,知道认错道歉,态度还算不错。

她继续说:"我了解你之所以选择敝饭店,是因为我们的景观及戏水的方便性,为了表达我由衷的歉意,昨天晚上的房价帮你打对折。"喔,我没开口她就自动提出,果然有诚意。她又继续说:"但由于池子大,要清上两三天,即使打折也仍然不能解决你在这儿无水可游的问题。这样吧,如果不会造成你太大的不便,接下来的几天,我很乐意帮你升级到私人别墅(Private Villa),里面有自己的露天泳池及按摩池,不知道你觉得这样的安排合适吗?"

"我觉得这样的安排非常合适。"我听到自己乐不可支地说。原先的不满一扫而光,这时的心境只能用心花怒放来形容啦。搬进别墅的当晚,我正浸在泳池中仰头赏月,服务人员敲门送进来一瓶不错的红酒,是来自珍娜的特别问候。

这件事后,我不但决定还要再来这家每个工作人员都叫得出我名字的饭店,而且在回来之后的1个月内,我也已经大力推荐这家饭店给两个企业经理人,作为春节员工旅游的地点:五星级设备,六星级服务,去了你绝不会后悔。

所以,客户的抱怨不是麻烦,是机会。关键是对客户投诉妥善处理很重要。

任务二　客户抱怨与投诉的原因

客户抱怨与投诉通常是因为企业的产品或服务没有达到客户的期望而造成客户的不满,这里既有企业的原因,也有客户的原因,还有其他方面的原因。

1. 企业方面的原因

1) 产品质量有缺陷,无法满足客户需求

良好的产品质量是客户塑造满意度的直接因素,如果产品质量有缺陷就会造成客户不满。根据《中华人民共和国产品质量法》的定义,产品缺陷是指产品存在危及人身、他人财产安全的不合理的危险;不符合国家或行业关于产品有保障人体健康和人身、财产安全的相关标准的产品。产品质量缺陷具体可分为假冒伪劣产品、标志不当的产品、质量瑕疵产品。产品有缺陷,不仅客户可以向企业投诉、索赔,国家有关质量监督部门还要处罚企业,企业还可能承担刑事责任。

2) 服务存在问题,无法达到客户的要求

服务是一种经历,在服务系统中的客户满意与不满意,往往取决于某一个接触的瞬间。

例如，服务人员对客户的询问不理会或回答语气不耐烦、敷衍、出言不逊；结算错误；让客户等待时间过长；公共环境卫生状态不佳；安全管理不当，店内音响声音过大；对服务制度如营业时间、商品退调、售后服务和各种惩罚规则等，都是造成客户不满、产生抱怨的原因。常见的服务问题主要有以下 3 种。

（1）服务人员接待客户不得体

服务人员接待客户不得体具体表现在 3 个方面。①态度方面，如化妆浓艳，令人反感；只顾自己聊天，不理客户；紧跟客户，客户感觉被监视；一味地推销，不客户户反应；客户表示不买时，马上板起脸。②言语方面，如不打招呼，也不答话；说话过于随便。③服务技能方面，如很不耐烦地把展示中的商品拿给客户看；强制客户购买；对有关商品的知识一无所知，无法回答客户的咨询。

（2）给客户付款造成不便

给客户付款造成不便主要是将客户的应付账款算错，让客户多付费；没有零钱找给客户；不收客户的大额钞票；金额较大时拒收小额钞票等。

（3）运输服务不到位

运输服务不到位主要是送货时导致商品污损；送货周期太长，让客户等待过久；将大件商品送错地方等。

还有，售后服务维修质量不达标、客户服务人员工作失误等。

3）夸大宣传，难以满足客户期望

企业的产品或服务要赢得更多客户的关注和认可，就需要运用各种手段广泛宣传。企业做宣传都千方百计地突出产品的优势，但是广告宣传如果过了头，包装过度，就变成了误导客户，导致客户对于产品或服务的期望值过高，而企业的产品或服务难以满足客户期待，就会变成欺诈，导致客户产生抱怨和投诉。企业的夸大宣传主要表现在以下 3 个方面：①广告承诺不予兑现；②效果无限夸大，广告内容虚假；③只说有哪些好处、优势、优惠，不说限制条件。

2. 客户个体方面的原因

客户投诉最根本的原因是对商品或服务不满。投诉行动与客户的个性特征、经济承受能力、闲暇时间充裕程度等都有直接的关系。

1）客户的个性特征与投诉的关系

不同类型客户对待"不满意"的态度不尽相同。理智型的客户遇到不满意的事，不吵不闹，但会据理相争，寸步不让；急躁型的客户遇到不满意的事必定投诉且大吵大闹，不怕把事情搞大，最难对付；忧郁型的客户遇到不顺心的事，可能无声离去，绝不投诉，但永远不会再来；素质高、修养好的客户，处理问题比较客观，进行投诉也比较理智，一般不会使矛盾升级；素质低、修养差的客户，往往斤斤计较，稍有不满，就会使投诉升级。性格温顺的人投诉较少；性格怪僻、暴躁的人投诉较多。

2）客户的经济承受能力与投诉的关系

一般来说，客户是根据自身的经济能力来选择相适应的商品或服务的。但有时也不尽然，如低端客户可能选用高端产品，高端客户可能选用低端产品。如果低端客户选用高端产品，客户对产品的期望值会超出其他客户的期望值，潜在的投诉率也较高。不同经济状况客户的投诉率如表 8-1 所示。

表 8-1 不同经济状况客户的投诉率

客户分类	对低端产品的投诉率	对中端产品的投诉率	对高端产品的投诉率
高端客户	低	低	中
中端客户	低	中	高
低端客户	中	高	高

因此，当一种产品或服务开始由高端市场转向中低端市场时，往往投诉量会增加，而且与销售量相比，投诉比率也大增。这不仅仅是商品或服务本身质量下滑造成的（当然不能排除由于企业销售量增大，质量控制和服务没有及时跟上，造成商品或服务质量确实下滑），还有中低端客户预期较高的原因。例如，手机产品、移动通信服务、汽车等商品或服务在近些年的投诉量居高不下，跟市场转型有很大的关系。企业要特别注意，原来定位于高端市场的产品，一旦由于经济的发展、人民生活水平的提高而转入低端市场时，不能沾沾自喜于销售量的大增，更要看到其中的隐忧，要在满足市场需求的同时，加倍做好服务和客户投诉管理。

3）客户的闲暇时间充裕程度与投诉的关系

投诉需要花费客户大量的时间。相当多的客户放弃投诉，是因为权衡了自己的时间价值后作出的无奈选择。事实表明，相当一部分投诉的客户有大量的闲暇时间，或者工作比较清闲，或者处于无业状态。这部分客户对企业的潜在价值和贡献相对较低，但对企业的伤害可能是很大的，因为他们有足够的时间到处投诉。

在企业投诉的处理中，最难缠的客户往往是企业的低价值客户，而且很容易就能"打发"的客户，很有可能是企业的高价值客户。所以，企业在处理好一些"不屈不挠"的客户投诉的同时，要避免出现客户服务资源分配的倒金字塔效应，导致企业的成本与收益失衡，影响企业效益。客户服务资源分配的倒金字塔如图 8-1 所示。

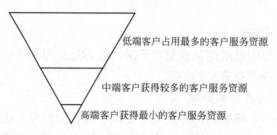

图 8-1 客户服务资源分配的倒金字塔

3. 环境方面的原因

环境因素包括政治法律、经济状况、社会文化、科学技术等方面，是客户与企业难以控制的且短期内难以改变的因素，这些也会影响客户对投诉的态度和投诉的行为方式。

在不同的文化背景下，人们的思维方式、做事风格有别，因此客户投诉行为也存在差异。在传统文化中，人们的行为遵从社会规范，追求集体成员间的和谐，按照"我们"的方式思考；不喜欢在公众场合表露自己的情感，尤其是负面的；对事物的态度取决于是否使个人获得归属感、是否符合社会规范，能否保持社会和谐并给自己和他人保全面子。因此，客户更倾向于私下抱怨。而在现代文化中，人们追求独立和自足，用"我"的方式思考，喜欢通过表现自己的与众不同，表达自己的内心感受，来实现自我尊重。因此，客户更倾向于投诉。由此可见，不同文化背景会造就客户对投诉行为的不同态度和表达方式。例如，日本有21%的客户对投诉感到尴尬或不适。

除了文化背景和行业特征之外，一个国家或地区的生活水平和市场体系的有效性，政府管制、消费者援助等都会影响客户的投诉行为。《中华人民共和国消费者权益保护法》的出台，对于消费者自我保护意识的增强，起到了有效的促进作用。而客户自我保护意识的增强，是客户投诉增多的一个重要原因。

任务三　解决客户抱怨与投诉的对策

企业要解决客户抱怨与投诉带来的负面影响，除了要不断加强与提高自身产品和服务的质量、减少投诉的产生外，还要从以下两个方面做好工作：①做好企业内部文化和机制的建设，畅通投诉渠道，确保不满意的客户能够向企业抱怨和投诉；②客户投诉发生时，企业应积极应对和处理客户投诉，尽最大可能让客户满意。

1. 未雨绸缪，减少客户投诉可能产生的负面影响

1）疏通客户投诉的渠道，为客户投诉提供便利

如果企业能够为客户提供直接宣泄的机会和渠道，鼓励客户在产生不满时向企业投诉，使客户不满和宣泄处于企业控制之下，就能减少客户寻找替代性满足和向他人诉说的机会。同时，鼓励不满意的客户对企业进行投诉，使企业能够重新审视产品、服务、内部资源管理等一系列问题，找出其中的不足，获得更大的发展。

（1）引导客户如何投诉

企业可以在有关宣传资料上详细说明客户投诉的方法，包括投诉的步骤、向谁投诉、如何提出意见和要求等。还可以设立免费投诉电话或意见箱，设立专门的投诉基金，实行有奖投诉等，以鼓励和引导客户向企业投诉。

（2）告知客户明确的产品和服务标准及补偿措施

清晰的产品和服务标准，可以使客户明确自己购买的产品、接受的服务是否符合标准，是否可以投诉，以及投诉后所得到的补偿。尽可能降低客户投诉的成本，减少其花费在投诉上的时间、精力、货币和心理成本，使客户的投诉变得容易、方便和简捷。

2）加强员工培训，提高员工处理客户投诉的能力

企业服务人员处理客户投诉的能力与投诉事件是否得以有效解决有非常大的关系。首先，应对员工进行培训，在企业员工中树立客户完全满意是企业生存支柱的观念，让员工明确个人对客户的态度直接影响企业的形象、利润和个人的收益；其次，培训员工熟练掌握与客户沟通的技能，掌握正确处理客户抱怨和投诉的方法。如果直接与客户接触的员工沟通能力差，不仅会影响客户对产品和服务质量的感知，降低客户的满意度，还可能使客户的抱怨和投诉升级；最后，还应树立"内部客户"的观念，企业各部门之间、不同部门员工之间要相互协作，上一道工序应把下一道工序当成"内部客户"，一线员工只有得到企业其他人员及部门的支持才能为最终的外部客户提供优良的产品和服务。

3) 构建客户投诉管理系统

要充分发挥客户投诉可能给企业带来的价值，企业应设计构建一个客户投诉行为管理系统，由客户投诉预警系统、投诉行为响应系统、投诉信息分析系统、客户投诉增值服务系统、内部投诉信息传递系统等共同构成。

(1) 客户投诉预警系统

企业要通过客户的抱怨与投诉来确定企业产品质量或服务的问题所在，主动地查找潜在的失误，即在问题出现前能够预见问题，从而避免更大问题的发生。

(2) 投诉行为响应系统

一个良好的投诉行为管理系统应该能够提供快速的、个性化的响应。为了达到快速响应的目的，企业可以对一线员工进行授权，除了授予员工行动的权利外，还必须为员工提供各种指标和参数，以协助员工决策。因为一系列的审批程序会放慢反应速度，加大客户的对立情绪。

(3) 投诉信息分析系统

企业不仅要掌握产品和服务质量的变化趋势，及时采取补救和预防措施，防止投诉的再次发生，还必须通过对投诉信息的分析，了解客户需求变化，挖掘客户的潜在需求，这是企业可持续发展的宝贵资源。

(4) 客户投诉增值服务系统

企业要重新赢得投诉客户的满意，必须要增大客户的感知价值。所以，企业要通过一系列的活动或流程奖励客户，将投诉客户的不满意转化为满意。

(5) 内部投诉信息传递系统

客户投诉信息应该在企业内部通过适当的方式沟通共享，以使投诉处理过程能够得到充分理解和有效执行。

2. 真诚有序，有效处理客户投诉

任何一个投诉都不是孤立存在的，都可能与企业的结构、流程、研发、销售和服务甚至外部宏观、微观市场环境变化有关。

1) 处理客户抱怨与投诉的原则

客户投诉的情况多种多样，客户性格也千差万别，因此对于客户投诉并没有一成不变的解决方法。但如果能够牢记并掌握以下原则往往能够取得事半功倍的效果。

(1) 换位思考，客户至上

接到客户投诉，服务人员首先要能够站在客户的立场上考虑问题。要相信，没有一个客户会没事找事，他们投诉总会有其理由，因为客户永远都是正确的。这是一个非常重要的观念，有了这种观念，服务人员才会用平和的心态来处理客户的投诉，并且会对客户投诉行为给予肯定、鼓励和感谢。

在客户对企业的抱怨和投诉中，有相当一部分是由双方的误解造成的。企业服务人员只有站在客户的立场上将心比心，换位思考，诚心诚意地表示理解和同情，承认过失，才能够化误解于无形。

(2) 隔离当事人

隔离当事人的原则是指一旦遇到客户投诉，要尽量做到"两个隔离"：让投诉人与现场的其他客户隔离开来，以免影响到其他客户；让当事人双方隔离开来，避免事态进一步恶化。隔离当事人最好的办法就是将客户带到办公区，请客户坐下来再进行处理。这样不仅实现了有效的"当事人隔离"，也显得对客户的投诉比较重视。

通常客户投诉首先找到的往往是当事人。因此，服务人员要视情况而定，如果客户问题不是很严重，就应该在自己的权限范围内学会解决问题而不要总是让上级出面处理；如果客户直接找到有关管理人员进行投诉，管理人员也没有必要再将当事人找来摆出一副"对质"的架势，这样做反而会弄巧成拙。经验证明，由第三者出面加以调解是控制矛盾的一个十分有效的方法。

（3）承担责任，主动补偿

很多企业服务人员面对客户投诉的第一反应是："怎么回事？我们做错什么了？"一旦有了这种想法，服务人员的第一句话通常都是："您先别着急，有话慢慢说，如果我们真的有错，我们一定会帮你解决问题。"其实这是一个十分糟糕的开头。因为这种说法将自己的角色定位成一个"审判官"，而不是当事方，这非常不利于缓和客户激动的情绪。

事实上，客户之所以投诉，绝不是要找一个审判官来判明是非，分清双方责任。企业必须清楚一点：客户既然来投诉，就肯定没有想过自己有错，客户来投诉的目的就是想要从企业这里得到心理上的安慰或物质上的补偿，因此希望企业能够重视他的投诉，承认过失，并且立即解决问题，同时对他的投诉表示感激，绝不希望有人对他进行孰是孰非的责任划分和认定。因此，面对客户投诉和激动的情绪，客户服务人员最好首先向客户道歉，并且表示愿意承担责任。服务人员若首先表明了这种有担当的负责任的态度，客户的怨气就会马上消了一半。

同时，无论何种原因导致客户投诉，客户总是希望得到一些精神上或是物质上的补偿。如果仅仅道歉、单纯地体谅客户的痛苦或表示同情和理解，而不采取行动进行补偿是不够的。建议把"对不起，这是我们的过失"，改成"我能理解给您带来的麻烦与不便，您看我们能为您做些什么呢"。在处理客户投诉的过程中，要快速洞悉客户的心理要求，根据客户的类型和内心需求给予适当的补偿建议，往往可以取得"大事化小，小事化了"的效果，甚至让客户转怒为喜，成为企业的忠诚客户。

2）处理客户抱怨和投诉的流程与技巧

在处理客户投诉的现实工作中，常见的错误行为主要有以下表现。在事实未澄清以前便承担责任，一味地检讨或批评自己的同事；与客户争辩、争吵，只强调自己正确的方面，不承认错误，言辞激烈，带有攻击性；讽刺、怀疑、教育、批评客户，或者直接拒绝客户，说"这种事情绝对不会发生"；为解决问题设置障碍、吹毛求疵、责难客户，期待客户打退堂鼓；问一些没有意义的问题，以期找到客户的错误，避重就轻，假装关心，无视客户的关键需求；言行不一、缺乏诚意、拖延或隐瞒等。

处理客户投诉不是把客户"打发"走，减少负面影响就可以了，而是要充分利用客户投诉的价值，改良和提升产品质量与服务水平，以期获得长久的发展。处理客户投诉应做好以下方面的工作。

（1）及时道歉并安抚客户情绪

不管客户的心情如何不好，不管客户在投诉时的态度如何，也不管是谁的过错，企业的服务人员要做的第一件事是平息客户的情绪，缓解他们的不快，并向客户表示歉意。道歉时要注意称谓，尽量用"我"，而不用"我们"。因为"我们很抱歉"听起来毫无诚意，是在敷衍塞责。俗话说"一语暖人心"，话说得悦耳动听，紧张的气氛自然也就缓和了。

安抚客户的情绪就要给客户发泄不满和愤怒的机会。客户是给企业带来利润的人，是企业的衣食父母。因此，客户不应是企业争辩或斗智的对象。如果企业服务人员在口头上占了上风，那将很快就会失去客户。因此，客户来投诉时，应该热情地接待对方，真诚地对待每一位前来投诉的客户，并且体谅对方因气愤激动而生硬的语气和态度。

心理学研究表明，人在愤怒时，最需要的是情绪的宣泄，只要将心中怨气宣泄出来，情绪便会平静下来。所以，企业客服人员要让投诉的客户充分发泄心中的不满乃至愤怒。

（2）认真倾听，并做好投诉记录

要做一个好的倾听者，认真聆听，不轻易无理地打断客户说话，不伤害客户的自尊心和价值观。聆听时要注意用眼神关注客户，用自己的话把客户的抱怨复述一遍，鼓励客户说出心里话，使客户感觉到自己、自己的话、自己的意见被重视。同时，还要协助客户表达清楚。

因为客户投诉时，最希望自己能得到同情、尊重和理解，因此这时候要积极地回应客户所说的话，如果客户服务人员没有反应，客户就会觉得自己不被关注，就可能会被激怒。所以，可以在客户讲述的过程中，要不时地点头，用"是的""我明白""我理解""您说的话有道理""是的，我也这么认为""碰到这种状况我也会像您那样"等话语，表示对投诉问题的理解。

影响投诉问题圆满解决的因素可能是多方面的，即使因为政策或其他方面的原因，客户投诉的问题根本无法解决，但只要在与客户沟通的过程中始终抱着积极、诚恳的态度，那么也会使客户的不满情绪减少很多。

同时，还应详细地记录客户投诉的全部内容，包括投诉人、投诉时间、投诉对象、投诉内容、投诉要求、客户希望以何种方式解决问题、客户的联系方式等。

（3）判定投诉性质，提出解决问题的方案

在记录客户投诉的同时，要确定客户投诉的类别，判断投诉是否成立，投诉的理由是否充分，投诉的要求是否合理。如果投诉不能成立，也要用婉转的方式耐心解释，使客户认清是非曲直，消除误会；如果投诉成立，企业的确有责任，就应当首先感谢客户，可以说"谢谢您对我说这件事……""非常感谢，您使我有机会为您弥补损失……"要让客户感到他和他的投诉是受欢迎的，他的意见很宝贵。一旦客户受到鼓励，往往还会提出其他的意见和建议，从而给企业带来更多有益的信息；若客户的要求当场不能达成、需要等待上级的批复时，要告知客户情况并在投诉解决办法批复后，迅速通知客户。

要站在客户的立场来寻找解决问题的方案并迅速采取行动。首先，要马上纠正引起客户投诉的错误。反应快表示企业在严肃、认真地处理这件事，客户对此一定会很欣赏，拖延时间只会使客户感到自己没有受到足够的重视，会使客户的投诉变得越来越强烈。其次，根据实际情况，参照客户的处理要求，提出解决投诉的具体方案，对投诉客户进行必要的、适当的补偿，如退货、换货、维修、赔偿，或者提供客户一些优惠券、免费礼物等。提出解决方案时，要注意用建议的口吻，并向客户说明它的好处。如果客户对方案不满意，可以询问客户的意见。从根本上说，投诉的客户不仅是要处理问题，而且是要解决问题。所以，如果客户觉得处理方案不是最好的解决办法时，最好是向客户讨教如何解决问题。

（4）客户投诉的跟踪回访

客户离开前，要观察了解客户是否已经满足，然后在解决投诉后的一周内，要打电话或写封信给客户，甚至用登门拜访的方式了解客户对投诉处理方案实施后的意见，客户是否依然满意，还可以在信中赠送优惠券等。如果客户不满意，就要对处理方案再进行修正，重新提出令客户可以接受的方案。

跟踪服务体现了企业对客户的诚意，会给客户留下很深、很好的印象，客户会觉得企业很重视其提出的问题，是真心实意地要解决问题，这样就可以打动客户。

此外，通过跟踪服务、对投诉者进行回访，并告诉客户，基于他的意见，企业已经对有关工作进行了整改，以避免类似的投诉再次发生。这样不仅有助于提升企业形象，而且可以把客户与企业的发展密切联系在一起，从而提高客户的忠诚度。因为，当客户的投诉得到令人满意解决的时候，也是一种最佳的销售时机。

（5）通过客户投诉反思、检查、弥补企业管理漏洞

① 查明投诉原因。调查确认造成客户投诉的具体原因和具体责任部门及个人。

② 明确投诉处理责任。按照客户投诉内容分类，确定具体接受单位和受理负责者。例如，合同纠纷交给企业高层主管裁定；运输问题交给货运部门处理；质量问题交给质量管理部门处理。

③ 责任处罚。对造成客户投诉的直接责任者和部门主管按照有关制度进行处罚，同时对造成客户投诉得不到及时圆满处理的直接责任者和部门主管进行处罚。

④ 提出改善对策。通过总结评价，吸取教训，提出相应的对策，改善企业的经营管理和业务管理，减少客户投诉。

3）处理客户抱怨与投诉的方法

（1）不同原因客户投诉的处理方法

① 因企业原因产生的投诉。因企业原因产生的投诉主要包括以下两类。

一类是产品或服务质量引发的投诉。由于产品质量引发客户投诉占了所有投诉原因中的大多数，有时候客户买了并不是自己想要的产品，或者买的产品不清楚怎么使用，也可能会投诉。尽管很多客户能够理解产品不可能完美无缺，不可能满足每个人的需求，但是客户还是会因为产品质量或介绍不明表示不满。企业对于因质量问题给客户造成影响的，应该真诚地向客户道歉，更换新产品，或者再给予一定的经济补偿。

另一类是因为企业服务人员服务不当引发的投诉。服务工作是一项很艰苦的工作，有时需要长时间的站立，对客户微笑和鞠躬，应对各种各样脾气的人等。因此，有时服务人员会因为过度疲劳而不能坚守服务准则，导致客户不满。这就需要企业认识到服务人员的压力现状，提供良好的福利待遇，关心他们的需求。但这不代表与客户发生冲突就是可以原谅的事情，如果的确是服务人员太过分了，一定要严肃处理。如果由于服务人员服务不当而引发客户投诉，客户服务管理人员应亲自出面，向客户赔礼道歉，采取积极的措施，直至客户满意为止。因此，企业要加强对客户服务人员职业素养的培训，提高服务意识，减少此类投诉事件的发生。

② 因客户原因产生的投诉。客户对产品不了解和认识错误，也可能产生抱怨。这时，服务人员要委婉地告诉客户，并认真地为客户讲解产品的相关知识，让客户了解事情的本来面目。但这时要委婉表达，不要太直接，更不能轻视或挖苦客户。

（2）不同类型客户投诉的应对方法

客户服务人员在受理客户投诉的过程中，要善于了解不同类型客户的个性特点，有针对

性地选择适当的服务应对方法。例如,对感情用事者,务必保持冷静、镇定,让其发泄,仔细聆听,并表示理解,尽力安抚,告诉客户一定会有满意的解决方案,语气谦和但有原则;对于固执己见者,要先表示理解客户,然后力劝客户站在互相理解的角度看问题,并耐心劝说和解释所提供的处理方案;对有备而来者,要谨言慎行,尽量避免使用文字,要充满自信,明确表示解决问题的诚意。总之,应对投诉的客户,要动之以情、晓之以理。

小案例

一位妇人在麦柯司的商店里买了一件镶有手工蕾丝的袍子。穿了一次之后,她又来到店里,说袍子质量不好,穿一次就坏了。麦柯司的服务人员看出那儿显然是人为造成的,但他还是主动提出给这位妇人换一件。可是,这位妇人不满意,于是麦柯司的服务人员问她:"太太,您的意见是什么?"这位妇人要求退货并且退钱。麦柯司的服务人员想,丢了一个客户比损失175美元代价大得多,于是没再说什么,神情愉快地把钱退给她。事实证明,他的想法是对的——在以后的几年里,这位妇人在他们的店里消费了500 000美元。

常见的抱怨或投诉客户有8种类型,其特点及受理服务要点如表8-2所示。

表8-2 常见的抱怨或投诉客户的类型、特点及受理服务要点

序号	客户类型	特点	受理服务要点
1	争辩型	论理论据,在乎争辩	① 不要与客户直接争辩,让客户有"获得"的快感 ② 善于疏导和迂回问题
2	上诉型	若不解决,逐级上告	① 不受客户激将的影响 ② 让客户感觉到服务人员很卖力地、诚心帮助其解决问题
3	骚扰型	变换问题,实施骚扰	① 不卑不亢、不恼不气,积极回应客户提出的问题 ② 态度良好,前后一致
4	补偿型	不在输赢,但求补偿	① 针对客户的问题实事求是地按规定处理 ② 以理服人,公平对待
5	吵闹型	无理取闹,绝不罢休	① 绝不与其争吵 ② 耐心、忍耐,等待其冷静
6	发泄型	责骂讥讽,情感发泄	① 不急于说明和解释问题 ② 耐心倾听,表示理解和同情
7	冷却型	不能满足,自我罢休	① 忍耐,前后态度一致 ② 等到客户心情好时解决问题
8	威胁型	若不满足,就要报复	① 保持良好的服务态度,不受客户威胁的影响 ② 认真处理自身问题

(3) 不同方式和途径的客户投诉处理方法

客户服务人员应该根据不同的客户投诉类型有针对性地选择适当的处理方法。

① 电话投诉处理方法。针对电话投诉,需要做到的基本工作是从电话中确切了解事件的基本信息;利用规范的声音及语气体现对客户不满情绪的支持;如有可能,把电话内容录音存档,特别是涉及特殊纠纷的投诉事件。

② 信函投诉、电子邮件或短信投诉处理方法。网络带来了投诉的便利，一些企业专门建立了处理客户投诉的邮箱和短信平台，大大节省了企业和投诉客户的成本，企业也能比较方便地提取信息，从而解决问题。收到客户投诉后，应立即送给相关负责人员，同时通知客户已经收到信函，表现出企业诚恳的态度和解决问题的意愿。同时尽快给出解决方案，并告知客户。

③ 现场投诉处理方法。在处理现场投诉时，要注意将客户引领离开服务现场，以免影响其他客户；在接待客户的过程中，一定要谨慎使用各种应对语，避免再次触怒客户；不能中途消失而不告知客户，只是让客户等候；按照企业相关规定处理客户的投诉，不能立即解决的应该给出客户处理的期限；对再次光临的提出过投诉的客户，应该给予更好的接待。

项目小结

客户的抱怨与投诉在企业发展过程中在所难免。这一方面会给企业的形象带来负面影响，造成客户流失或潜在客户数量的大量减少；但同时也能给企业的发展提供有价值的信息，是企业的预警，也为企业挽回客户提供了最后一次机会。

客户抱怨与投诉的原因主要有两个方面，一方面是企业产品质量或服务质量导致的客户投诉；另一方面是客户方面的原因导致的抱怨或投诉。无论是哪方面的原因导致客户抱怨或投诉，企业都应该引起重视。针对不同原因、不同客户类型、不同投诉方式，分别采取有针对性的处理方法。同时，企业在日常管理工作中要建立应对客户投诉的有效机制。

案例分析

IKEA 如何处理客户抱怨

根据统计，IKEA 公司（宜家）在中国市场面临的客户抱怨主要是送货、安装服务收费等问题。在中国市场，大部分家具商都对超过一定购买金额的客户提供免费送货和上门安装服务。但是 IKEA 公司却反其道而行之，鼓励消费者自己取货、自己安装，并在消费者需要的情况下提供收费服务，这令不少消费者难以接受。

针对这些抱怨，IKEA 公司采取了如下两种措施。

第一，降低消费者预期。在中国，IKEA 公司仍然坚持不提供免费送货安装服务的政策。比如，在产品目录或网站上，说明"送货服务，只收取合理的费用。在 IKEA 公司，运费从未被加进您购买家具的售价中"。

第二，改变消费习惯。IKEA 公司为了避免因降低预期引起新的抱怨，试图采取新的措施来改变消费者习惯。一方面，IKEA 公司通过产品目录、网站等方式鼓励消费者自己安装产品；另一方面，IKEA 公司的产品均附有详细的指示说明和必要的专用安装工具。

总之，IKEA 公司在保有较高客户总价值的前提下，通过降低客户的货币成本和时间成本来降低客户总成本。在此基础上，IKEA公司通过降低消费者预期和改变消费习惯来解决客户抱怨，从而提高客户的交付价值。

问题分析

你认为IKEA公司处理客户抱怨的哪些做法比较有效？根据以上案例，你对企业处理客户抱怨有哪些感悟或收获？

饭店客人投诉实例

如果对某些饭店接到的投诉进行统计分析，就会发现一条规律：凡控告性投诉所占比重较大的饭店，肯定从服务质量到内部管理都存在着很多问题。过多的控告性投诉，会使饭店疲于奔命，仿佛是一部消防车，四处救火，始终处于被动状态。其员工队伍也必定缺乏凝聚力和集体荣誉感。而建设性投诉所占比重大的饭店，则应该是管理正规，秩序井然。饭店不断从客人的建设性意见中吸取养分，以改善自己的工作，员工的士气也势必高涨，从而形成企业内部的良性循环。饭店客人的投诉通常分为以下5种类型。

（1）一位正在结账的客人为等了20分钟仍不见账单而大发雷霆，前台经理出面反复道歉，仍然无效。客人坚持要见总经理，否则将状告到政府有关部门。5分钟后，总经理亲自接待了客人，向客人表示歉意并答应了客人的一些要求，事态得以平息。

（2）1237房间的客人在咖啡厅用餐后对服务员说："小姐，今天的菜挺好，就是餐厅温度高了些。"

（3）任何饭店都拥有一批老客户，他们都十分偏爱自己常住的饭店，并且客人与饭店中的工作人员都很亲热友好。C先生就是这样一位老客户。一天，他和往常一样，因商务出差，来到了××饭店。如果是平时，C先生很快就能住进客房。但是，饭店正在召开大型会议，因此C先生不能马上进房。服务员告诉他，到晚上9点可将房间安排好。C先生只好到店外的一家餐厅去用餐。由于携带手提包不方便，他顺便来到前台，没有指定哪一位服务员，而是和往常一样，随随便便地说，要把手提包寄存在饭店，10点以前来取，请他们予以关照。当然，他没有拿收条或牌号之类的凭证。当C先生在10点前回到饭店吩咐服务员到大堂帮他取回手提包时，大堂经理却说找不到，并问C先生的存牌号是多少？C先生说，同平时一样，他没拿什么存牌。第二天，尽管饭店竭尽全力，却仍未找到。于是，C先生突然翻脸，声称包内有重要文件和很多现金，他要求饭店处理有关人员，并赔偿他的损失。

（4）Z先生是饭店的熟客，他每次入住后，饭店的公共关系部经理都要前去问候。

大家知道，Z先生极好面子，总爱当着他朋友的面批评饭店，以自显尊贵。果然，这次当公关经理登门拜访时，发现Z先生与他的几位朋友在一起，Z先生的话匣子也就打开了："我早就说过，我不喜欢房间里放什么水果之类的东西，可这次又放上了。还有，我已经是第12次住你们饭店了，前台居然不让我在房间check-in，我知道，你们现在生意好了，有没有我这个穷客人都无所谓了。"

（5）一位先生是这家饭店的长住客人，这天早上他离开房间时，同往常一样，习惯性地和清扫房间的服务员聊了几句。他说他夫人和孩子今天就要从国外来看他了。他夫人以前曾住过这家饭店，印象非常好，而且凡是她有朋友到此地，大多都被推荐到这里来。先生说，她夫人唯一希望的是，饭店的员工能叫出她的名字，而不仅仅是夫人或太太，因为她的先生是饭店的长住客人。这样她会觉得更有面子。

问题分析

以上案例中的投诉有何特点和区别？针对不同类型的投诉，企业应如何处理？

实 训 设 计

【实训目标】

通过接听电话投诉的训练，理解客户服务人员处理客户投诉的方法和工作流程。

【实训内容】

一、客户电话投诉案例：A 为拨打热线投诉的客户，B 为企业客户服务人员。

B：喂！你好。

A：你好，我是××的一个用户……

B：我知道，请讲！

A：是这样，我的手机这两天一接电话就断线……

B：那你是不是在地下室，所以接收信号不好呀？

A：不是，我在大街上都断线，好多次了……

B：那是不是你的手机有问题呀？我们不可能出现这种问题。

A：我的手机才买了3个月，不可能出问题呀。

B：那可不一定，有的杂牌机刚买几天就不行了。

A：我的手机是爱立信的，不可能有质量问题……

B：那你在哪儿买的，就去哪儿看看吧，肯定是手机的问题。

A：不可能！如果是手机有问题，那我用×××的卡怎么就不断线呀？

B：是吗？那我就不清楚了。

A：那我的问题怎么办呀，我的手机天天断线，你给我交费呀！

B：你这叫什么话呀，凭什么我交费呀，你有问题，在哪儿买的你就去哪儿修呗！

A：你这叫什么服务态度呀，我要投诉你……

B：挂断……

问题：在这个案例中客户要投诉的原因是什么？客服人员的服务不到位的地方表现在哪里？如果你是该企业的客服人员你会怎样处理？请模拟。

错误之处：

_____

_____

_____

正确步骤：

_____

_____

_____

【实训时间】90分钟。

【操作步骤】

1. 分组讨论，共同拟订针对该客户电话投诉的处理方案。

2. 各小组选派1名小组成员扮演企业客服人员，在全班模拟展示处理该客户电话投诉的过程。（客户由其他小组1名成员扮演）

3. 教师总结点评。

【成果形式】各小组针对客户投诉的处理方案。

【实训考核】

1. 同学们对处理客户投诉方法的理解、掌握和运用程度（学习结果）。

2. 同学们对实训过程的参与程度（学习态度）。

二、客户投诉情景剧：漏水的房子。

背景：客户经理（女）正在屋中打电话，客户（男）大声嚷嚷着推门进来。

客户：经理呢？经理呢？经理呢？（怒气冲冲，大声吆喝着冲了进来，还直拍桌子）

经理：请问先生，您有什么需要帮忙的吗？（客户经理正在打电话，见到客户冲了进来，赶紧和对方说对不起，匆忙挂断了电话，站起身来）

客户：帮忙？我们家的房子都成游泳池了，你说怎么办吧！（双手握拳，一副气势汹汹的样子）

经理：您先别着急，我帮您解决，您先坐下，有话慢慢说。（脸上写满了理解客户的表情）

客户：我不坐！又不是你们家，你当然不着急了，这叫什么事呀！我刚买的房子就漏雨了。

经理：来，您先喝杯水，消消气。您先请坐，然后慢慢说。（客户一屁股坐到凳子上，经理给客户倒了一杯水，客户一口就喝光了）

经理：慢慢地说，您的房子出了什么问题？

客户：什么问题？就是你们物业欺骗我们消费者，我花了100多万元买了你们的房子，刚买房子那会儿，你们都跟孙子似的，屁股后面整天跟着，把我们家的电话都打爆了，花言巧语，把你们这破楼的质量吹得跟皇宫似的，我就上了你们的当！嘿，出了事儿再找你们，我才知道我成孙子了！（客户经理始终面带微笑）

经理：对不起，您的心情我很理解。请您放心，我一定会尽力帮您解决的。您能不能先告诉我您的房子怎么了？

客户：上个月我才搬进来，住了还不到3个星期。上礼拜下雨，我就发现墙壁渗水，把我新贴的壁纸洇了一大片，那可全都是进口的啊！我马上给你们物业公司打电话，你们也不知道是谁告诉我说，当时没工人，说第二天来。结果第二天也没见人影，第三天被我逼得没办法，派了两个人来一查，结果说是房子的外墙有问题，帮我做了一遍防水，说没事。谁知道他们是真修了还是假修了？（客户的声音逐渐变小，逐渐变得平和下来）

经理：那后来呢？

客户：前天下雨后，结果又漏雨了，我立即给你们物业公司打电话。

经理：他们是怎么答复您的？

客户：他们说那是房子质量有问题，跟他们没关系，让我去找开发商，我说是你们收的物业费和管理费呀，凭什么让我去找开发商？我都快被你们气疯了，你说怎么办？我要退房。

经理：对不起，您别生气，照您这么说，物业公司确实有问题了。首先，我代表公司向您道歉，您放心，我一定会帮您解决的。

【实训时间】90 分钟。

【操作步骤】

1. 选派 2 名同学分别扮演企业经理和投诉客户，模拟客户投诉的过程。并在全班分享体会和感受，如投诉客户和处理投诉的经理当时的心情、难点等。

2. 分组讨论，客户投诉时，经理首先应该关注的是什么？还有哪些处理客户投诉的技巧可以运用？各小组成员共同拟订针对该客户投诉的最佳处理方案。

3. 各小组选派代表作为经理在全班模拟展示小组的最佳处理方案。（投诉客户由其他小组成员担任）

4. 教师总结点评。

【成果形式】各小组针对该客户投诉的处理方案。

【实训考核】

1. 同学们对处理客户投诉方法的理解、掌握和运用程度（学习结果）。

2. 同学们对实训过程的参与程度（学习态度）。

项目九 客户流失

【学习目标】

知识目标

1. 了解客户流失的原因，正确看待客户流失。
2. 掌握挽救客户关系的方法。

能力目标

1. 能够客观、积极地面对客户流失现象。
2. 能够分析客户流失的原因。
3. 能够运用合理有效的方法挽救破裂的客户关系。

【引导案例】

2008年4月7日，北京奥运火炬在法国巴黎传递受阻，网上又出现了法国企业家乐福的大股东曾资助达赖喇嘛等信息，引起了中国消费者的极大不满和愤怒，于是网友声援"抵制家乐福"行动。是否抵制家乐福一度成为网络讨论的热点话题，家乐福网站也被黑客攻击……此时，家乐福公司成为人们表达愤怒的对象，遭到了众多客户的抵制……

思考题：你如何看待这样的事件？如果你的企业面临这样的情况，你会怎么办？

任务一 如何看待客户流失

客户流失是指客户由于种种原因不再忠诚，而转向购买其他企业的产品或服务的现象。

市场调查显示，一个公司平均每年约有10%~30%的客户在流失。流失的客户可能是最终客户，也可能是中间客户，即代理商、经销商、批发商和零售商等。

通常，老客户的流失率小于新客户的流失率；中间客户的流失率小于最终客户的流失率；老年人的流失率小于青年人的流失率；男性的流失率小于女性的流失率。

目前，很多公司往往拼命招揽新客户，而不为正在流失的客户感到担忧，因为这些企业或许根本不知道自己失去的是哪些客户，什么时候失去的、为什么失去的，更不知道这些流失的客户会给企业的销售收入和利润带来怎样的影响。所以，客观正确地认识客户流失问题，对于企业挽救危机、健康成长具有十分重要的意义。

1. 正确看待客户流失

1) 客户流失会给企业带来很大损失

据美国市场营销协会（AMA）客户满意度手册所列的数据显示，获得一个新客户的成本是保持一个满意客户成本的5倍；争取一个新客户比维护一个老客户要多6～10倍的工作量；客户水平提高2成，营业额将提升40%。

企业通过计算一位客户一生能为企业带来多少销售额和利润来衡量客户价值。流失一位重复购买的客户，就使企业失去这位客户可能带来的利润，尤其是关键客户流失如同釜底抽薪，让多年投入于客户关系维护中的成本与心血付之东流。例如，一个企业有5 000名客户，假定因劣质服务，若流失5%的客户，即250名客户，若平均每位客户的销售收入是8 000元，则收入损失为200万元，利润率为10%的话，利润损失为20万元。

客户流失不仅损失了客户带给企业的利润，还可能造成企业损失与其他客户的交易机会，因为流失的客户往往会散布不利于企业的言论，极大地影响企业对新客户的开发。客户的流失不断消耗着企业的财力、物力、人力和企业形象，给企业造成的伤害是巨大的。因此，企业不能听任客户的流失。

2) 有些客户流失是不可避免的

新陈代谢是自然界的规律。企业的客户也有一个新陈代谢的过程，特别是在当今的市场上，由于各种因素的作用，客户流动的风险和代价越来越小，客户流动的可能性越来越大，客户关系在任一阶段、任一时点都可能出现倒退，无论是新客户还是老客户，都可能会流失。还有，由于客户本身原因造成的流失，企业是很难避免的，是企业无能为力和无可奈何的。

虽然，很多企业提出了"客户零流失"的目标，但是这个目标显然不切合实际。幻想留住所有的客户是不现实的，就算能够做到，成本也会相当高，得不偿失。因为，企业的产品或服务不可能完全得到所有客户的认同，企业不可能留住所有的客户，这是不争的事实。

所以，企业应当冷静地看待客户的流失，需要做的是努力把客户流失率控制在一个很低的水平。

3) 流失客户有可能被挽回

有一种看法认为，客户一旦流失，便会一去不复返，再也没有挽回的可能，这是片面的。研究显示，向流失客户进行销售每4个中会有1个可能成功，而向潜在客户和目标客户进行销售每16个才有1个会成功。由此可见，争取流失客户的回归比争取新客户容易得多，而且只要流失客户回头，他们基本上都会变成忠诚客户，而且继续为企业介绍新客户。

这其中的主要原因是，一方面，企业拥有流失客户的信息，他们过去的购买记录会指导企业如何下功夫将其挽回，而对潜在客户和目标客户，公司对其的了解要薄弱很多，无法采取措施；另一方面，流失客户毕竟曾经是企业的客户，对企业有了解、有认识，只要企业下足功夫，纠正引起客户流失的失误，客户是有可能回归的。

总之，在客户流失前，企业要防范客户的流失，极力维护客户的忠诚；而当客户流失成为事实的时候，企业不应该坐视不管、轻易地放弃，而应当重视客户，积极对待客户，尽快恢复与客户的关系，促使客户重新购买企业的产品或服务，与企业继续建立稳固的合作关系。

2. 客户流失的判断指标

对于企业而言，判断客户是否流失，一般可以借助以下指标。

1) 客户指标

客户指标主要包括客户流失率、客户保持率和客户推荐率等。

客户流失率是判断客户流失的主要指标，直接反映了企业经营与管理的现状。用公式表示为：

$$客户流失率 = （客户流失数/消费人数）\times 100\%$$

客户保持率也是判断客户流失的重要指标，是企业经营与管理业绩的一个重要体现，它反映了客户忠诚的程度。用公式表示为：

$$客户保持率 = （客户保持数/消费人数）\times 100\% = 1 - 客户流失率$$

客户推荐率是指客户消费产品或服务后介绍他人消费的比例。

客户流失率与客户保持率、客户推荐率成反比。通过客户调查问卷和企业日常记录等方式可以获得上述客户指标信息。

2) 市场指标

市场指标主要包括市场占有率、市场增长率、市场规模等。通常客户流失率与这些指标成反比。企业可以通过市场预测统计部门获得这方面的信息。

3) 收入利润指标

收入利润指标包括销售收入、净利润、投资收益率等。通常客户流失率与此类指标成反比。企业可以通过营业部门和财务部门获得上述信息。

4) 竞争力指标

在激烈的市场竞争中，竞争力强的企业，通常客户流失率要小些。因此，判断企业的竞争力，便可了解该企业的客户流失率。企业可借助行业协会开展的各类诸如排名、达标、评比等活动，或者权威部门和人士所发布的统计资料获得上述信息。

任务二 客户流失的原因

随着科学技术的发展和企业经营水平的不断提高，产品和服务的差异化程度越来越低，市场上雷同、相近、相似的产品和服务越来越多，竞争品牌之间的差异也越来越小，客户因改变品牌所承受的风险也大大降低了。因此，企业目前普遍面临客户容易流失的状况。

一份由洛克菲勒基金会（Rockefeller Foundation）所做的客户流失原因调查显示，客户离开一家企业，60%~70%的原因是对企业的服务不满意。由企业原因造成的客户流失占绝大部分。客户流失原因占比情况如图9-1所示。

客户流失主要有以下3个方面的原因。

1. 企业自身的原因

从根本上看，客户不满意是导致客户流失的根本原因。这种不满意主要表现在以下方面。

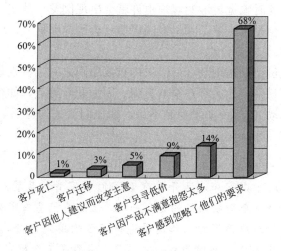

图 9-1 客户流失原因占比图

1) 产品因素

产品因素主要是产品质量低劣或不稳定，品种单一或不全，样式单调或陈旧，产品附加值低，价格缺乏弹性，产品销售渠道不畅，广告宣传虚假，售后服务滞后，产品缺乏创新等。

2) 服务因素

客户服务是企业与客户情感交流的一条重要纽带，一些细节上的疏忽，往往也会导致客户的流失，如服务环境脏，服务秩序乱，服务态度差，服务能力弱，服务效率低，服务设施落后，服务流程烦琐，服务项目不全，服务环节欠缺，服务数量不足，服务渠道不畅，服务缺乏个性化与创新化，收费不尽合理，对客户的投诉和抱怨处理不及时、不妥当等。

小案例

某企业老板比较吝啬，其一代理商上午汇款 50 万元并亲自来提货，中午企业却没安排人接待，只叫代理商去食堂吃了一份盒饭。代理商觉得很委屈，回去后就调整经营策略做起了别的品牌。

3) 员工因素

员工因素主要是仪表不整，言行不一，缺乏诚意与尊重，缺乏责任心与事业感，知识面窄，能力不强，整体素质差等。有些企业的业务经理喜欢向客户随意承诺条件，结果又不能兑现，或者返利、奖励等不能及时兑现给客户，一旦出现诚信问题，客户往往会选择离开。

4) 企业形象因素

企业形象因素主要是对产品形象、服务形象、员工形象、企业的生活与生产环境形象、企业标志、企业精神、企业文化、企业责任、企业信誉等的不满。很多客户的流失是因为客户不满企业的行为，如破坏或污染环境，不关心公益事业，不承担社会责任等。

5) 企业发展阶段因素

企业发展的波动期往往是客户流失的高频段位，任何企业在发展中都会遭受震荡，此时管理上出现的一些问题，如高层出现矛盾、企业资金出现暂时的紧张、出现意外的灾害等，都会让市场出现波动，这时嗅觉灵敏的客户也许就会出现倒戈。其实，在商业场中，以利为先的绝大多数商人大多会是墙头草，哪里有钱可赚就会倒向哪里。

6）企业关键岗位人员变动因素

企业关键岗位的人员变动是现今客户流失的重要原因之一，特别是企业的高级营销管理人员的离职变动，很容易带来相应客户群的流失。因为职业特点，如今营销人员是每个公司最大和最不稳定的"流动大军"，如果控制不当，在他们流失的背后，往往伴随着客户的大量流失。

小案例

肯德基在世界上105个国家和地区开设有15 000多家肯德基餐厅，分公司遍布世界各地，而肯德基是如何保证下属循规蹈矩的呢？一次，上海肯德基有限公司收到了3份总公司寄来的鉴定书，对他们外滩快餐厅的工作质量进行了3次鉴定评分，分别为83分、85分、88分。分公司的中外方经理都为之瞠目结舌，这3个分数是怎么确定的。

原来，肯德基公司雇用、培训一批人，让他们佯装客户潜入店内进行检查评分，以监督企业的完善服务。这些"神秘客户"来无影去无踪，使快餐厅经理、雇员时时感到某种压力，丝毫不敢疏忽。这些佯装的购物者甚至会故意提出一些问题，以测试企业的员工能否适当处理。

例如，一位佯装的客户可以对餐馆的食品表示不满意，以检测餐馆如何处理这些抱怨。企业不仅应该雇用这样的佯装客户，经理们还应该经常走出他们的办公室，进入他们不熟悉的企业，以及竞争者的实际销售环境，亲身体验一下作为客户所受到的待遇。经理们也可以采用另一种方法，他们可以打电话到自己的企业，提出各种不同的问题和抱怨，看企业的员工如何处理这样的电话。他们可以从中发现客户的流失是不是由于员工的态度问题；发现公司的制度及服务存在哪些不足，以便进行改进。

2. 客户本身的原因

客户消费存在多样化和多层次化，复杂多变性和非理性化，因此客户在消费时，并不承诺放弃尝试其他企业的产品或服务。由于客户自身的缘故导致流失的原因五花八门，如客户对产品或服务期望太高，而实际的消费体验比较差，所以心理不平衡，产生了不满情绪，造成客户的流失。

还有，客户因为购买力的提高或降低，导致其需求与期望也会发生相应转移或消费习惯的改变，而把货币选票转而投给此时他认为更有价值的产品或服务。

又如，客户对企业提供的服务或产品的差异根本就不在乎，转向其他企业不是因为对原企业不满意，而是因为自己想换"口味"，想尝试一下其他企业的产品或服务，或者只是想丰富一下自己的消费经历。

再如，由于客户搬迁、成长、衰落甚至破产等，这些都会导致客户流失。

3. 其他原因

1）社会因素

社会因素主要有社会政治、经济、法律、科技、教育、文化等方面的政策对客户的购买心理与购买行为的影响，以及诸如战争、季节、时令、自然灾害等因素而导致原有客户的流失。

2)竞争者因素

竞争者通过正当手段或不正当手段建立了某种竞争优势,挖走或吸引了本企业客户。

任务三　流失客户的挽回策略

企业除了平时努力提高产品和服务质量,争取达到客户的期望让客户满意外,如果客户已经流失,则需要从以下3个方面开展工作,尽力挽回已经流失的客户。

1. 调查原因,缓解不满

如果在客户流失后,企业没有及时找到客户流失的原因,或者经过很长时间才找到客户流失的原因,那么这些"原因"就会继续"得罪"现有客户,造成客户的不断流失。

因此,企业首先要在第一时间积极地与流失客户联系,访问流失客户,诚恳地表示歉意,或者送上小礼品,缓解客户的不满;其次,要了解流失的原因,弄清问题究竟出在哪里,并虚心听取客户的意见、看法和要求,让客户感受企业的关心,给他们反映问题的机会。客户流失的原因是帮助企业发现经营管理中存在问题的珍贵信息,企业只有找到了问题的根源,才有可能采取必要的措施,及时加以改进,从而避免其他客户的流失。

小案例

IBM公司非常重视老客户的保留,当一个客户流失时,IBM公司会尽一切努力去了解自己在什么地方做错了,是价格太高、服务不周到,还是产品不可靠等。公司不仅要和那些流失客户谈话,而且对每一位流失客户都要求相关的营销人员写一份详细的报告,说明原因并提出改进意见,并且采取一切办法来恢复客户关系,从而控制客户的流失率。

美国显微扫描公司是为医院化验室生产自动化微生物化验设备的专业公司。20世纪90年代初,公司发现有些小型化验室客户基本上都"跳槽"了,为此公司要求销售人员与每一个跳槽的客户交谈,了解他们跳槽的根本原因。调查结果表明,问题出在客户既怀疑公司医疗设备的可靠性,又对公司的售后服务不满意。显微扫描公司虚心听取了跳槽者的意见,重新研制了新型医疗设备,提高了化验的精确性,缩短了化验的时间,并完善了售后服务。通过短短两年的努力,许多跳槽的客户又重新回到了公司,使该公司不仅在市场上确立了领先的地位,而且经济收益也明显提高了。

2. "对症下药",争取挽回

客户关系的建立和维护都需要一系列的组合策略相互支撑,缺一不可。而客户关系的恢复则可以从"点"上着眼,找出客户流失的原因及关系破裂的症结,然后"对症下药",有针对性地采取有效的挽回措施,往往能够达到事半功倍的效果。

例如,针对价格敏感型客户的流失,应该参照竞争对手的定价策略,甚至采取略低于竞争对手的定价,这样流失掉的客户就会自然而然地回归。针对喜新厌旧型客户的流失,应该在产品、服务、广告、促销方面多一些创新,从而将流失的客户吸引回来。

小案例

海底捞是一家以经营川味火锅为主、融汇各地火锅特色为一体的大型跨省直营餐饮品牌火锅店。2020年4月初，疫情过后"开启报复性消费"的客户发现，海底捞恢复堂食之后涨价，且菜量变少。比如，血旺半份从16元涨到23元，自助调料增至10元一位，小酥肉50元一盘……许多客户委屈地表示不会再去海底捞消费。

海底捞涨价事件在网络上发酵近一周。4月10日，海底捞火锅官方微博发布致歉信，说明海底捞门店此次涨价是公司管理层的错误决策，伤害了客户的利益，即日起国内各地门店菜品价格恢复到2020年1月26日门店停业前的标准。海底捞由于反应及时，挽回了流失的客户。

"滴滴出行"是由北京小桔科技有限公司推出的一款打车软件，是涵盖出租车、专车、滴滴快车、顺风车、代驾及大巴等多项业务在内的一站式出行平台。改变了传统打车方式，利用移动互联网的特点，将线上与线下相融合，颠覆了路边拦车的传统观念，极大优化乘客打车体验；也改变了原来出租车司机的等客方式，降低空驶率，节省司乘双方的资源与时间。

2018年5月5日晚，刚刚结束飞行任务的21岁空姐李某在郑州航空港区使用滴滴打车软件打了一辆顺风车赶往市内，但此后便失去联络。5月8日，李某的尸体被发现，而网约车司机刘某华有重大作案嫌疑。

针对滴滴乘客打顺风车遇害的事件，5月10日，滴滴发布声明称，作为平台辜负了用户的信任，在这件事情上，负有不可推卸的责任，向家属及公众道歉，并配合警方工作。

滴滴顺风车事件后，滴滴启动安全攻坚战，将安全作为核心考核指标，推出一系列安全保障措施，包括投入1.4亿元人民币提升客服支持体系，建立一支8 000余人的客服团队，与地区执法部门联动实现一键报警，还上线了强制性的行程间录音。过去，司机一天进行一次人脸识别，现在是要求全天内持续重复进行。自2018年9月以来，滴滴持续面向社会各界双向沟通、广泛征集意见建议，陆续开展线上意见征求、线下意见调研、建设安全监督顾问委员会、上线"公众评议会"和"有问必答"等多项社会共建行动，重塑公众网络打车信心。

还有一些突发事件造成的大批客户流失的危机，**企业必须及时反应、全力应对，有效化解危机**。

小案例

2005年3月中旬，卫生部宣布在检查中发现肯德基新奥尔良烤翅和新奥尔良烤鸡腿堡调料含有苏丹红（1号）成分……危机发生后，肯德基公司立即采取措施。

首先，停止"新奥尔良烤翅和烤鸡腿堡"的销售，主动向公众道歉，承认自己的责任并且表示将会追查相关供应商的责任，并制定措施防止类似事件的再度发生。

其次，3月底，百胜餐饮集团召开新闻发布会，介绍"涉红"产品的检查及处理情况，集团总裁现场品尝肯德基食品。4月6日，肯德基主动配合中央电视台《新闻调查》和《每周质量报告》等栏目的采访……

由于肯德基公司在问题发生后，能够迅速采取一系列有效的措施，不掩盖、不逃避，获得了媒体的认可,公众的理解,消费者恢复了对肯德基产品的信心,流失的客户又返回了。

2008年4月,是否抵制家乐福一度成为讨论的热门话题,网友声援"抵制家乐福"行动,家乐福网站被黑客攻击。原因是4月7日北京奥运火炬在法国巴黎传递受阻,以及此后网上出现了法国企业家乐福的大股东曾资助达赖喇嘛的信息。于是,家乐福集团便成为人们表达愤怒的对象,遭到了众多客户的抵制。

2008年4月15日晚上,家乐福集团把声明放到家乐福中国区的官方网站上。在此声明中家乐福集团表达了两层核心意思:①有关家乐福集团支持个别非法政治组织的传闻完全是无中生有和没有任何依据的,家乐福集团从来没有,将来也不会做任何伤害中国人民感情的事情;②家乐福集团始终积极支持北京2008年奥运会,奥运火炬在巴黎受到攻击,这是让人愤怒的,不能让人接受的,我们完全可以理解中国老百姓情绪的来源。

在临近奥运倒计时100天时,家乐福集团让员工换上印有国旗和"Beijing2008"标志的红色新工装,借此表达喜迎奥运的心情。同时,家乐福集团在国内报纸上刊登"祝福北京,支持奥运"的宣传广告,标题为"家乐福全体同仁祝福北京",在文字中强调"我们已为奥运做好了准备",并且用一位中国员工的笑脸来打动读者,称"永远做中国的企业公民"。

2008年5月12日,汶川发生大地震时,家乐福集团迅速捐赠了200万元人民币,14日又捐赠了100万元人民币,用于灾后学校重建……此后又追加了2 000万元人民币捐款。至此,家乐福集团的捐款达到2 300万元,成为在华法资企业中捐款额最多的公司。

经过家乐福集团一系列的解释和努力,很多客户的心中渐渐觉得家乐福集团是有诚意的,以往的老客户又愿意再次光顾家乐福了。

3. 不同级别客户的流失应区别对待

并不是每一位流失客户都是企业的重要客户,如果企业花费了大量时间、精力和费用,留住的是无法为企业盈利的客户,那就不值得了。因此,在资源有限的情况下,企业应该根据客户的重要性来分配投入挽回流失客户的资源,挽回流失的重点应该是那些最能盈利的客户。这样才能实现企业效益的最大化。

针对不同级别的流失客户,企业应当采取的基本态度如下。

1) 对"关键客户"的流失要极力挽回

关键客户是企业生存和发展的基石,失去关键客户,轻则会给企业造成重大的损失,重则会伤及企业的元气。所以,企业要不遗余力地在第一时间将"关键客户"挽回,而不能任其流向竞争对手,这也是企业必须做和不得不做的事情。

2) 对"普通客户"的流失要尽力挽回

普通客户的重要性仅次于关键客户,而且普通客户还有升级的可能,因此对"普通客户"的流失要尽力挽回,使其继续为企业创造价值。

3) 对"小客户"的流失可见机行事

"小客户"数量多且很零散,他们为企业创造的价值低,对企业又很苛刻,一方面挽回的成本很高;另一方面,挽回的收益也不大。因此,企业对这类客户可采取冷处理,顺其自然。如果不用很费力,或者是举手之劳,则可以试着将其挽回。

4) 彻底放弃流失的"不良"客户

对于企业而言,有些"不良"客户根本无须挽回。例如,不可能再带来利润的客户,无法履行合同规定的客户,无理取闹、损害了员工士气的客户,需要超过了合理的限度、妨碍企业对其他客户服务的客户,声望太差、与之建立业务关系会损害企业形象和声誉的客户,等等。

总之,对有价值的流失客户,企业应当竭力、再三挽回,最大限度地争取与他们"破镜重圆""重归于好";对其中不再回头的客户也要安抚好,使其无可挑剔、无闲话可说,从而有效地阻止他们散布负面评价而造成不良影响;而对于没有价值甚至是负价值的流失客户则要坚决放弃。

项目小结

客户流失是指企业的客户由于种种原因不再忠诚,而转向购买其他企业的产品或服务的现象。

影响客户流失的因素主要包括企业自身的原因、客户自身的原因和其他原因等。

企业应当正确看待客户的流失。首先,客户流失会给企业带来很大的负面影响;其次,有些客户流失是不可避免的;最后,流失客户有被挽回的可能。

对流失客户的挽回,企业除平时要做好自己的工作,维护客户的忠诚,防范客户的流失外,当客户流失成为事实的时候,企业不能坐视不管、轻易地放弃,而应当尽快采取措施,积极对待。首先,调查原因,缓解不满;其次,"对症下药",争取挽回。此外,要对不同级别客户的流失采取不同的态度。

案例分析

伊利公司挽回流失客户的措施

2008年的三聚氰胺事件使消费者对奶粉业产生严重的信任危机,奶粉业巨头伊利公司深深地陷入此次事件的泥潭,许多客户都流失了。对此,伊利公司是如何挽回已经流失的客户的呢?

(1)实施"三清理",即严格清理所有的原料供应环节可能出现的问题;严格清理库存产品,凡是有问题的库存产品一律销毁,绝不流入市场;严格清理市场,从市场上全面收回不合格的产品,绝不让一件有问题的产品留在市场上。

(2)实施"三确保",即确保所有的产品都必须经过本企业和国家质检部门的严格检测后再出厂;确保严格对原奶收购环节进行检测;确保奶农利益。通过"三确保",伊利公司保证了生产环节的产品质量,确保了销售的每一批产品都是合格的。

(3)实施"抓两头",即抓原奶和出厂。在原奶收购环节,伊利公司将所有的检测前置到收奶环节,加强和提升了检验水平;在出厂环节配备了高精度的检测仪器进行检测。

(4)率先推出24小时网络生产直播平台,即从奶牛饲养到机械挤奶、从产品灌装到出库流通,客户均可通过视频看到伊利公司生产的全过程。

(5) 开展"放心奶大行动""天天都是开放日,人人都是监督员"活动,邀请上万名消费者,以及质检专家、媒体走进伊利工厂,亲眼见证原奶验收、无菌处理、无菌灌装和入库/出库四大环节的操作流程……

伊利公司一系列挽回客户的措施受到了消费者和零售商的积极回应,客户们重新树立了对伊利公司的信心,许多流失的客户纷纷回来,表示愿意信任和购买伊利产品。

问题分析

请阐述伊利公司挽回流失的客户所采取的措施。奶业巨头伊利公司采取这些措施对于挽回流失的客户起到了作用,你认为针对中小企业,哪些措施具有可推广价值?

强生公司的危机攻关

强生公司曾因泰诺中毒事件导致客户流失殆尽,陷入灭顶之灾的危机之中。然而经过强生公司的努力,成功地挽回了客户,并且重新占领了市场。

1982年9月29—30日,在美国芝加哥地区发生了有人服用含氰化物的强生公司生产的"泰诺"药而中毒死亡的严重事故。最初,仅有3人因服用该药物中毒死亡,但是随着信息的扩散,据称全美各地已有250人因服用该药物而得病或死亡,这些消息的传播引起全美1亿多服用"泰诺"胶囊消费者的极大恐慌,使公司的形象一落千丈、名誉扫地,医院、药店纷纷将其扫地出门。民意测验表明,94%的服药者表示今后不再服用此药。面对新闻界的群体围攻和别有用心者的大肆渲染,"泰诺"药物中毒事件一下子成为全国性的事件,强生公司面临一场生死存亡的巨大危机。

此事件发生之后,在首席执行官James Burke的领导下,强生公司采取了一系列快速而有效的措施。强生公司高层经过紧急磋商,认为这件事情非常严重,不仅影响强生公司在众多消费者中的信誉,更为严重的是,消费者的生命安全受到了威胁。强生公司立即抽调大批人员对所有的药物进行了检查。经过公司各部门的联合调查,在全部的800万片药物的检验中,发现所有受污染的药片是源于一批药,总计不超过75片;最终的死亡人数也确定为7人,并且全部在芝加哥地区,对全美其他地区不会有丝毫的影响。为向社会负责,强生公司还是将预警消息通过媒体发向全国。随后的调查表明,全美国94%的消费者知道了有关情况。后来,警方查证为有人刻意陷害。不久后,向胶囊中投毒的人被拘捕。至此,危机事态可以说已完全得到控制。但善于"借势"的强生公司并没有将产品马上投入市场,而是推出了3层密封包装的瓶装产品,从而排除了药品再次被下毒的可能性,并同时将事态的全过程向公众发布。同时,强生公司再次通过媒体感谢美国人民对"泰诺"的支持,并发送优惠券。这一系列有效的措施,使"泰诺"再一次在市场上崛起,仅用5个月的时间就夺回了原市场份额的70%。

在此次事件中,强生公司CEO协同公关人员积极地进行危机公关。危机公关程序分为控制危机和强生与泰诺归来两个阶段。

1. 控制危机

强生公司CEO在公关部基础上成立危机公关领导小组,要求大家首先按照强生公司信条行事,绝对将客户的安全放在第一位。他接受副总裁兼公关部经理的建议,要求按照公司信条统一口径、统一行动,积极与媒体合作,向新闻界敞开大门,公布事实真相,而不是争辩。

（1）与新闻媒介密切合作，坦诚面对新闻媒介，迅速真实地向公众传播各种消息。并且通过媒体向公众呼吁停止购买并服用泰诺产品。

（2）以高达1亿美元的代价撤回了市场上所有的泰诺产品。经过调查，虽然只有极少量药（75粒胶囊）受到污染，但公司决策人毅然决定在全国范围内立即收回全部"泰诺"止痛胶囊（在5天内完成），价值近1亿美元。

（3）花费50万美元通知医生、医院、经销商停止使用和销售。

（4）在药物中毒事件发生后的数天里，坦诚圆满地答复了从新闻界打来的2 000多个询问电话。

（5）积极配合美国食品与药品管理局的调查，对800万瓶泰诺药品进行试验，查看其是否还受过其他污染，并向公众公布检查结果。

（6）停止报刊广告，尽可能地撤掉广播电视中所出现的泰诺药品广告。

（7）宣布为已经购买泰诺胶囊的客户进行换药，将泰诺胶囊换成泰诺片，这个计划又使强生公司增加了几百万美元支出。

强生公司在"泰诺"事件发生后，果敢地采取了一系列正确的决策，赢得了公众和舆论的支持，最大限度地消除了危机带来的影响，使公司信誉的损失减少到最低程度。

2. 强生与泰诺归来

在第一阶段完成之后，强生公司第二阶段的危机公关，即"强生与泰诺归来"立即启动。在总公司销售会议上，McNeil消费品公司向大家披露了"泰诺归来"的公关方案。

（1）泰诺以新包装重新打入市场。新包装有多重密封，专防假药掺入，成为全国第一种防掺假药品包装。强生公司积极与各大媒体联系，向全国吹响"泰诺归来"的号角。

（2）以优惠券方式进行促销，让公众接受这种新产品，恢复"泰诺"的人气。强生公司走访了上百万次的医务人员，不惜花费5 000万美元向消费者赠送这种重新包装的药品。

（3）1983年新年开始，强生公司将全部泰诺的广告重新设计，面目一新。

（4）强生公司从各子公司招集2 250名销售人员，到各医疗团体与社区为人们播放泰诺宣传片，该片耗资数百万美元，专门为泰诺重新打入市场提供支持。

3. 攻关结果

一年以后，强生公司的产品重新获得了广大公众的信任，泰诺又重新占领了95%的市场份额。而且强生公司首开抗污染日用品包装先例，各大公司纷纷效仿。就这样，强生公司走出了危机，摆脱了困境。

对于像强生这样的大公司能在短时间内迅速返回市场，被认为是一个奇迹。强生公司得以摆脱"泰诺"危机的原因固然是多方面的，但及时准确的公关决策是妥善处理危机的关键。首先是鉴于公众的安全，不惜巨资收回药品；尊重媒体，主动提供信息，这就赢得了公众和媒体的谅解；接着，与媒体通力合作，开展高透明化的宣传活动，树立公司的良好形象。

强生公司按照最高危机方案原则，即"在遇到危机时，公司应首先考虑公众和消费者利益"，使得原本一场"灭顶之灾"竟然奇迹般地为强生公司迎来了更高的声誉，泰诺危机案例极好地反映了企业文化与危机管理的终极联系。

问题分析

危机时刻，客户流失殆尽，如何处理危机、挽回客户是企业面临的生死攸关的考验。从强生公司的案例分析中,对于企业如何做才能在客户严重流失的情况下有效地挽回客户方面,你有哪些感悟?

实 训 设 计

【实训目标】
1. 了解客户流失的主要原因。
2. 了解企业有效挽回流失客户的方法和策略。
3. 锻炼和提高学生运用所学知识研究解决企业实际问题的能力。

【实训内容】通过各种途径(如网络、访谈、调查等),收集企业应对客户流失的状况、成功挽回流失客户的案例。并分析总结,形成调研报告。

【实训时间】收集信息时间一天,课堂汇报、总结时间90分钟。

【操作步骤】
1. 班级成员按5~8人自由组合成工作小组,团结协作。各组讨论制订执行方案,请老师指导通过之后执行。小组成员明确分工,广泛收集资料和数据,共同讨论完成实训报告。(实训报告必须包含以下内容:企业概况介绍、客户流失原因、企业应当措施等)
2. 课堂汇报:随机抽出各小组成员讲解本小组的调查经过及实训报告(PPT展示)。
3. 指导教师进行综合评定和总结。

【成果形式】小组实训调研报告。

【实训考核】
1. 实训报告的质量(翔实性、价值性):50分。
2. 小组代表汇报的质量(台风、语言等):30分。
3. 附加分(团队协作、报告形式等):20分。

模块四复习思考题

一、单项选择题

1. 针对不同类型客户投诉的应对方法中不恰当的是( )。
A. 不与争辩型客户直接争辩,让其有"获得"的快感
B. 揭穿骚扰型客户不可告人的目的
C. 不急于对发泄型客户说明和解释问题
D. 不与吵闹型客户争吵

2. 处理客户抱怨和投诉时首先要做的是( )。
A. 做好投诉记录
B. 安抚客户情绪
C. 提出解决问题的方案
D. 反思、检查、弥补企业管理漏洞

3. 对不同经济状况客户的投诉规律表述正确的是（   ）。
A. 高端客户对低端产品的投诉率高　　B. 低端客户对高端产品的投诉率低
C. 中端客户对高端产品的投诉率高　　D. 高端客户对高端产品的投诉率高

4. 以下导致客户流失的情况不可避免的是（   ）。
A. 企业产品样式单调　　　　　　　　B. 客户搬迁
C. 企业发展的波动期　　　　　　　　D. 企业员工素质较差

5. 下列不属于客户流失判断指标的是（   ）。
A. 客户保持率　　　　　　　　　　　B. 市场占有率
C. 销售成本　　　　　　　　　　　　D. 权威部门和人士发布的统计资料

二、多项选择题

1. 处理客户抱怨和投诉的原则包括（   ）。
A. 换位思考　　　　　　　　　　　　B. 隔离当事人
C. 承担责任　　　　　　　　　　　　D. 主动补偿

2. 客户抱怨和投诉可能给企业带来的影响包括（   ）。
A. 企业声誉、品牌形象受损　　　　　B. 企业客户数量下降
C. 企业信息免费宣传　　　　　　　　D. 企业危机预警

3. 影响客户是否投诉的因素包括（   ）。
A. 客户对商品或服务不满　　　　　　B. 客户的个性特征
C. 客户的经济承受能力　　　　　　　D. 客户闲暇时间的充裕程度

4. 对客户流失的正确认识包括（   ）。
A. 客户流失会给企业带来很大损失　　B. 某些客户流失是不可避免的
C. 流失客户有可能被挽回　　　　　　D. 流失客户不可能挽回

5. 可能导致客户流失的因素包括（   ）。
A. 企业员工服务态度差　　　　　　　B. 企业服务流程烦琐
C. 企业关键岗位人员变动　　　　　　D. 客户的成长

三、问答题

1. 企业应如何看待客户的流失？
2. 客户流失的原因主要有哪些？
3. 企业应如何挽回流失的客户？

模块五 客户关系管理系统

项目十　客户关系管理系统概况
项目十一　企业 CRM 系统的选择与实施

项目十
客户关系管理系统概况

【学习目标】

知识目标
1. 了解 CRM 系统的分类及功能。
2. 了解 CRM 系统的主要产品。
3. 理解 CRM 系统的实施给企业客户关系管理带来的变化。

能力目标
1. 能够熟练使用特定的 CRM 系统。
2. 能够明确企业选择 CRM 产品应注意的问题。

【引导案例】

小王是闽发证券的一名客户经理（经纪人）。早晨8:30一上班，小王第一件事就是打开计算机进入 CRM 系统。首先映入眼帘的是营销部经理下达的任务：9:30去拜访某潜在客户。此外，系统还提示小王下周有几位客户要过生日，"看来得提前做些准备，看看还有什么信息"，小王心里想着。"客户张三要我帮助留意'招商银行'的行情，赶紧设定价位预警，达到设定价位就会收到手机短信。"接下来，小王在自己的自选股中加入了"招商银行"，快速浏览了招商银行的相关信息。

"下一个信息，李四明天要出国，希望我通过邮件而不是手机和他联系，那么我得修改他的首选联系渠道。""×××股票刊登了预亏公告，我必须通知持有这只股票的客户。"点击鼠标找出持有该股票的客户，复制提示信息，点击"发送"就OK了。一会儿，客户王五桌子上的电话响了、张三收到了手机短信、李四的邮箱收到一封新邮件。小王再也不用像以前那样挨个打电话通知了。小王完成了这些客户服务工作，开始浏览自己定制的"中国联通""上海石化"等股票的公告、信息和个股点评，再也不用像以前那样在庞杂的信息海洋中苦苦搜索了。

9:30，小王准时外出拜访某潜在客户。返回途中，小王的手机收到了一条短信："招商银行"达到了预定的价格，随即将这个消息发给张三。回公司后，小王在 CRM 系统中记录了这次拜访的主要内容和人员。

离中午吃饭还有点时间，快到月底了，看看本月的任务完成情况。小王在 CRM 系统中将目标任务与实际完成情况一对比，发现5项指标完成了3项，另2项还差一些，所幸这2项指标考核的权重较小。"还要继续努力哦！"小王给自己打气……

思考题：企业如何让员工也能和小王一样得心应手地管理自己的客户业务呢？

20 世纪 80 年代到 90 年代早期，大多数企业都采用商业智能工具来赢得决策过程的竞争优势，如电子表格、报表软件和联机分析处理软件（on line analytical processing，OLAP）等。然而，计算机处理技术和存储能力的迅速发展，带来了信息量的幂级增长，传统的商业智能工具已经显得力不从心。集成了最新 CRM 管理理念和信息技术成果的 CRM 系统，通过业务流程与组织上的深度变革，成为帮助企业最终实现以客户为中心的管理模式的重要手段。

任务一　CRM 系统的主要功能

客户关系管理（CRM）系统是一个大型 IT 概念，简单地说，是企业应用信息技术，获取、保持和增加可获利客户的"一对一"营销过程。

客户关系管理系统是以客户数据的管理为核心，利用现代信息技术、网络技术、电子商务、智能管理、系统集成等多种技术，记录企业在市场营销与销售过程中和客户发生的各种交互行为，以及各类有关活动的状态，提供各类数据模型，从而建立一个客户信息的收集、管理、分析、利用的系统，帮助企业实现以客户为中心的管理模式。

1. 优秀的 CRM 系统的特点

一个优秀的 CRM 系统应能够很好地处理客户的数据，具有平台、接触、运营和商业智能四大层面的功能。它应以客户为中心，以市场、销售和服务为龙头，采用企业应用集成（enterprise application integration，EAI）等方法实现与企业运营其他系统的无缝集成。同时，采用数据仓库技术、数据挖掘技术、Web 技术等，实现企业快速、正确的决策与经营。主流的 CRM 系统一般具备以下特点。

1）智能分析功能齐全

CRM 系统提供的工作流模块具有功能强大、使用灵活和操作简单等特点，为跨部门的工作提供支持，使这些工作能无缝、动态地衔接。主流的 CRM 系统有专门的业务职能模块，包括市场智能、销售智能和客户智能三大模块，以客户智能为重点，注重分析客户的消费行为和生命周期，为企业及时调整市场方向提供服务。例如，企业可以结合收集的客户信息，对某一类客户群的消费行为进行分析，这要求 CRM 系统的分析工具可以从多个数据库中找出有用的数据并形成一个数据区块。在此基础上，企业可以分析某类客户的消费行为，找出他们的行为特征。

2）系统安全技术完善

主流的 CRM 系统具备一套完善的应用系统安全技术，包括系统的多项身份认证、权限策略、授权机制、数据加密和数字签名等技术。CRM 系统给企业客户关系管理提供了一个很好的管理平台，同时若不考虑数据的安全也会使企业在 CRM 项目的实施过程中，出现机密信息的外泄。

小案例

某企业使用了 CRM 系统之后,没想到屡屡发生"飞单"现象。后来追查原因才发现,原来是只对销售部门开放的相关客户信息(如客户联系方式、客户订单信息等敏感内容),在 CRM 系统中没有采取保护措施,导致销售部门以外的其他部门人员也可以随意访问。其中,一个采购部门的员工把客户信息与产品价格信息卖给了企业的竞争对手,产生了"飞单"现象,导致企业受到损失。

由此可见,在实施 CRM 系统时不考虑信息泄露的风险,对于企业来说,是一件很危险的事情,企业可能会因此遭受很多不必要的损失。

3)兼容性好

现今,绝大多数企业的计算机使用的都是微软的 Office 操作系统,如果 CRM 系统不能兼容,使用起来就会产生很多麻烦。所以,主流的 CRM 系统一般都能够与 Microsoft Office 有效兼容,相关的文档(如客户资料、销售合同等)能够自动生成用户选定的 Word 文档或 Excel 表格,一些智能分析结果也可以自动地进行 Office 文档转换。

同时,CRM 系统支持网络应用。以网络为基础的功能既包括对外的一些应用(如网络自主服务、自主销售等),也包括对内的一些应用(如销售自动化、智能代理等)。另外,业务逻辑和数据维护是集中化的,这就减少了系统的配置、维持和更新的工作量,还可以大大减少基于互联网系统的配置费用。

2. CRM 系统的主要功能

CRM 系统是企业的客户关系管理思想在应用软件上的实现。所以,CRM 系统的主要工作是帮助记录、管理所有企业与客户交易与交往的记录,并通过分析,辨别哪些客户是有价值的,以及这些客户的特征等;实现自动化管理,动态地跟踪客户需求、客户状态变化和客户订单,记录客户意见;通过自动的电子渠道,如短信、邮箱、网站等对客户进行某些自动化管理。

不同软件开发商提供的 CRM 系统功能有所区别,但主要功能基本相同。CRM 系统的功能可以归纳为对营销、销售、服务与支持 3 部分业务流程的信息化;与客户的所有接触点,如呼叫中心、网上交流、E-mail、电话、传真、信件及与客户的直接接触等的集成和自动化处理;对这两部分功能所积累的信息进行加工处理,形成数据库,再利用数据挖掘技术从大量的客户数据中挖掘出客户信息,为企业的战略或战术的决策提供支持。

1)业务功能

(1)营销自动化

营销自动化也称为技术辅助式营销,主要是通过设计、执行和评估营销行动和相关活动的全面框架,赋予市场营销人员更多的工作手段及能力,使其能够对营销活动的有效性加以计划、执行、监视和分析,并能够运用工作流技术来优化营销流程,从而使营销任务和过程自动完成。其目的是使企业能够在活动、渠道和媒体选择上,合理分配营销资源,达到收益最大化和客户关系最优化的效果。

实施 CRM 系统所要实现的营销自动化功能有:增强营销部门通过多种途径执行与管理多个市场营销活动的能力,特别是掌握基于 Web 的与基于传统模式的营销宣传、策划和执行的集成;对正在实施的营销活动进行有效的实时跟踪,并对活动的效果进行分析和评价;

帮助企业的营销机构进行管理，合理配置市场营销材料库存的宣传品及其他物资；实现对有效需求客户与有价值客户的跟踪、分配与管理；针对具有不同要求的有价值的客户，综合运用销售与服务实施满足客户个性化需求的个性化营销。

由于实施营销自动化的条件要求较高，因而营销自动化目前主要是在两类领域中运用较多。①高端营销自动化，主要集中在银行、电信等B2C类型的领域。因为，这些领域的客户群体庞大，实施客户关系管理系统有规模效应，为这些领域提供应用系统产品的主要是一些传统的数据库企业和基础硬件厂家。②Web营销自动化，这类营销应用软件产品主要面对的是B2B市场，该市场的客户数量大，但极为分散，企业在借助电话、传真、邮寄的办法之外，主要运用互联网作为营销工具。

(2) 销售自动化

销售自动化是基于现代信息技术，以自动化替代原有销售过程的技术。例如，销售自动化的实施可以帮助企业的销售机构和销售人员高质量地完成日程安排、进行有效的客户管理、进行销售预测、制作和提交销售建议书、定价与折扣策略的制定、销售地域的分配和管理，以及报销报告制度的建立与完善等。

(3) 服务自动化

服务自动化是企业依靠信息技术与手段，根据客户的背景资料和可能的需求，与客户进行的多种交流与沟通，并且在特定的时机提示客户服务人员有效、快捷、准确地满足客户的需求，从而进一步发展、维系与客户的关系。客户服务自动化主要具有以下功能。

① 客户自助服务功能。该功能是指当客户出现产品购买、使用、质量等方面问题时，可以通过Web自助服务，如FAQ、BBS等或拨打企业提供的免费电话自行解决问题。

② 客户服务流程自动化。该功能是指若客户不能自行解决问题时，可以通过各种渠道联系售后服务部门，从收到客户请求开始，全程跟踪服务过程，保证服务的及时性和质量。该功能能够自动地把客户信息、客户的交易信息等资料传递给相关服务人员，以便企业能够提供具有针对性的服务。

③ 客户反馈管理。该功能是指要及时对客户反馈的服务满意状况信息进行收集、整理和分析，建立快速的反馈机制，以减少客户因咨询、抱怨得不到及时回馈而不满。

④ 建立知识库。该功能是指以企业现有的管理系统为平台，帮助所有的服务人员共享服务经验，帮助维修人员进行故障诊断、技术支持，迅速提高新入门员工的服务意识和服务水平，实现客户服务问题的自动分析诊断。利用知识库需要具有强大的检索功能。

⑤ 收集信息。该功能是指要及时收集服务过程中发现的客户需求信息和潜在的购买意向；及时提交各有关部门与人员，以进行跟踪和管理。

⑥ 提供接口。该功能是指提供与客户服务中心的接口，支持采用不同方式与客户进行交流，包括互联网、电子邮箱、传真、交互式语言应答、电话等。

小案例

对于航空巨头来说，客户关系管理系统中最有用的功能莫过于能够在航班延误或取消的时候自动联系旅客了。在飞行前，旅客能在航空公司的主页上定制参与管理的策略，当航班被推延时，航空公司可以通过旅客所选择的方法与他们联系，并且给旅客提供几种替代的路线，然后旅客可以根据这些信息决定下一步的行动。

美国东北航空公司曾经是一家规模较大的航空企业，拥有为数众多的航线和大量的固定资产，但在20世纪80年代不得不宣布破产。其倒闭不是因为服务质量或其他原因，而是因为当其他航空公司纷纷采用计算机信息系统实现全国各地的代理商实时查询、订票和更改航班，或者在更改航班的时候通知客户，而其却仍然要用昂贵的长途电话方式人工运作。

2）接触功能

CRM系统通过引入呼叫中心技术，增加电话、电子邮箱、传真等多样化的与客户互动的接入方式，强化和提高了与客户交流与沟通的效果。同时，将门户技术引入客户关系管理系统，并与呼叫中心技术进行集成，实现了客户门户、伙伴门户、员工门户等，并能够为不同类型的客户对象提供交互语音应答服务，实现了呼叫中心的全部功能，增强了企业为客户服务的应急能力。

企业CRM系统必须协调这些沟通渠道，保证客户能够按其方便或偏好的形式随时与企业交流，并且保证来自不同渠道信息的完整、准确和一致。

3）数据库功能

数据库管理系统是CRM系统的重要组成部分，是客户关系管理思想和信息技术的有机结合，是企业前台各部门进行各种业务活动的基础。

从某个角度说，数据库管理甚至比各种业务功能更为重要。其功能体现在能够帮助企业根据客户生命周期价值来区分各种现有客户；帮助企业准确地找到关系客户群；帮助企业在最合适的时机以最合适的产品满足客户需求，降低成本，提高效率；帮助企业结合最新信息和结果制定新策略，塑造客户忠诚。

运用数据库这一强大的工具，企业可以与客户进行高效的、可衡量的、双向的沟通，真正体现了以客户为导向的管理思想，与客户维持长久的甚至是终身的关系，从而保持和提升企业短期与长期的利润。

小案例

英国领先的零售商乐购将超市中客户经常购买的商品分为50种类别，每种类别与消费者的一种生活习惯和家庭特征相对应，如"奶粉、尿片等类别"代表年轻父母，"水果、蔬菜类别"代表健康的生活习惯。

乐购通过客户在付款时出示"俱乐部卡"，掌握了大量翔实的客户购买习惯数据，了解了每个客户每次采购的总量，主要偏爱哪类产品、产品使用的频率等。通过软件分析，乐购将这些客户划分成十几个不同的"利基俱乐部"，如单身男人的"足球俱乐部"、年轻母亲的"妈妈俱乐部"等。

"俱乐部卡"的营销人员为这十几个"分类俱乐部"制作了不同版本的"俱乐部卡杂志"，刊登最吸引他们的促销信息和其他一些他们关注的话题。一些本地的乐购连锁店甚至还在当地为不同俱乐部的成员组织了各种活动。现在，利基俱乐部已经成为一个个社区，大大提高了客户的情感转换成本，成为乐购有效的竞争壁垒。

下面以Oracle的CRM产品为例，介绍CRM系统的主要功能，如表10-1所示。

表 10-1　CRM 系统的主要功能

主要模块	目标	模块的主要功能
销售模块	提高销售过程的自动化和销售效果	销售：此模块是销售模块的基础，用于帮助决策者管理销售业务，其主要功能是额度管理、销售渠道管理和地域管理
		现场销售管理：此模块为现场销售人员设计，其主要功能包括联系人和客户管理、机会管理、日程安排、佣金预测、报价、报告和分析
		现场销售/掌上工具：这是销售模块的新成员。该组件包含许多与现场销售组件相同的特性，不同的是该组件使用的是掌上型计算设备
		电话销售：此模块可以进行报价生成，订单创建、联系人和客户管理等工作。还有一些针对电话商务的功能，如电话路由、呼入电话屏幕提示、潜在客户管理和回应管理
		销售佣金：此模块允许销售经理创建和管理销售队伍的奖励与佣金计划，并帮助销售代表形象地了解各自的销售业绩
营销模块	对直接市场营销活动进行计划、执行、监视和分析	营销：此模块使营销部门能实时地跟踪活动的效果，执行和管理多样的、多渠道的营销活动
		其他功能：此模块帮助营销部门管理其营销资料、列表生成与管理、授权和许可、预算和回应管理
客户服务模块	提高那些与客户支持、现场服务和仓库修理相关的业务流程的自动化并进行优化	服务：此模块完成现场服务分配、现有客户管理、客户产品全生命周期管理、服务技术人员档案和地域管理等，通过与企业资源计划（ERP）系统的集成，可进行集中式的雇员定义、订单管理、后勤管理、部件管理、采购管理、质量管理、成本跟踪管理、发票管理和会计核算等
		合同：此模块主要用于创建和管理客户服务合同，从而保证客户获得的服务水平和质量与其花费相当。其可以使企业跟踪保修单和合同的续订日期，利用事件功能表安排预防性的维护活动
		客户关怀：这个模块是客户与供应商联系的通路。此模块允许客户记录并自己解决问题，如联系人管理、客户动态档案、任务管理、基于规则解决重要问题等
		移动现场服务：这个无线部件使服务工程师能实时地获得关于服务、产品和客户的信息。同时，服务工程师可以使用该组件与派遣总部进行联系
呼叫中心模块	利用电话来促进销售、营销和服务	电话管理员：此模块的功能主要包括呼入/呼出电话处理、互联网回呼、呼叫中心运营管理、图形用户界面软件电话、应用系统弹出屏幕、友好电话转移、路由选择等
		开放连接服务：此模块支持绝大多数的自动排队机，如 Lucent、Nortel、Aspect、Rockwell、Alcatel、Erisson 等
		语音集成服务：此模块支持大部分交互式语音应答系统
		报表统计分析：此模块提供图形化分析报表，可进行呼叫时长分析、等候时长分析、呼入/呼出汇总分析、坐席负载率分析、呼叫接失率分析、呼叫传送率分析、坐席绩效对比分析等
		管理分析工具：此模块可以进行实时的性能指数和趋势分析，将呼叫中心和坐席的实际表现与设定的目标相比较，确定需要改进的区域
		代理执行服务：此模块支持传真、打印机、电话和电子邮件等，自动将客户所需的信息和资料发给客户；可选用不同配置使给客户的资料有针对性

续表

主要模块	目标	模块的主要功能
呼叫中心模块	利用电话来促进销售、营销和服务	自动拨号服务：此模块可管理所有的预拨电话，仅接通的电话才转到坐席人员那里，节省了拨号时间
		市场活动支持服务：此模块可管理电话营销、电话销售和电话服务等
		呼入/呼出调度管理：根据来电的数量和坐席的服务水平为坐席分配不同的呼入/呼出电话，提高客户服务水平和坐席人员的生产率
		多渠道接入服务：提供与互联网和其他渠道的连接服务，充分利用话务员的工作间隙，收看电子邮件、回信等
电子商务模块	帮助企业把业务扩展到互联网	电子商店：此部件使企业能建立和维护基于互联网的店面，从而在网络上销售产品或服务
		电子营销：与电子商店联合，电子营销允许企业能够创建个性化的促销和产品建议，并通过网页向客户发布
		电子支付：这是 Oracle 电子商务的业务处理模块，帮助企业配置自己的支付处理方法
		电子货币与支付：利用这个模块客户可以在网上浏览和支付账单
		电子支持：允许客户提出和浏览服务请求、查询常见问题、检查订单状态。电子支持部件与呼叫中心联系在一起，可具有电话回拨功能

3. CRM 系统的类型

对 CRM 系统的分类，目前市场上流行的是美国调研机构 Meta Group 的划分方法，把 CRM 系统分为运营型（operational）、分析型（analytical）和协作型（collaborative）。

(1) 运营型 CRM 系统

运营型 CRM 系统也称"前台"CRM 系统，是整个 CRM 系统的基础，包括与客户直接发生接触的各个方面。如今市场上的 CRM 产品主要是运营型 CRM 产品。它的主要作用是：一方面，企业直接面对客户的相关部门在日常工作中能够共享客户资源，减少信息流动的滞留点；另一方面，企业以一种统一的视图面对客户，把由众多部门组成的企业变成单一的"虚拟个人"，让客户感觉公司是一个整体，并不会因为和公司不同部门或不同的人打交道而具有交流上的不同感受，从而大大减少业务人员在与客户接触过程中产生的种种麻烦和挫折。

运营型 CRM 系统的设计理念是在信息化时代，客户很容易从多种渠道获得相关信息，客户对单一方式的耐心指数也大大下降。对企业来说，保持客户关系变得越来越困难。运营型 CRM 系统通过提高企业业务处理流程的自动化程度，要求所有业务流程的流线化和自动化，包括经由多渠道的客户"接触点"的整合、前台和后台运营之间的平滑相互连接和整合。

运营型 CRM 系统可以为销售人员及时提供客户的详细信息，开展订单管理、发票管理和销售机会管理等；可以帮助营销人员计划、设计并执行各种营销活动；可以为现场服务人员提供自动派活、设备管理、合同及保质期管理、维修管理等。

相比之下，运营型 CRM 系统虽然具有一定的数据统计分析能力，但它是浅层次的，与以数据仓库、数据挖掘为基础的分析型 CRM 系统是有区别的。另外，运营型 CRM 系统不包含呼叫中心等员工同客户共同进行交互活动的应用，与协作型 CRM 系统也有一定的区别。

（2）分析型 CRM 系统

分析型 CRM 系统通常也称"后台" CRM 系统，它不需要直接同客户打交道，其作用是用于分析理解发生在前台的客户活动，主要是从运营型 CRM 系统所产生的大量交易数据中提取有价值的各种信息，为企业的经营管理和决策提供有效的量化依据。

分析型 CRM 系统主要面向客户数据进行分析，针对企业的业务主题，设计相应的数据库和数据集市，利用各种预测模型和数据挖掘技术，对大量的交易数据进行分析，对将来的趋势作出必要的预测或寻找某种商业规律。作为一种企业决策支持工具，分析型 CRM 系统用于指导企业的生产经营活动，提高经营决策的有效性和成功度。其适合有大量客户的金融、电信和证券行业。

（3）协作型 CRM 系统

运营型 CRM 系统和分析型 CRM 系统都是企业员工单方面的业务工具，在进行某项活动时，客户并未参与。而协作型 CRM 系统强调的是交互性，其借助多元化、多渠道的沟通工具，让企业内部各部门同客户一起完成某项活动。协作型 CRM 系统包括呼叫中心、互联网、电子邮件和传真等多种客户交流渠道，能够保证企业和客户都能得到完整、准确和一致的信息。协作型 CRM 系统的设计目的是让企业客户服务人员同客户一起完成某项活动，从而实现与客户的高效互动。

协作型 CRM 系统是一种综合性的 CRM 解决方式，它将多渠道的交流方式融为一体，同时采用了先进的电子技术，保证了客户关系项目的实施和运作。协作型 CRM 系统可以把分析型 CRM 系统提供的分析结果交给领导进行决策，同时通过合适的渠道（电话、电子邮件、传真、书信等方式）自动地分发给相关的客户。例如，企业已经分析出某一类客户可能会流失，则 CRM 系统自动地将这些客户的联络方式送到呼叫中心，通过呼叫中心和客户进行互动，给这些客户以关怀。这就需要协作型 CRM 系统。

协作型 CRM 系统主要做协同工作，适用于那些侧重服务和客户沟通频繁的企业。其不拘行业，适用于任何需要多种渠道和客户接触、沟通的企业，具有多媒体、多渠道整合能力的客户联络中心是协作型 CRM 系统的主要发展趋势。

（4）3 种 CRM 系统之间的关系

这 3 种类型的 CRM 系统都是侧重某一个方面的问题，因此是不完全的。运营型 CRM 系统和协作型 CRM 系统主要解决企业内部工作效率及交易数据的采集问题，并不具备信息分析的能力，只有分析型 CRM 系统最具信息分析价值。在 CRM 系统的实际项目中，3 种类型的 CRM 系统往往是相互补充的关系。要实现企业与客户之间的联动机制，就需要将 3 种类型的 CRM 系统结合在一起。

一个完整的、典型的 CRM 系统在实际中其实并没有严格意义的运营型、协作型和分析型的界限。如果将 CRM 系统比作一个人，则分析型 CRM 系统是人的大脑，运营型 CRM 系统是人的手和脚，而协作型 CRM 系统有点儿像人的感觉器官。虽然不完全贴切，但的确有一定的相似性，三者共居于一个系统之中，共同完成同一个企业目标，即为维护良好的客户关系服务。3 类 CRM 系统的功能定位关系如图 10-1 所示。

企业如果要想选择和实施 CRM 系统，应该选择哪种类型的 CRM，是先上分析型

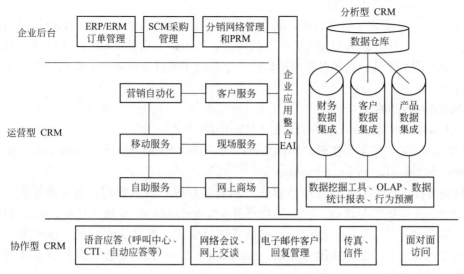

图 10-1 3 类 CRM 系统的功能定位关系

CRM，还是先上运营型 CRM，或者协作型 CRM，完全取决于企业的现状。但无论怎样，企业的 CRM 系统一定要整体设计，可以先从最紧迫的需求做起，这样投资小、见效快、风险少，是一种切合实际的做法。

任务二　主要的 CRM 产品介绍

当前，国内 CRM 市场处于启动期。一方面，国外 CRM 软件商开始进入我国，并加大开拓我国市场的力度；另一方面，国内的软件商也已经推出或正在开发 CRM 软件。就 CRM 的厂商来说，市场份额比较分散，而且竞争态势变化很快。目前，CRM 产品主要有以下 5 种。

1. Siebel（希柏）

作为 CRM 的先驱者和开拓者，Siebel 公司在全球拥有超过 300 万的实际用户。该公司于 2005 年被 Oracle 公司并购。该公司的 CRM 产品几乎涵盖了 CRM 的所有领域。它提供的 CRM 解决方案主要有 ".com" 套件、呼叫中心套件、现场销售和服务套件、营销管理套件和渠道管理套件。

产品线的齐整是 Siebel 公司的一大优势，但有人认为，Siebel 公司的内部框架不是互联网友好型的，但是它的产品历史长。Siebel 公司定位于高端市场，也提供上述套件的中小企业版本。

2. Oracle（甲骨文）

作为世界上最大的数据库公司和第二大软件制造商，Oracle 公司从 20 世纪 80 年代开始就已领导数据库行业，并成长为财富 500 强企业之一。Oracle 公司的 CRM 产品的当前版本是 Application 11i，提供了从 ERP 到 CRM 到电子商务的一体化解决方案，在 CRM 市场上对Siebel公司形成了有力的挑战。

Oracle公司是模块化的倡导者，其CRM产品按不同的功能分为很细的模块，为用户提供了自由选择、二次开发和根据需要扩充的可能。Oracle公司的CRM产品可以分为5个主要模块：销售应用软件、市场营销应用软件、服务应用软件、呼叫中心应用软件和电子商务应用软件。

3. SalesLogix 2000

SalesLogix 2000是Best软件公司的CRM产品。

SalesLogix 2000有4个组件：SalesLogix for sales、SalesLogix for marketing、SalesLogix for support和SalesLogix for e-business。

在销售方面，SalesLogix 2000所提供的功能包括客户信息管理、制定销售流程、日程和日志管理、工作报告与评估。除上述功能外，SalesLogix 2000还支持电话销售和自助销售。在市场管理方面，SalesLogix 2000提供了项目管理、客户线索分配、自动客户追踪管理和市场分析报告等功能；在服务方面，SalesLogix 2000提供了客户服务信息数据库和客户服务知识库等功能。

4. 开思/CRM-star

开思软件总部在北京，2001年被金蝶软件并购。它的CRM产品发布于2000年3月，名为开思/CRM-star，基于Lotus Domino/Notes R5以上平台。它的模块设置和功能有系统设置模块、客户资料管理模块、客户跟踪管理模块、客户服务管理、业务知识管理、客户关系研讨和电子邮件。

5. Kingdee EAS-CRM

Kingdee EAS-CRM是金蝶公司开发的CRM软件，定位于中高端市场，与它的K3ERP是全面集成的。其主要功能有7个模块：系统设置模块、销售管理模块、服务管理模块、市场管理模块、商业智能分析模块、客户在线模块和离线应用模块。

总体上，国外CRM软件商的产品具有很强的整体实力，但发展不平衡；国内CRM软件商的产品整体实力相对较差，同时发展也相当不平衡。不同厂商的产品其功能和可实施性不尽相同，企业在选择CRM产品时应根据自己的实际需求进行综合分析。

项目小结

本项目介绍了CRM系统的特点、功能和分类，介绍了市场上常见的5种CRM产品。

优秀的CRM系统的特点包括智能分析功能齐全、系统安全技术完善和兼容性好。

CRM系统的主要功能包括业务功能、接触功能和数据库功能。

CRM系统一般分为运营型CRM、分析型CRM和协作型CRM。在CRM系统实际项目的运作中，这3类CRM是相互补充的关系，如果将CRM系统比作一个完整的人，运营型CRM应用系统是"四肢"，分析型CRM应用系统是"大脑"，协作型CRM应用系统就是"感觉器官"。

案例分析

中外运敦豪（DHL）公司的 CRM 系统

借助现代 CRM 系统手段，中外运敦豪（DHL）公司将业务流程中的物流和信息流高度地融合在一起，业务处理效率非常高。

在 DHL 公司，一个快件从发件人那里发出到最后收件人的手中，所有的步骤都产生信息点，使无论身处何处的货件都可以被实时跟踪。DHL 公司的每一个派送员都有一把价值 2 500 美元的无线电子扫描枪，当有客户打电话或上网要求 DHL 公司快递物品的时候，派送员会随身带上无线扫描枪，来到客户所在地，用扫描枪把运单上运单号的条形码，填写着物品名称、客户姓名、地址，以及收件人姓名、地址、电话等信息扫进扫描枪，形成电子化的记录。15 分钟以后，这个记录会通过 GSM 网络上传到 DHL 公司的网络上，从 DHL 全球的数据库上就能够看到这条信息，包括收件人也能看到这条信息。

快递业务最核心的部分是分拣，这也是最容易出问题的环节。DHL 公司的 CRM 系统设定了两道防线。第一道防线在运货单上，每一单快件的信息（包括目的地在内）在分拣之前，就被录入到计算机中，计算机会把这些数据统计出来，如运往基地的共有多少件。第二防线是在快递员分拣的时候，每放一件到传送带上，又会进行一次扫描，并给出一个数据，把这个数据与之前生成的数据进行核算和核对。

在分拣完货物，运往不同地方的包裹被装袋后，这些大袋马上就被运往口岸的 DHL 作业中心，在这里这些袋子会被再扫描一次，作为装集装箱前的最后确认。

当飞机还在天上飞的时候，DHL 公司通过 CRM 系统进行清关的工作就已经开始了。在集装箱被装上飞机后，DHL 公司的快件预先清关系统（CIA）把形式发票和一些报送用单据的扫描件通过电子文件的形式传到对方的国家，如果对方国家的海关有电子系统的话，会直接对 DHL 公司传过来的资料进行判断分析，然后作出 3 种决定：对文件形式的快件直接清关；对包裹形式的快件，给出税额，以便缴税；对有问题的快件，进行扣留。然后，将产生的数据传给 DHL 公司的 IT 系统，DHL 公司会对这 3 种决定采取不同的处理措施。在飞机还没有到达对方国家的时候，所有的清关工作就已经结束了。

在强大的 IT 运营支撑系统和 CRM 系统的支持下，DHL 公司不仅实现了"快速、安全、可靠"日益完善的快递，更是超出了客户的习惯期望，提供"快乐"的服务。

DHL 公司有专门支持重要客户的日常工作并致力于满足不同客户特殊需求的系统，重要客户与销售部、地面作业部和口岸作业部的相关同事密切配合，不断努力创新，令客户"想到量身定做的客户服务，想到中外运敦豪"。

问题分析

在电子商务飞速发展的今天，物流业在迅猛发展的同时，如何运用和发挥 CRM 系统的作用，以保证企业时刻满足客户不断变化的需求，获得稳定的、可持续的发展？

实训设计

【实训目标】理解 CRM 系统的特点和主要功能。

【实训内容】二选一：

1. 选取房地产、制造、物流、旅游等行业中的典型代表企业，通过网络搜索或实地调查，了解其 CRM 系统的特点，以及在企业发展中所起的作用。

2、以小组的形式调查身边的超市、商场或公司企业等，了解企业是否应用了 CRM 系统，并了解其客户关系管理的思想状态，以及 CRM 系统在实际应用中的效果情况。

【实训时间】调查时间一天，课堂汇报、总结时间 90 分钟。

【操作步骤】

1. 分组实施，小组成员共同调研、查找资料，编写调查报告。
2. 各小组选派代表向全班汇报本小组的调查经过及调查结果（PPT 展示）。
3. 教师总结。

【成果形式】小组调查报告。

【实训考核】

1. 小组调查报告的质量。
2. 小组汇报的质量。

项目十一
企业 CRM 系统的选择与实施

【学习目标】

知识目标
1. 了解市场常见的 CRM 产品的性能。
2. 熟悉企业选择 CRM 产品的依据。
3. 了解企业实施 CRM 系统应做好的准备和实施步骤。

能力目标
1. 能够根据企业特点提出选择适宜的 CRM 产品的建议。
2. 能够对企业实施 CRM 项目的步骤做到心中有数,坦然面对变革。

【引导案例】

20 世纪 90 年代早期,挪威最大的储蓄银行——挪威联合银行拥有超过 100 万的个体客户和企业客户,但它发现自己正逐渐与客户失去联系。因此,迫切需要尽快行动起来。这不仅意味着要实施客户关系管理,还意味着要改变 3 000 名银行员工的工作方式。

挪威联合银行管理层看到虽然银行储存着客户数据,但大多数信息分散在多个运作系统上。为了获取客户的基本信息,银行需要寻找、收集、综合所有系统中的信息。这个流程有可能要花费数日。

银行主管们在思考,如果要获取(更重要的是使用)相关的客户信息,银行需要一个完整统一的客户视图。这需要整合所有不同系统上的客户数据。事实上,银行认识到这种视图不仅要扩展到不同的产品,还要扩展到营销渠道及客户的人口统计资料。如果银行能够追踪客户行为,则对客户的未来行为和偏好会有一种更好的理解。这种新信息能够驱动交叉销售和目标营销创新,并肯定会提高收入和进一步降低成本。银行希望通过系统为员工提供一种集中化的分析平台,以确定谁是他们的客户。

另外,为了削减数据收集的成本和时间耗费,数据库将提供 360 度客户视图,以使银行进一步认识客户。挪威联合银行除了日常分析,还将对市场机会迅速反应的能力与客户的信息联系起来,以提高市场份额。

挪威联合银行还使用其最新的强大客户数据来协调渠道优化。例如,对于没有使用最适合他们的账单支付服务的客户,银行通过一个特定的促销来告知他们使用最好的支付服务将为他们节约多少资金。这不仅帮助银行削减了用于昂贵服务的成本,而且逐渐给客户灌输了这种理念:银行是客户的拥护者。

挪威联合银行成功地为客户提供了更加自动化的方式来办理银行业务。这种自动化不断地降低挪威联合银行的成本,并帮助银行减少了其他银行所遭受的损失。挪威联合银行使用的这种更加自动化的办理银行业务的系统就是 CRM 系统。

不同的企业应该怎样做才能拥有一套适合自己企业需要的 CRM 系统呢?

任务一　企业如何选择 CRM 系统

在电子商务时代,企业通过引进 CRM 系统实现客户关系管理的信息化势在必行。企业不仅要十分熟悉自己的运作规律、业务流程和目标客户群,而且还要非常熟悉 CRM 系统的基本内涵、基本功能、实施的基本步骤,以及实施 CRM 系统可能带来的问题。人们必须具备这两方面的知识,才有可能发现适合企业的 CRM 系统,才有可能让软件开发商根据企业的实际情况和现实需求,开发出适用于企业的 CRM 系统。

CRM 产品属于大型的管理软件,具有实施周期长、复杂程度高和企业影响面广的特点,产品选择是否恰当会直接决定项目的成败,甚至会影响企业未来的发展。因此,一旦选定某种产品,将会与供应商结成非常紧密的关系,并且变更产品的成本非常大,这使企业很容易被锁定。而目前我国的 CRM 市场还处于培育阶段,市场的不成熟必然会影响 CRM 产品供应商推出的产品质量。所以,企业在选择 CRM 产品时要非常慎重。

但无论如何,企业选择 CRM 产品的核心准则应该始终是以客户为中心、以需求为驱动。企业判断一个 CRM 产品是否能够满足自身需求,应该从产品的业务功能、技术和供应商 3 个方面来考虑。

1. 选择业务功能

CRM 系统强调的是实现业务需求,因此选择 CRM 系统首先要考虑的是其是否能够实现企业的业务需求,功能是否满足确定的流程要求。

1) 明确企业的需求

能否满足企业功能需求是选择 CRM 产品的首要考虑因素。企业应该选择 CRM 系统,首先必须明确自己的业务需求。就像人们去市场买衣服一样,如果不明确自己的需要和关键需求,就很难明确适合自己衣服的款式、颜色和价位等,也就很难在发现了颜色、价位适合自己,但款式偏离的衣服时作出理性的选择,从而很难买到真正适合自己的衣服。

因此,企业选择 CRM 系统,首先最重要的是明确自己的需求,进而明确 CRM 系统的哪些功能能够满足企业的需求。也就是说,对 CRM 产品功能定义的最好方法是先明确业务流程,然后找出其中具体的功能,每种功能都与一个业务需求相对应。

当相关的主要功能明确后,就可以在此基础上进行细化。例如,明确应用权限与功能,可以根据岗位与业务角色,明确各角色在系统中的应用权限与详细应用功能。确定功能规格与应用界面,可以根据应用要求,确定应用界面与详细的信息格式和展现方式等,当完成这些工作之后,选择产品就会变得比较容易。

一般而言,当企业已经做好业务规划、明确业务功能需求之后,就开始根据自身要求选择合适的产品,有的企业是在流程重组之后选择产品,也有的企业将之与流程重组结合在一起同时进行。

2) 界定 CRM 产品的关键功能

在 CRM 市场上，可能有很多不同的产品具有类似的功能，但其深度和广度可能有所区别。这时候，企业需要通过对自身关键功能的界定来评价不同产品的优劣势。因为，不可能所有的产品都能满足企业全部的功能需求，那么哪些关键功能是不可或缺的则成为选择的标准之一。

确定关键功能的前提是企业要对现有流程有清晰的认识，梳理并优化现有流程是核心的步骤。在梳理流程的过程中，企业要注意区分哪些流程是重要流程，哪些流程能够给企业带来比较大的利益，哪些流程是企业希望管理起来但现在人工很难达到的。那么，哪些功能是必要的、关键的，而哪些功能是不重要的，就随之清楚了。

根据帕累托法则，企业只要管理好 20% 的流程，就可以帮助企业带来 80% 的效益。所以，企业要根据重要程度和流程的含金量，来确定哪些是这 20% 的流程，这些流程的相关功能是选择 CRM 产品的重要依据。具体的操作可以重点从客户接触点出发，因为 CRM 系统的核心作用是让企业流程围绕着客户，在整个客户生命周期中，通过电话、传真、电子邮件或面谈等方式，促进客户与企业的多个部门发生直接或间接的联系。

企业能否明确自身需要和关键需求，往往决定着企业 CRM 系统实施的成败。为加速和准确把握企业需求，可采用行业化的 CRM 平台或相关应用进行示例与引导，也可以对现有 CRM 产品的业务流程进行分析参考，这样可大大提高应用需求分析的质量与效率。

2. 选择技术

众所周知，当今技术的发展速度非常快，软件的生命周期在不断缩短，硬件的更新每隔一段时间就会上升一个数量级，技术发展会为企业 CRM 产品选择带来一定的风险。所以，企业在选择 CRM 产品时，不仅要考虑产品能否满足自己的业务需求，还要考虑技术发展状况，以保证企业购买的 CRM 系统所采用的技术与企业未来的技术环境，以及合作伙伴的技术环境能协调共存。因为，是否选择了恰当的技术架构会极大地影响企业的未来应用。

企业选择 CRM 产品应考虑两个技术因素：①该软件产品的基础技术体系架构；②实施该 CRM 产品之后，企业的系统整合风险。

1) CRM 软件的体系架构

现在市场上的 CRM 软件，其体系结构基本上有两种形式。一种是比较传统的 C/S（客户-服务器）结构；另一种是现在比较时尚的 B/S（浏览器-服务器）结构。这两种体系结构，各有其特点。

C/S 结构，即 Client/Server 结构，通过将任务合理分配到 Client 端和 Server 端，降低了系统的通信开销，可以充分利用两端硬件环境的优势。早期的软件系统多以此作为首选设计标准。由于其客户端实现与服务器的直接相连，没有中间环节，因此响应速度较快。此外，C/S 结构的管理信息系统具有较强的事务处理能力。

但这种 C/S 模式的缺点也很明显。①只适用于局域网（九天 CRM 软件也可适用于外网）。而随着互联网的飞速发展，移动办公和分布式办公越来越普及，这就需要企业的系统具有扩展性。这种远程访问方式需要专门的技术，同时要对系统进行专门的设计来处理分布式的数据。②客户端需要安装专用的客户端软件。首先，涉及安装的工作量；其次，任何一台计算机出问题，如病毒、硬件损坏，都需要进行安装或维护。特别是在有很多分部或专卖店的情况下，不是工作量的问题，而是路程的问题。并且，在系统软件升级时，每一台客户机都需要重新安装，其维护和升级成本非常高。③对客户端的操作系统一般也会有限制，可能适应于 Windows XP，但不能用于 Windows 7 或 Windows Vista，或者不适用于微软新的操作系统，更不用说 Linux、UNIX 等。

B/S 结构，即 Browser/Server 结构，是随着互联网技术的兴起，对 C/S 结构的一种变化或改进的结构。在这种结构下，用户界面完全通过 WWW 浏览器实现，一部分事务逻辑在前端实现，但是主要事务逻辑在服务器端实现，形成所谓 3-tier 结构。B/S 结构主要是利用了不断成熟的互联网浏览器技术，结合浏览器的多种 Script 语言（如 VBscript、Javascript 等）和 ActiveX 技术，用通用浏览器就实现了原来需要复杂专用软件才能实现的强大功能，并节约了开发成本，是一种全新的软件系统构造技术。随着 Windows 98/Windows XP 将浏览器技术植入操作系统内部，这种结构更成为当今应用软件的首选体系结构。

B/S 结构的优点是：①具有分布性特点，可以随时随地进行查询、浏览等业务处理；②业务扩展简单方便，通过增加页面即可增加服务器功能；③维护简单方便，只需要改变网页，即可实现所有用户的同步更新；④共享性强。

B/S 结构的缺点是：①响应速度不及 C/S 结构，随着 AJAX 技术的发展，它比传统 B/S 结构软件提升了一倍以上的速度；②用户体验效果不是很理想，B/S 需要单独界面设计，厂商之间的界面也是千差万别。

由于浏览器刷新机制，使用时有刷屏现象，好在有 AJAX 技术解决这一难题，像用友、智赢等公司开发的 B/S 架构软件的用户体验效果与 C/S 架构软件差不多。

上述两种技术架构各有优缺点，对于企业而言，若很自信自己的业务逻辑，系统部署在很长时间可能都不会发生变化，那么 C/S 体系架构的优势会很明显，系统运行效率很高；但是，如果无法预知未来的变化，并且相信变化会随时发生，那么多层的 B/S 体系架构的 CRM 产品可能会更适合企业。

2）企业的系统整合风险

企业选择 CRM 产品要考虑该产品与企业其他系统之间的整合风险。CRM 系统是否能够与企业现有的应用系统，包括财务、采购、库存、制造和统计系统相集成，消除数据与应用的不一致性，这也是技术选择的风险之一。

一般而言，可以注重考察 CRM 产品是否符合业界标准的整合能力。很多实力较强的独立软件开发商面对这种整合需求时，为第三方和用户提供了一定的整合接口，使其产品具备一定的友好特性，用户可以很方便地打开软件的"黑箱"实现企业应用集成的需要。对于一些处于发展中的软件企业而言，其可能暂时不能提供这样的接口。在这种情况下，企业则需要考虑软件提供商的未来发展趋势，是否确实有针对整合接口的开发计划等，即使现在企业不需要考虑整合问题，未来也一定会面对的。

虽然，技术层面内容的选择在 CRM 项目选型中不是首选，但是有时出于一些特殊的目的和环境的限制，CRM 软件的实现技术也会左右企业 CRM 产品的选择。

3. 选择供应商

企业在准确理解自己对 CRM 产品的功能与技术需求之后，应该不难找到满足需求的产品。接下来的问题是企业如何在可能适合的几个 CRM 产品解决方案中进一步缩小选择范围。因为，CRM 系统的实施及使用是一个长期的过程，选择了 CRM 供应商，实际上也就是选择了一个长期的合作伙伴，所以与供应商合作的融洽程度也在一定程度上决定了企业 CRM 系统实施的成败。

企业在选择CRM产品供应商时,可以从供应商产品的特长、技术功能、实施支持,以及以往成功案例用户参考等方面对其进行全方位的考察。

1) 供应商的产品特长与功能

根据国外供应商是否在国内设立研发机构,CRM软件供应商可以分为国内供应商和国外供应商。注册地在国内的就称为国内供应商,注册地在国外的就称为国外供应商。根据TurboCRM公司(中国CRM领域的领导厂商)行政总裁薛峰的观点,国外CRM软件供应商又可分为以下两类。

第一类是在我国没有设立CRM研发机构,主要是做销售和服务的厂商,典型的如Siebel、Oracle等公司。他们的产品具有明显优势,功能完备,并且有非常好的实施经验,价格也最贵,更适合于为特大型企业提供产品,但是对本地企业的需求考虑得比较少。

我国用户在选择这类厂商的产品时要考虑两个问题:①要看企业的规模和投资够不够;②要看供应商能否提供更多本地化的帮助。在实施的过程中,我国企业的运营模式和国外的企业可能有所不同,需要对软件做某些修改。而大的软件厂商其研发是在国外,在全球有很多大宗生意,我国市场相对其总体销售额的比例还很小,因此可能照顾不到我国用户的特殊需求。这些软件厂商的研发机构熟悉的是西方管理模式,对我国的管理现状可能不是很了解。

第二类是外商独资并在我国设立了研发机构的厂商,TurboCRM公司就属于这一类。他们把国外的CRM系统重新进行改造,根据我国企业的管理模式进行了修改,包括管理方法、报表的形式都完全按我国的形式加以改造。这类厂商目前很少,其产品比较适合有一定规模和管理基础的大中型企业。

2) 供应商的成功经验

我国用户选择国外的CRM解决方案,除了要考虑其在CRM技术上突出外,还要看对方是否有良好的本地化的商业及行业知识。最好是拥有众多实施CRM系统的成功案例,特别是相似企业的案例。如果有一个本地案例当然更好,但到目前为止我国的成功案例还非常少。此外,企业还要了解外国供应商在我国与代理商合作的实际情况,他们必须成立强有力的本地化业务小组,能够制订针对性的、特定的解决方案。

3) 供应商的成本构成

在与供应商谈判时,企业还要注意的是了解实施的成本。一般业内估计CRM项目成本的标准是软件占成本的1/3,咨询、实施和培训占2/3。

此外,还有一种应用服务提供商(application service provider,ASP)有助于企业投入较少的资金,而获得较高的应用软件价值。对一些资源匮乏的小企业,在希望能尽快实施CRM系统,却没有足够的时间或能力去雇用相应的技术人员和引入必要的设备的情况下,也是一种不错的选择。这种托管CRM系统能够满足中小企业希望投资少、见效快、风险低的需求,从而赢得了众多客户的青睐。越来越多的CRM厂商开始涉足该领域。拥有大批中小企业用户的我国CRM市场才刚刚起步,目前这一市场的普及率还很低,因此托管型CRM系统在我国的前景非常看好。

但是,有些行业专家对此也有不同见解。他们认为,预置型CRM系统才是正统,ASP-CRM系统存在很多不足,如无法满足企业个性化需求、企业机密资料有可能外泄,以及长期运行后额外成本会不断增高等。

总体而言，对于大多数的中小企业采用ASP服务来实施CRM系统是一个很有吸引力的选择。现在有些大企业，如AMD、美国在线等也开始使用托管型CRM系统，但托管型CRM系统并不会完全取代传统CRM系统，毕竟各自都有对方所不具备的优点。只有对两者的区别有详细的了解，并且对企业的状况经过全面的评估与详细的规划，企业才能找到最匹配自身需求的方式。

任务二　企业如何实施CRM系统

在现实情况中，有些企业引进了CRM系统，但出于成本的考虑，只实现了CRM系统的基本功能，CRM系统涉及的分析功能未能充分实现，达不到企业促进业务发展的预期；还有些企业引进了CRM系统，却发现系统不适用，这些都会造成企业内部抱怨不断。

其实，实施CRM项目是个系统、复杂的工程，也是一个长期、持续的系统工程，因为它不仅涉及企业内所有员工客户服务理念的转变，而且客户服务的工作流程、工作方式也会因此改变。如果在实施前，企业不做足基础准备工作，或者模仿、照搬别人的系统，就有可能导致上述低收益情况的出现。

CRM系统的实施主要从两个层面考虑。①从管理层面来看，企业需要运用CRM系统中所体现的思想来推行管理机制、管理模式和业务流程的变革。管理的变革是CRM系统发挥作用的基础。②从技术层面来看，CRM系统是支撑管理模式和管理方法变革的利器。企业通过建立CRM系统，以实现新的管理模式和管理方法。这两个方面相辅相成，互为作用。一个企业要想真正让CRM应用到实处，必须要从这两个层面进行变革，并应按照项目管理的要求对CRM进行系统的项目管理。

1. 企业实施CRM系统前的准备

CRM项目不只是一套软件、一套系统，而是涉及企业经营管理战略、业务流程、绩效考核和人员组织等方面变革的大工程。很多企业实施CRM系统的结果与期望值相差甚远，其中的原因有很多，但大多都可以归结到管理而不是技术。因此，企业需要从管理层面入手，实施CRM系统前要做好充分的准备工作。

1) 企业高层管理者对实施CRM项目达成共识

企业高层管理者要对实行CRM系统给企业带来的长期利益，以及CRM系统实施过程中可能出现的震荡都要了然于心，并做好必要的应对。

由于CRM系统的成功需要全员的参与，CRM项目的实施不可避免地会使业务流程发生变化，同时也会影响人员岗位和职责的变化，甚至引起部分组织机构的调整。组织的变动必定会引发一些人的反对。如果不能让全体员工意识到CRM系统将对企业产生长期好处，实施过程中的阻力可能产生致命的作用。CRM系统会给企业带来长期价值，但同时是一项管理的变革，最初阶段通常看不到回报，有时因为体系的震荡可能会使业绩有所下降。但只要方向清楚，客户利益与企业利益的结合必定产生最大的价值回报。

实践证明，如果企业高层领导对CRM系统没有深刻的认识，往往会在遇到困难或内部反对时，缺乏耐心和投入精力与每一个部门沟通，最终导致CRM系统实施无疾而终。

高层领导一般是销售副总、营销副总或总经理,他们是项目的支持者,主要作用体现在3个方面:首先,他们是 CRM 目标的制定者;其次,他们是 CRM 系统实施的推动者,向 CRM 项目提供为达到设定目标所需的时间、财力和其他资源;最后,他们还是 CRM 系统实施的引领者,要确保企业上下认识到实施 CRM 系统工程对企业的重要性。

2) 加强企业员工的相关学习与培训

企业员工是 CRM 系统实施中的主体,其最终的实施成果是由企业员工的工作体现出来的,因此每一位员工对 CRM 系统的正确理解与熟练使用都是关系实施成效的关键。

员工在这一过程中,要不断地学习了解提高客户价值和公司价值的方法;学习通过"对话"这一最基本但又最重要的方法与客户保持长期的关系;学习不断采用新的信息分析方法提高认识客户的知识。

同时,公司还应投资于知识管理,让员工在工作中总结出来的知识得到最大限度的推广。不仅如此,企业对于新系统的实施还需要考虑对业务用户的各种培训,以及为配合新流程所做的相应外部管理规定等内容。这些都是成功实施 CRM 项目所必需的。

企业必须清楚:"欲速则不达",CRM 项目是一个不断发展的过程,需要持续的努力和不断的投入以获得进一步的成功。在实施上建议采取渐进策略,如先推行 CRM 系统的部门可以通过定期的公告、会议,或者内部网站等多种形式向其他部门通告最新消息,展示已有成果,为进一步推广奠定基础。

2. 企业实施 CRM 系统的步骤

客户关系管理系统可以帮助企业实现销售、营销和客户服务等业务环节的自动化,并对这些环节进行管理和有效的整合。要成功实施 CRM 系统必须遵循科学的步骤。

1) 拟定战略目标

CRM 系统的实施必须要有明确的远景规划和近期实现目标。在确立目标的过程中,企业必须清楚建立 CRM 系统的初衷是什么。CRM 系统的实施起始点应该是从企业客户开始,在客户需求的基础上明确企业的客户策略,然后以客户为中心来设计合理的流程,最后再选择合适的软件或工具进行技术支持来保证以上需求的实现。实施 CRM 系统的注意力应该始终放在业务流程上,而不是放在系统和技术上,IT 技术只是促进因素,它本身并不是解决方案,要避免在实施过程中对技术实现手段先进性的无限制地追求。

有了明确的规划和目标后,企业需要考虑这一目标是否符合企业的长远发展计划,是否已得到企业内部各层人员的认同,并为这一目标做好相应的准备。

2) 确定阶段目标和实施路线

CRM 项目作为一项复杂的系统工程,必须根据企业目前的实际需求及实施能力,确定分阶段的工作实施目标。在尽可能完成全面规划的同时,更要注重将总目标进行分解,保证每个阶段的工作符合当时企业的实施能力与实际需求,做到阶段实施、阶段突破,才能保证 CRM 系统实施工作能够长久顺利地开展。

具体来说,在实施 CRM 系统之前,项目决策人应根据企业的现状,将最需要解决的问题和期望的效果按照优先级高低不同进行排序,以此来确定具体的实施目标。在实施目标的基础上,项目决策人再适当加以细化与量化。

3) 分析组织结构

在"以客户为中心"这一根本原则指导下,企业需要确定增加哪些机构、合并哪些机构,然后再与客户共同分析每个组织单位的业务流程。

4)设计客户关系管理架构

CRM 系统功能的实现需要企业结合自身的业务流程细化为不同的功能模块,然后设计相应的 CRM 架构,包括确定要选用哪些软硬件产品,这些产品需要具有哪些功能。

5)评估实施效果

实施效果的评估依据主要从以下方面来衡量:该系统是否帮助企业实现了管理理念、结构、过程的转变;是否实现了企业业务往来的渠道畅通有序;能否对市场活动进行新的规划和评估;能否拥有对市场活动的分析等。

小案例

康佳集团 CRM 项目实施分为两个阶段:第一阶段是建立销售管理,实现企业营销自动化(CA)和销售自动化(SFA)两个系统功能的集成;第二阶段是建立客户服务系统,即实现全国服务机构的管理和支持。

1999 年 3 月,康佳集团与国能科诺商业软件有限公司(以下简称国能科诺)合作开发其 CRM 销售系统。国能科诺的 CRM 解决方案采用多级体系结构和可规模化的软件集成架构,以互联网为远程通信媒体,其主要内容包括:①应用于销售领域的网络化销售管理系统(SDM),解决分支机构信息管理、风险控制、流程自动化问题,可与 ERP 系统达成良好兼容;②应用于服务领域的客户服务系统(CSM),具有客户以多种方式与企业交流、客户信息全面实时收集和需求挖掘、服务系统监测、客户态度反馈等功能,完全可以与动态网站衔接,实现真正的电子商务体系;③应用于市场领域的决策支持系统,从不同角度提供成本、利润、生产率、风险等信息,并对客户、产品、职能部门、地理区域等进行多维分析。

康佳集团选择了国能科诺 CRM 解决方案中最核心和成熟的模块——网络化销售管理系统(SDM)。经过一年多的努力,康佳集团已通过互联网建立了覆盖全国 60 多家分公司、200 多家经营部的分销信息网络系统。

实际运行表明,其 SDM 各项功能及性能指标达到了预期目标,基本可以完成以下功能。①销售业务流程自动化,包括订单处理、仓库管理、客户信息、信用管理、业务统计等功能,可实现销售信息和客户信息的实时互动传送,以优化销售来提高效率,防范经营风险,增加销售收入。②动态库存调配管理,可实现实时动态的库存信息查询,随时提供库存的最新状态和数据,保证企业库存的合理调配。③客户信息和风险控制,客户主要是指分销商,可实现分销商业务信息的及时反馈,可为分销商提供市场信息和促销支持,快速建立统一的营销机制。④市场分析与决策支持,即通过销售业务数据的实时收集和统计分析,产生销售、库存、发货、回款等业务报表,为公司中高层管理人员提供决策依据。

项目小结

本项目分析了企业应该如何选择并实施适合自己的 CRM 系统。

判断一个 CRM 产品是否满足企业需求,应该从 3 个方面来考虑,即产品业务功能、技术和供应商。企业成功实施 CRM 系统的步骤包括拟定战略目标、确定阶段目标和实施路线、分析组织结构、设计客户关系管理架构和评估实施效果。

案例分析

不同行业如何制定 CRM 战略

不同行业企业从长远考虑都会实施 CRM 战略，根据其自身行业特点，引入适合本企业的 CRM 系统。在此，我们选择三个有代表性的企业，分别为华夏银行、驴妈妈旅游网、中欧国际商学院，介绍它们的 CRM 战略内容。

作为一家股份制银行，为了提升客户营销与服务能力，提高客户满意度与企业整体盈利能力，打造核心竞争优势，华夏银行在企业内部推行了客户关系管理系统建设。华夏银行 CRM 战略采用总行、分行两级架构，分布式实施。在客户管理模块中，主要提供客户信息查询及与客户相关的各项管理功能，包括客户查询、客户视图、客户信息维护、历史查询等功能。CRM 为华夏银行提高精细化运营、深化结构调整、加强客户关系建设、推动营销服务能力等提供了有效的工具，提高了银行在市场上的竞争力。

驴妈妈旅游网是中国新型的 B2C 旅游电商网站，能够为客户提供一站式旅游服务。为了提升社会化客服能力，以更好地服务客户，驴妈妈搭建了社交化客户关系管理系统（social customer relationship management，SCRM）。驴妈妈利用 SCRM 用户标签分析方法，对注册用户进行精细化分组管理，进行精准营销。针对用户使用其微信公众号的偏好，运用大数据技术，对获取的消费者的基本信息，从消费能力、旅游偏好、个性特征、旅游目的地等方面，设计不同维度的标签。并且，利用大数据技术对消费者进行用户画像，为客户与企业之间的沟通提供依据，有效提高企业客户关系管理能力。

中欧国际商学院是一所由中国政府与欧洲联盟联合创立的世界顶级商学院，也是中国内地 MBA 及 EMBA 课程的开发者。学院为满足学员的个性化学习需求，提高学院管理效率，引入了 CRM，使得中欧商学院能够更加了解学员的独特性需求及他们的个性特征，为学员提供定制化的课程，真正促进了学生和老师之间的有效沟通，实现了系统化、精细化、全面化的管理学院，提高了其管理运营效率。

基于上述内容可以看出，由于行业不同，企业实施 CRM 战略的侧重方面也有所不同。另外，实施 CRM 战略也会带来客户隐私的争议，企业是否存在过度收集客户信息等情况，因此，如何在收集客户信息的同时保护隐私安全是企业在大数据时代下不得不面对的严峻挑战。

问题分析

分析这三个企业所在行业的 CRM 侧重点分别是什么？CRM 战略实施的最终目的是什么？企业实施 CRM 的前提条件是什么？你觉得上述企业还可以从哪些方面改进自己的 CRM？

某移动公司的 CRM 系统实施策略

企业实施 CRM 项目，比较容易控制的是只在一个地点实施，相关部门人员都在该点附近，能够很快地传达并影响到。规模就是效应，再复杂的系统如果只是一两个人使用也是小系统，再简单的系统如果是 1 000 个人使用就是大系统，CRM 实施的项目管理也是这样。比较复杂的是涉及区域很大（如人员分布很广、子公司很多、渠道体系遍布全国等），这样项目实施的难度远远超过系统个性化定制和部署的难度，因为 CRM 项目中人和业务流程远远重于系统。

CRM 系统既是一个变革也是一个发展，要用发展的、持续的观点看待 CRM 系统的实施。企业可以从一个单独的部门开始实施 CRM 项目，一个部门的实施过程往往比企业全面实施更加简单，效果也更加显著，可以通过快速明显的 CRM 系统实施效果来影响其他部门。

某移动公司客户服务部门是企业最先实施 CRM 系统的部门，该部门已经成立客户支持中心，包括呼叫中心和网站，利用网络和电话接触对客户进行调查并追踪客户满意度。同时，分析客户反馈意见来促进产品和服务的改进。项目启动后，客户支持部门的应用效果引起营销部门的注意，他们对客户满意度评价及相关的分析很感兴趣，于是希望能够共享这些原本存储在客户支持中心系统服务器上的资料。为了能够对动态变化的客户信息进行实时的客户细分，营销部门开始向同一 CRM 供应商购买兼容的模块来进行更有针对性的客户交流，并制订促销计划。这种渐进式解决方案的好处是营销部门能够充分利用已有资源，享受已有数据带来的成果，从而产生立竿见影的效果和激励。当营销部门开始应用相应模块时，它也在为客户中心数据库提供源源不断的信息，帮助客户服务人员更好地辨别出更高价值的客户，以便更好地提供服务。

当呼叫中心与营销部门的 CRM 系统集成程度越来越高时，这两个部门需要越来越多的互动，需要更强的处理流程和更多的数据，这样能够帮助他们更好地做到"以客户为中心"。于是，开始同时向领导层建议进一步改进 CRM 系统，并且建议与销售部门协同将原来销售部门的销售自动化（sales force automation，SFA）系统的数据合并到客户中心数据库里来。销售人员现在可以使用客户中心数据库中的内容，能够跟踪营销部门发出的信件，了解客户反馈信息，有效地与潜在客户进行沟通，促成订单的生成。这样，销售人员第一次从公司的角度全面地了解客户信息，而不是仅仅代表自己和本部门与客户进行互动。

同时，呼叫中心能够利用新的销售数据来追踪订单中的问题，并能分辨客户是现有客户还是潜在客户，或者是已经流失的客户。而且，呼叫中心能够根据辨别条件来为不同类型客户配置脚本程序，指导服务人员以根据客户资料定做的方式来与客户进行交流。

在销售部门系统与原有客户中心系统集成之后，营销部门可以利用最新的销售信息来进行营销活动，并通过现有的订单数量来定量分析促销活动的效果，也可以了解到如何细分客户偏好，通过哪种促销方式和销售渠道来订购怎样的产品，通过这些信息来制订更好的促销计划。

在销售部门与营销及客户部门都体会到系统集成之后的好处后，销售经理们开始鼓励在现场服务的同事们通过移动终端远程使用 CRM 服务器的数据来跟踪场外的设备和管理，现场的服务人员能向系统提出他们的需求，查询客户设备的历史故障和维修历史，并且能查阅企业产品知识库，而这些对于提高他们与用户沟通的效率和客户满意度非常有帮助。

营销部门也可以通过对客户的细分来帮助场外服务调度，可以使更高价值的细分客户能够得到更高优先级的安装和维护服务。移动终端使相关的管理人员与业务人员在家里、在客户办公室、在异地他乡,甚至在旅途中都可以随时掌控并满足客户的需求。

在呼叫中心实施10个月以后,营销部门已经逐渐发现客户流失率在下降,这主要是得益于有针对性地对处在流失边缘的客户进行沟通,而在此之前,营销部门从未有过针对降低客户流失的应对计划,更不用说这种定量的改进了。

在客服部门,以前服务往往都是被动的,即一项服务通常都是由于客户在产品使用中出现问题而启动的,最基本的服务是客户在出现故障的时候提出维修要求。而现在企业能够通过数据库及时了解客户动态信息,主动地启动一些服务项目,如可以主动向客户介绍产品的应用技巧和新技术、新产品的发展等,这就实现了一个本质上的提升,不仅可以获得更高的客户满意度,而且可以创造更多的生意机会。原来的客户服务只是针对产品的补充,现在却为整个企业增加了附加价值。

于是,该移动公司逐步地在全公司范围内实施了 CRM 系统,并且随着功能的不断增强为企业带来了更多的价值。

对 CRM 系统来说,不是所有的公司都需要从呼叫中心开始做起,但是每个企业一定都会有一个非常需要 CRM 系统来解决目前困境的部门,那么就可以从这个部门开始,随着时间的流逝,不断地扩充现有的 CRM 系统,最终形成企业级的 CRM 系统。

问题分析

CRM 项目实施过程中主要的要点有哪些?以你的理解,哪个因素更为重要?

海尔集团的 CRM 整合方案

1. 海尔集团的 CRM 战略发展阶段

概括而言,海尔集团的 CRM 战略可以划分为下面三个主要阶段。

第一阶段是 1984—1991 年的名牌战略阶段。在这一阶段,海尔集团对客户进行严格的挑选,选择国内声誉较佳的卖场作为其专门销售点,并在每个卖场配置专员,专门负责客户的回访,主要包括了解卖场销售情况及收集客户反馈的有关商品或服务的信息等。

第二阶段是 1991—1998 年的多元化阶段。在这一阶段,为了集中展示不同的产品,推行在大商场建立专卖店的方式,海尔集团开始将不同产品的 CRM 系统整合起来。

第三阶段是 1998 年至今的国际化阶段。在这一阶段,海尔集团开始整合内部资源,并充分利用互联网和云计算等新型信息技术手段,搭建开放型网络平台。

海尔集团的员工可以通过 CRM 系统在线查询库存、日期和客户进销存等信息,并进行智能化的数据分析;客户可以通过 CRM 系统进行订单查询、咨询投诉等在线服务。此外,海尔集团的每日销售情况也可以通过系统进行实时反馈,实现了与客户的"零距离接触"。

2. 海尔集团 CRM 战略的实施

在实施 CRM 战略的过程中,为深入了解客户不断变化的需求及其潜在需求,提高了信息化处理能力。

一方面,海尔集团与三联的联网系统进行整合。三联集团首先将消费者、分销商、供应商和物流商的信息进行整合,搭建一个门户信息网,并建立起完善的电子商务平台 e-mart 系统。此后,海尔集团的 CRM 订单系统实现了与三联的 SCM 系统的对接。

另一方面,通过 Web 服务,海尔集团的信息平台与三联的 e-mart 系统能够实现完美对接，双方的信息可以直接在系统中进行整合，从而提升了双方生产和销售的效率与效果。

此外，为了实现与客户的零距离接触并快速响应客户需求，海尔集团的后台还使用了企业内部 ERP 软件及前台的 CRM 软件，通过前台快速收集到的客户反馈信息与后台的物流与供应链系统、财务系统、客户服务系统的实时连接，海尔集团实现了客户需求的协同参与，从而大大缩短了客户需求的响应时间。

问题分析

海尔集团在实现整合方案时，选择了哪几种系统数据？这样的系统整合，优势是什么？根据你对海尔集团的了解，你觉得企业还可以从哪些方面改进自己的 CRM 系统？

实 训 设 计

【实训目标】理解企业选择 CRM 系统时应关注的主要问题。

【实训内容】你已经在某物流公司工作了 3 年，一直表现优异，因而被企业选中成为 CRM 项目实施小组的成员，负责企业与软件开发提供商之间的协调。现在，你面临的第一个任务就是会见软件开发提供商的代表，与其就企业实施 CRM 项目的需求进行详细磋商。在会谈之前，你已经与负责该项目的企业高层领导进行了沟通，深入了解了高层的意图。现在，请你拟定一份会谈提纲（包括战略思想、实施目标、CRM 项目实施效果畅想、应用举例），以便软件开发提供商更清晰地了解企业实施 CRM 项目所期望达到的目标。

【实训时间】90 分钟。

【操作步骤】

1. 班级成员按 5~8 人自由组合成工作小组，团结协作。小组成员明确分工，广泛收集资料，共同讨论完成小组会谈提纲报告。
2. 课堂汇报：随机抽出各小组成员讲解本小组的讨论经过及会谈提纲报告（PPT 展示）。
3. 指导教师进行综合评定和总结。

【成果形式】小组会谈提纲。

【实训考核】

1. 小组会谈提纲的质量（翔实性、价值性）：50 分。
2. 小组代表汇报的质量（台风、语言等）：30 分。
3. 附加分（团队协作、报告形式等）：20 分。

模块五复习思考题

一、单项选择题

1. 客户关系管理系统需要建立数据仓库，首先需要进行（　　）。
   A．流程设计　　　　　　　　　　　　B．信息收集

C. 客户互动 D. 信息的分析与提炼

2. 企业准备要实施 CRM 时，首先要做到（　　）。

A. 获得企业高层领导的充分支持 B. 全体员工的理解和信心
C. 制定相应的业务流程 D. 依托企业文化推行实施计划

3. "管理的最大敌人就是自己"，这句俗语说明企业在 CRM 的实施过程中要注意（　　）。

A. 提高企业管理层对客户流程的重视
B. 加强培训，使员工对客户流程达成共识
C. 克服管理陋习的惯性
D. CRM 流程的贯彻和实施需要领导的支持

4. CRM 要求企业提供具有竞争力的售后支持、上门维修和消耗品维护服务等，为此需要进行（　　）。

A. 市场营销流程的再造 B. 销售流程的再造
C. 客户服务流程的再造 D. 客户合作管理流程的再造

5. 企业判断一个 CRM 产品是否能够满足本企业需求，最不应考虑的是（　　）。

A. 产品业务功能 B. 产品的技术
C. 竞争对手使用的产品 D. 产品供应商

二、多项选择题

1. CRM 系统涉及的业务领域有（　　）。

A. 市场营销 B. 销售实现
C. 客户服务 D. 决策分析

2. CRM 系统一般分为（　　）。

A. 综合型 CRM 系统 B. 分析型 CRM 系统
C. 协作型 CRM 系统 D. 运营型 CRM 系统

3. CRM 系统的主要功能包括（　　）。

A. 信息功能 B. 接触功能
C. 业务功能 D. 数据库功能

4. 在客户管理流程的贯彻和实施中，应该注意以下哪些方面？（　　）

A. 提高企业管理层，特别是决策层对客户流程重要性的认识
B. 加强培训，使员工对客户流程达成共识
C. 克服管理陋习的惯性
D. 充分考虑员工的接受程度

5. 企业在界定 CRM 产品关键功能时，一般首先要梳理并优化的重要流程包括（　　）。

A. 绩效低下的流程 B. 位置重要的流程
C. 具有落实可行性的流程 D. 无关紧要的流程

三、问答题

1. 企业选择 CRM 系统应注意哪些问题？
2. 企业要成功实施 CRM 系统要做好哪些工作？
3. 企业实施 CRM 系统要经历哪些步骤？

附录 A 模拟试卷

模拟试卷（A）

班级_____ 学号_____ 姓名_____ 成绩_____

一、单项选择题（共 15 小题，每小题 1 分，共 15 分）在每小题列出的 4 个选项中只有一个选项是符合题目要求的，请将正确选项前的字母填在题后的括号内。

1. 在客户关系管理中，可以根据不同的维度进行客户群细分，可以根据客户的价值进行划分，可以根据客户与企业的关系划分，可以根据客户的状态划分，以下和另外 3 个不同类的是（　　）。

   A. 企业客户　　　　　　　　　　B. 内部客户
   C. 渠道分销商和代理商　　　　　D. VIP 客户

2. 常用的对于客户价值的分析与评价的方法中，所谓的"二八原理"指的是（　　）。

   A. VIP 客户与普通客户通常呈 20∶80 的比例分布
   B. 企业利润的 80%或更高是来自于 20%的客户，80%的客户给企业带来的收益不到 20%
   C. 企业的内部客户与外部客户的分布比例为 20∶80
   D. 企业利润的 80%是来自于 80%的客户，20%的客户给企业带来 20%的收益

3. 企业进行客户关系管理希望达到的客户忠诚的类型是（　　）。

   A. 垄断忠诚　　　B. 亲友忠诚　　　C. 惰性忠诚　　　D. 信赖忠诚

4. 企业实施客户关系管理的最终目的是（　　）。

   A. 做好客户服务工作
   B. 通过针对客户的个性化特征提供个性化服务，使客户的价值极大化
   C. 把握客户的消费动态
   D. 尽可能多地收集客户信息

5. 在客户关系管理理念中，人们评估的客户价值通常是指（　　）。

   A. 客户的长期价值或终身价值

B. 客户从潜在客户到真正的企业客户期间所产生的价值
C. 客户从新客户到流失客户期间所产生的价值
D. 客户消费量最高的时期所产生的价值

6. 正确选择客户关系管理系统是企业实施客户关系管理的基础和关键，客户关系管理系统选择方法的第一步是（　　）。
   A. 明确企业实施客户关系管理的目标
   B. 分析实现企业目标的方法和途径
   C. 多渠道了解各家客户关系管理厂商的解决方案
   D. 全面了解备选的软件厂商

7. 在 CRM 系统的功能中，以下不属于客户关系管理范畴的是（　　）。
   A. 销售管理　　　　B. 采购管理　　　　C. 呼叫中心　　　　D. 数据挖掘

8. 以下不属于客户忠诚表现的是（　　）。
   A. 对企业的品牌产生情感和依赖
   B. 即使对企业产品不满意，也不会向企业投诉
   C. 重复购买
   D. 有向身边的朋友推荐企业产品的意愿

9. 以下属于国外客户关系管理软件供应商的是（　　）。
   A. Oracle　　　　　　　　　　　B. Kingdee EAS-CRM
   C. 用友　　　　　　　　　　　　D. 开思/CRM-star

10. 影响客户满意度的因素是（　　）。
    A. 客户的期望和感知　　　　　　B. 客户的抱怨和忠诚
    C. 产品的质量和价格　　　　　　D. 产品的性能和价格

11. 大量的研究表明，客户满意度和客户忠诚度之间存在一定关系，以下说法正确的是（　　）。
    A. 客户满意度和客户忠诚度没有关系
    B. 客户满意度不一定必然导致客户的忠诚
    C. 提高客户满意度和忠诚度，是指一定要提高所有客户的满意度和忠诚度
    D. 客户满意度上升或下降都不会引起客户忠诚度的巨大变化

12. 潜在客户阶段，最可能影响客户进入下一阶段的因素是（　　）。
    A. 外界评价　　　　　　　　　　B. 客户层次
    C. 客户所属行业　　　　　　　　D. 客户对价值的感知

13. 以下不属于"客户"的范畴的是（　　）。
    A. 消费者　　　　　　　　　　　B. 分销商
    C. 特许经营者　　　　　　　　　D. 政府行政管理者

14. 下列属于企业在对待客户满意度问题上存在误区的是（　　）。
    A. 独立地看待客户满意度，而忽视了其与盈利的关系
    B. 应当建立一种合适的价值取向
    C. 企业的一切活动都应当围绕客户的需求和满意度进行调整
    D. 建立以客户为导向的成本分析机制

15. Taco Bell 发现流动率最低的 20% 的商店，产生的销售额是那些员工流动率最高的 20% 的商店的两倍，利润则高出 55%，这说明（　　）。

A. 员工的满意度是与客户建立亲密关系的重要因素

B. 及时地了解哪些是盈利商店，哪些是不盈利商店

C. 精确计算企业的盈利情况

D. 选择最佳的分销渠道

二、判断题（共 5 小题，每题 1 分，共 5 分）

1. 只有大企业才需要实施客户关系管理。　　　　　　　　　　　　　　　（　）
2. 实施客户关系管理就是要购买一个 CRM 软件，并且在企业全面使用。　（　）
3. 消费者是分层次的，不同层次的客户需要企业采取不同的客户策略，而客户可以看成为一个整体，并不需要进行严格区分。　　　　　　　　　　　　　（　）
4. 忠诚的客户来源于满意的客户，满意的客户一定是忠诚的客户。　　　　（　）
5. 向客户传送超凡的价值无疑可以带来经营上的成功，因此只要实现"所有客户 100% 的满意"就一定能为企业带来利润。　　　　　　　　　　　　　　　（　）

三、简答题（共 5 小题，每小题 5 分，共 25 分）

1. 运营型 CRM 有哪些功能？

2. 常见的客户关系的类型有哪些？

3. CRM 系统通常包含哪些功能模块？

4. 什么是客户忠诚度？什么是客户满意度？二者的关系如何？

5. 如何正确理解现代客户关系管理？

四、案例分析题（共 25 分）

案例一：英国最大的零售商 Tesco

Tesco 是英国最大、全球第三大零售商，年收入为 200 亿英镑。Tesco 在客户忠诚度方面领先同行，活跃持卡人已超过 1 400 万。Tesco 也是世界上最成功、利润最高的网上杂货

供应商。到 1999 年，网上购物的客户数量是 25 万，网上营业收入为 1.25 亿英镑，利润率为 12%（零售业一般利润为 8%）。最近，Tesco 出资 3.2 亿英镑收购了中国乐购的 90% 股份，是外资零售巨头在中国的最大收购案，Tesco 大举进入中国市场。

Tesco 同沃尔玛一样，在利用信息技术进行数据挖掘、增强客户忠诚度方面走在前列。通过磁条扫描技术与电子会员卡结合的方式来分析每一个持卡会员的购买偏好和消费模式，并根据这些分析结果为不同的细分群体设计个性化的每季通讯。

Tesco 值得借鉴的方法是品牌联合计划，即同竞品的几个强势品牌联合推出一个客户忠诚度计划。Tesco 的会员制活动就针对不同群体提供了多样的奖励，如针对家庭妇女的 "MeTime"（"我的时间我做主"）活动：家庭女性可以在日常购买中积累点数换取从当地高级美容、美发沙龙到名师设计服装的免费体验或大幅折扣。而且 Tesco 的会员卡不是一个单纯的集满点数换奖品的忠诚度计划，它是一个结合信息科技，创建和分析消费者数据库，并据此来指导和获得更精确的消费者细分，更准确的消费者洞察和更有针对性的营销策略的客户关系管理系统。通过这样的过程，Tesco 根据消费者的购买偏好识别了 6 个细分群体；根据生活阶段分出了 8 个细分群体；根据使用和购买速度划分了 11 个细分群体；而根据购买习惯和行为模式来细分的目标群体更是达到 5 000 组之多。而这为 Tesco 带来的好处如下。

更有针对性的价格策略：有些价格优惠只提供给价格敏感度高的组群。

更有选择性的采购计划：进货构成是根据数据库中所反映的消费构成而制定的。

更个性化的促销活动：针对不同的细分群体，Tesco 设计了不同的每季通讯，并提供了不同的奖励和刺激消费计划。因此，Tesco 优惠券的实际使用率达到 20%，而不是行业平均的 0.5%。

更贴心的客户服务：详细的客户信息使 Tesco 可以对重点客户提供特殊服务，如为孕妇配置个人购物助手等。

更可测的营销效果：针对不同细分群体的营销活动可以从他们购买模式的变化看出活动的效果。

更有信服力的市场调查：基础数据库的样本采集更加精确。

以上所列带来的结果，自然就是消费者满意度和忠诚度的提高。

案例二：德国麦德龙集团现购自运制商场

德国麦德龙集团（METRO）是当今欧洲第三、世界第五的贸易和零售集团，拥有六大独立销售业态。其中，麦德龙现购自运制公司最具有竞争力和特色，其销售额约占集团销售额的 50%，居全球各大现购自运制商业集团之首，拥有绝对优势。麦德龙集团在中国投资建成的锦江麦德龙现购自运有限公司已经在中国开设了 26 家现购自运制商场，进入中国短短十年时间，吸纳会员 300 余万，并日益庞大。

麦德龙集团面对的消费群不是个人和家庭，而是通过会员制的形式，锁定具有批量购买能力的终端零售商和机关事业单位。

基于会员制的现购自运制商场成功的关键因素之一，是其强大的客户关系管理系统，扎实到位的数据分析技术大大领先于本土竞争对手。GMS 客户管理和商品查询系统与客户开发部门（CC），乃至整个商场的高度整合，在很大程度上促成了麦德龙集团的成功。

问题：

1. 结合本案例一，分析零售商 Tesco 客户关系管理的建设措施。（10分）

2. 结合本案例一和案例二，利用本课程的相关知识，请谈谈 CRM 系统在零售业中的应用和发展。（15分）

五、论述题（共2小题，每小题15分，共30分）请联系实际并展开论证，说明自己的看法或思路。

1. 如何理解客户满意和客户忠诚之间的关系？企业应如何打造忠诚客户？

2. 在大客户管理中，抓"大"放"小"过程中会遇到哪些问题？怎样防止大客户跳槽？

模拟试卷（B）

班级_____ 学号_____ 姓名_____ 成绩_____

一、单项选择题（共 15 小题，每小题 1 分，共 15 分）在每小题列出的 4 个选项中只有一个选项是符合题目要求的，请将正确选项前的字母填在题后的括号内。

1. 在客户关系管理中，可以根据不同的维度进行客户群细分，可以根据客户的价值进行划分，可以根据客户与企业的关系划分，可以根据客户的状态划分，以下不属于根据客户的状态进行分类的客户类型是（   ）。
  A. 新客户 　　　　　　　　　　　B. 忠诚客户
  C. 流失客户 　　　　　　　　　　D. 中小商户
2. 根据客户的忠诚度将客户分类，以下忠诚度最低的客户是（   ）。
  A. 忠诚客户 　　　　　　　　　　B. 潜在客户
  C. 普通型客户 　　　　　　　　　D. 老客户
3. 以下不属于电子商务环境下的客户关系管理在前端实施服务功能的客户服务工具是（   ）。
  A. 个性化网页服务功能 　　　　　B. 在线客服
  C. 订单自助跟踪服务 　　　　　　D. 客户状态分析
4. 客户关系管理是（   ）理念的经营思想。
  A. 以生产为导向 　　　　　　　　B. 以销售为导向
  C. 以客户价值为导向 　　　　　　D. 以业务为导向
5. 国内客户对目前供电公司所提供的电力服务的忠诚属于（   ）。
  A. 垄断忠诚 　　　　　　　　　　B. 亲友忠诚
  C. 惰性忠诚 　　　　　　　　　　D. 信赖忠诚
6. 以下对 CRM 的描述不正确的是（   ）。
  A. CRM 是一套智能化的信息处理系统
  B. CRM 是将企业的经验、管理导向"以客户为中心"的一套管理和决策方法
  C. CRM 把收集的数据和信息进行存储、加工、分析和整理（数据挖掘），获得对企业决策和支持有用的结果
  D. CRM 系统通过了解客户的需求整合企业内部生产制造能力，提高企业生产效率
7. 根据客户的重要性可以将客户分为 4 类，其中约占客户总量 80% 的是（   ）。
  A. 贵宾客户 　　　　　　　　　　B. 重要客户
  C. 普通客户 　　　　　　　　　　D. 老客户
8. 客户关系管理的侧重点是（   ）。
  A. 提高客户转移率 　　　　　　　B. 稳定老客户

C. 扩大市场份额　　　　　　　　　　D. 培养忠诚客户

9. 客户忠诚可以从（　　）两个方面来理解。
   A. 购买次数和购买间隔期
   B. 潜在购买愿望和实际购买数量
   C. 购买数量和购买价值
   D. 态度和行为

10. 根据 CRM 系统的功能，可以分为运营型 CRM、分析型 CRM 和（　　）。
    A. 部门级 CRM　　　　　　　　　B. 企业级 CRM
    C. 协作型 CRM　　　　　　　　　D. 决策型 CRM

11. 客户投诉的需求包含（　　）。
    A. 迅速反应　　　　　　　　　　B. 被倾听
    C. 服务人员专业化　　　　　　　D. 以上都是

12. 西南航空公司、沃尔玛公司等都在竞争激烈的领域进行经营，其取得成功最重要的原因是（　　）。
    A. 有保护性专利
    B. 令人羡慕的产品差异
    C. 巨额投资于研发
    D. 与客户建立了亲密关系，并且是以一些适当手段来加以实施

13. 以下说法正确的是（　　）。
    A. 只有大企业才需要实施客户关系管理
    B. 维持老客户的成本大大高于吸引新客户的成本
    C. 实施客户关系管理就是要购买一个 CRM 软件，并且在企业全面使用
    D. 客户流失是不可避免的

14. 当客户只有一个期望值无法满足时，以下不属于正确的应对方法的是（　　）。
    A. 说明原因　　　　　　　　　　B. 对客户的期望值表示理解
    C. 提供更多的有效解决方案　　　D. 据理力争，改变客户期望

15. 其好处是企业可以直接倾听客户的问题，速度快，能体现客户关怀，效果较好；不利之处是可能干扰客户的工作或生活，造成反感。这种调查方法是（　　）。
    A. 电话调查　　　　　　　　　　B. 邮寄调查
    C. 网上问卷调查　　　　　　　　D. 手机短信调查

二、判断题（共 5 小题，每题 1 分，共 5 分）

1. 维持老客户的成本大大高于吸引新客户的成本。（　　）
2. 数据挖掘（Data Mining）是从大量的、不完全的、有噪声的、模糊的、随机的实际应用数据中提取人们感兴趣的知识，这些知识是隐含的、事先未知的、潜在有用的信息。（　　）
3. 一个成功的客户交互中心应该是一个多渠道的客户信息交互枢纽。（　　）
4. 需求量大和重复消费的客户就是企业的大客户。（　　）
5. 在大客户分析中，消费品客户与商业客户对服务的需求是相同的。（　　）

三、简答题（共5小题，每小题5分，共25分）

1. 简述什么是客户满意陷阱。应如何解决客户满意陷阱？

2. 选择 CRM 软件供应商应考虑哪些问题？

3. 客户忠诚有几种类型？它们的特征是什么？

4. 谈谈企业实施客户关系管理的现实意义。

5. 衡量客户忠诚度的指标有哪些？

四、案例分析题（共25分）

A是一家颇具规模的美容会所。该美容会所地理位置优越，周边有学校、政府机关、企事业单位、银行、特色商店等，是一个小资、高尚定位人群密集的区域。几年来的经营过程中，该会所经营思路较正确，不断引进先进美容设备，增加新的服务项目，至今拥有了包括了纤体、美容、健身、针灸理疗等多个项目，尤以纤体和健身闻名。总的来说，在美容行业竞争日益激烈的情况下，该会所取得了不错的业绩，在业界和消费者心目中树立了较好的形象。但是，老板王女士近来却忧心忡忡地发现有两个问题越来越严重：一个是经营中新的项目不断推出，新老客户也都比较拥护，营业额上去了，但利润却徘徊不前；另一个是会所生意非常好，员工积极性也相当高，但消费者的满意度却没有提高，甚至出现客户流失的现象。王女士十分担心，这两大问题如果无法尽快得到有效遏制，势必将影响会所未来的发展。

问题：

1. 你认为A会所可能是哪方面出了问题？（10分）

2. 假如你是王女士，你将如何解决上述问题？（15分）

五、论述题（共 2 小题，每小题 15 分，共 30 分）请联系实际并展开论证，说明自己的看法或思路。

1. 在飞机或客轮上，不同层次的旅客因票价不同而分别处于不同等级的舱位，分别接受不同等级的服务，彼此互不干扰。航空公司分别提高旅客的感知，就能使头等舱旅客、商务舱旅客和经济舱旅客各得其所。请应用所学的客户关系管理的理念，就以上事实，谈谈你对此现象的看法和见解。

2. 应用所学的客户关系管理理念，试论述企业在 E 时代如何才能更好地维系客户关系。

参考文献

[1] 郝雨风. 卓越绩效的客户经营. 北京：中国经济出版社，2008.
[2] 邬金涛，赵汴. 基于终身价值的客户细分与关系战略选择［J］. 山东财政学院学报，2005（1）.
[3] 苏朝晖. 客户关系管理理念、技术与策略. 北京：机械工业出版社，2012.
[4] 李金荣. 企业建立客户忠诚问题的探讨［J］. 当代经济研究，2005（12）.
[5] 孙科炎. 客户服务技能案例训练手册 2.0. 北京：机械工业出版社，2013.
[6] 张贵华. 剖析企业客户关系管理的十大误区［J］. 集团经济研究，2005（2）.
[7] 于宁，服务营销新视角：客户金字塔分级［J］. 合作经济与科技，2004（24）.
[8] 苏定林. 赢得重点客户满意的 9 堂课. 北京：中国经济出版社，2006.
[9] 傅春林. 互动时代的一对一营销模式［J］. 商业时代，2004（18）.
[10] 徐彪，王永贵. 怎样防止关键员工流失导致客户流失［J］. 经营与管理，2008（2）.
[11] 李志刚. 客户关系管理理论与应用. 北京：机械工业出版社，2008.
[12] 卢艳丽，韩景元. 客户忠诚及其评价探讨［J］. 河北科技大学学报（社会科学版），2005（1）.
[13] 边长勇. 招商银行：走到高端客户背后［J］. 当代经理人，2005（1）
[14] 林木. 成功营销：让客户主动上门［J］. 大经贸，2005（11）
[15] 王广宇. 客户关系管理方法论. 北京：清华大学出版社，2013.
[16] 夏永林，顾新. 客户关系管理理论与实践. 北京：电子工业出版社，2011.
[17] 扈健丽. 客户关系管理. 北京：北京理工大学出版社，2010.
[18] 李海芹. 客户关系管理. 北京：北京大学出版社，2013.
[19] 谷再秋，潘福林. 客户关系管理. 北京：科学出版社，2013.
[20] 华谦生. 展会如何赢返流失的客户［J］. 中国会展，2006（17）.
[21] 沈沂. 管理你的低价值客户［J］. 21 世纪商业评论，2008（5）.
[22] 汤兵勇，梁晓蓓. 客户关系管理. 北京：电子工业出版社，2010.
[23] 邬金涛. 客户关系管理. 北京：中国人民大学出版社，2014.
[24] 苏朝辉. 客户关系管理：客户关系的建立与维护. 北京：清华大学出版社，2018.
[25] 张慧锋，客户关系管理实务. 2 版. 北京：人民邮电出版社，2014.
[26] 王占刚. 客户第一 华为客户关系管理法. 北京：人民邮电出版社，2020.
[27] 赵轶. 客户关系管理. 北京：人民邮电出版社，2021.
[28] 王永贵. 马双. 客户关系管理. 2 版. 北京：清华大学出版社，2021.